高等院校工商管理类创新课程体系教材

财务分析

Financial Analysis

冯海虹 主　编
花双莲 苟露峰 曹彦栋 副主编

东北财经大学出版社
Dongbei University of Finance & Economics Press
大 连

图书在版编目（CIP）数据

财务分析 / 冯海虹主编．—大连：东北财经大学出版社，2022.1
（高等院校工商管理类创新课程体系教材）
ISBN 978-7-5654-4387-9

Ⅰ．财…　Ⅱ．冯…　Ⅲ．会计分析-高等学校-教材　Ⅳ．F231.2

中国版本图书馆CIP数据核字（2021）第261339号

东北财经大学出版社出版
(大连市黑石礁尖山街217号　邮政编码　116025)
网　址：http：//www.dufep.cn
读者信箱：dufep@dufe.edu.cn

大连图腾彩色印刷有限公司印刷　东北财经大学出版社发行

幅面尺寸：185mm×260mm　字数：268千字　印张：11.75
2022年1月第1版　2022年1月第1次印刷

责任编辑：王　莹　周　晗　责任校对：周小焕
封面设计：张智波　版式设计：钟福建

定价：35.00元

教学支持　售后服务　联系电话：（0411）84710309

如有印装质量问题，请联系营销部：（0411）84710711

高等院校工商管理类创新课程体系教材

前　言

随着我国社会主义市场经济的发展和人们参与经济活动的深入，无论是政府、投资者、债权人，还是经营者、社会中介机构以及一般社会公众都需要通过企业提供的财务报表来了解企业的财务状况、经营成果和现金流量等信息，从而帮助其进行科学决策。财务分析的重要性和实用性也越来越凸显。目前，财务分析的理论和实践体系日趋完善，财务分析已成为一门独立的学科，是会计学、财务管理专业的课程体系中重要的组成部分。本教材从财务分析的基础理论出发，以财务分析的方法体系为框架，以资产负债表分析、利润表分析、现金流量表分析三张报表分析以及偿债能力、盈利能力、营运能力和发展能力四项能力分析为主线，以财务分析的主体、目标、程序、方法体系为主要内容，系统介绍了财务分析的基本理论、基本方法，并结合最新企业财务报表及相关数据资料进行具体分析，力图做到理论知识与实际应用紧密结合，突出针对性、应用性、先进性和整体性，便于读者深入学习和实际运用。

本教材在体系与内容构建上突出以下特色：第一，知识体系和理论框架完整，既包括财务分析的基本理论、企业主要报表分析、企业四项能力分析，也包括综合分析。第二，教材内容上体现实用件，结合具体案例资料进行分析，使学生更容易掌握财务分析的基础理论和基本方法，并能够按照此框架进行具体财务分析。第三，突出思政主题。本书每一章结合相应的内容都有思政要点，将专业知识与思政主题紧密结合。第四，适用范围广。本书可以作为财务管理与会计学专业的财务分析教材，也可作为其他专业学生及管理、证券、金融、保险等实务工作者系统学习财务分析知识的教材或参考资料。

全书共11章，分为四大部分。第一部分为财务分析基本理论和方法，包括第1章至第3章，主要讲述财务分析基础理论和方法；第二部分为财务报告分析，包括第4章至第6章，主要介绍资产负债表分析、利润表分析、现金流量表分析；第三部分为财务效率分析，包括第7章至第10章，主要介绍企业偿债能力、企业营运能力、企业盈利能力和企业发展能力分析等财务分析的核心内容；第四部分为财务报告综合分析，包括第11章，主要讲述综合分析与业绩评价。

本书由冯海虹主编，花双莲、苟露峰、曹彦栋副主编。各章的编写分工为：第1、4、5、6、11章由冯海虹编写；第2、3章由花双莲编写；第7、8、9、10章由苟露峰、冯海虹共同编写。全书统稿工作由冯海虹、花双莲和曹彦栋共同完成。特别感谢王先鹿、刁伟涛、毛淑珍、徐鹏庆等同事为本书编写提供了大量资料和宝贵的建议，感谢赵婷婷对第8章提供的资料和数据支持。

在编写本书的过程中，我们参考了大量国内外专家学者的研究成果及相关文献，主要参考文献列于书后，在此表示衷心的感谢。在本书的出版过程中，我们得到了青岛理工大学商学院领导及东北财经大学出版社编辑的大力支持，在此一并表示衷心的感谢。

由于编者水平有限，且时间较为仓促，书中难免存在缺点和错误，恳请广大读者批评指正。

编　者

2021年9月

目　录

第1章/ 财务分析理论

【学习目标】理解财务分析的概念，掌握不同财务分析的主体和目的；了解财务分析的起源和演进；理解财务分析的形式与作用。

【思政要点】财务分析起源和发展于西方，目前在我国应用也非常广泛。本教材在编写的过程中，没有完全照搬国外的分析体系，而是结合我国的实际情况，对内容体系进行了适当的调整和完善。在具体学习和使用时，还需要树立理论联系实践的观念，学习适合我国国情的财务分析理论与方法。

1.1 财务分析的概念、主体和目的

1.1.1 财务分析的概念

1）财务分析相关概念辨析

在国内外各类文献资料中与财务分析相关的概念或名称有很多，既有会计报表分析、财务报表分析、财务报告分析，又有财务分析、财务评价，还有经营分析、经济分析、经济活动分析等。在这些概念中，财务报表分析、财务报告分析、财务分析、经营分析和经济活动分析这几种说法使用频率最高。这些概念和名称的使用，既有不同国家使用习惯上的差异，也有具体内涵的差异。

在美国财务分析形成初期，财务分析的主要对象是财务报表，真正意义的财务报告还没有形成，财务分析相关著作中通常采用“财务报表分析”这一名称。虽然20世纪70年代，财务报表拓展为财务报告，然而由于历史传统和习惯原因，美国学者近些年也经常使用财务报表分析或财务报告分析；而在日本，有关财务分析的著作大多采用“经营分析”的名称，这主要是由于历史原因而受德国传统影响比较大；苏联则经常采用“经济活动分析”的概念；由于中华人民共和国成立之后，我国实行计划经济体制，在许多方面照搬苏联模式，财务分析受苏联的影响也较大，院校开设相关课程也常使用“经济活动分析”这一说法。20世纪90年代以后，我国开始实行市场经济体制，大规模引进和学习美国财务分析的理论和方法，转向接受美国传统的影响，更多地使用“财务报表分析”，同时其他概念也并存使用。

经济活动分析是对企业的经济活动、技术活动、经营活动、管理活动等内部及外部、

财务及非财务活动展开的分析，分析内容过于宽泛，在一定程度上超出了财务分析的范围，将不属于财务分析的经营分析和管理分析也纳入其中。至于经营分析，分析的范围过于狭窄，有些名不符实。最值得解释的是财务报表分析、财务报告分析和财务分析。虽然在大多数情况下，人们并不刻意区分财务报表分析、财务报告分析以及财务分析之间的差别，但近期出版的有关财务分析的著作名称采用各种说法的都有，这实际上反映了人们对财务分析相关概念认识和区分并不是很明确，这些相近的概念在本质上是存在着区别和联系的。

结合当前的财务分析实践来看，财务报表和财务报告并不能反映企业财务状况的全貌，即使可以反映企业财务状况的全貌，在财务分析的过程中也要考虑财务报告之外的一些重要的非财务信息来进行定性分析，比如审计报告、市场信息、公司治理信息、宏观经济信息、企业战略、企业所处的发展阶段、企业承担的社会责任情况等。为了使财务分析的方法更科学，财务分析的结果更有助于财务分析主体的决策，财务分析的表述可能要比财务报表分析、财务报告分析更适当。有鉴于此，本书中采用财务分析这一说法。

2）财务分析的定义

财务分析，就是企业的投资者、债权人、经营者、员工、政府管理部门等利益相关者，以企业财务报告等相关资料为依据，采用科学系统的分析方法，通过对过去和现在的评价、对未来的预测来帮助财务分析主体进行合理决策的一门学科。这一定义具体包括以下内容：

（1）财务分析的主体。财务分析的主体，是进行财务分析的主体，当前随着企业的利益相关者范围的扩大，财务分析主体也不仅仅局限于投资者、债权人和管理者，还包括员工、政府、客户、潜在投资者等各利益相关者。

（2）财务分析的对象。财务分析的对象，是进行财务分析的重要资料依据，为了更加科学、合理地进行财务分析，在财务分析的过程中既要以财务报告等主要的财务信息作为分析的依据进行定量的分析，又要考虑财务报告之外的一些重要的、非财务信息来进行定性分析。

（3）财务分析的方法。财务分析的主要方法既有对比分析法、结构分析法、趋势分析法、比率分析法、项目质量分析法等基本方法，也有财务综合分析法，企业的经济活动与企业财务信息处于一定的经济系统中，要从系统的角度来看问题，尽可能采用科学系统的方法来分析。

（4）财务分析的目的。虽然不同的财务分析主体有不同的财务分析目的，但这些目的整体上概括起来应该是在对过去的评价、对现在的控制、对未来的预测的基础上以有助于决策。

（5）财务分析的性质。财务分析最初源于财务分析实践，属于会计学与财务学基础上的新学科，财务分析实际上是在会计信息供给（会计学）与会计信息需求（财务学、经济学、管理学等）之间架起的一座桥梁。随着相关学科地位的提高以及信息使用者需求的提高，财务分析理论研究得到了较大的发展，财务分析的方法和手段也得到广泛的应用。随着财务分析理论和实践的发展，财务分析已经成为一门独立的学科。

1.1.2　财务分析的主体和目的

财务分析的主体是与企业存在现时或潜在的利益关系、出于某些目的对企业的财务报告等资料展开分析的组织和个人，不仅包括投资者、债权人、管理者，还包括政府、社会中介机构、员工、客户和潜在投资者等各利益相关者。这些财务分析主体的利益倾向存在明显的差异，这就决定了他们财务分析的目的和侧重点不同。

1）企业投资者

企业投资者包括企业的所有者和潜在投资者，他们进行财务分析的最根本目的是关注企业的盈利状况，从而获得投资者资本的增值和保值。但是投资者仅仅关注盈利能力也是不够的，为了确保资本的保值增值，还需要关注企业的资本结构、支付能力及营运状况。

在现有的投资者中，由于股东持股比例不同，在获取收益的规模、途径以及所承担的风险方面等均存在显著的差异，他们进行财务分析的目的也存在一定差异。一般而言，控股股东控制着董事会，主导企业的各项经营决策与财务决策，通过扶持企业不断成长来获取大规模的投资收益，在企业经营失败时将面临最大的投资损失，因此他们往往更注重企业的发展能力，对企业的资产质量、资本结构、利润以及现金流量等方面所体现的财务状况尤为关注。中小股东则主要是通过股价短期上涨、当期现金分红等方式来获取投资收益，因而他们更关注企业的短期盈利水平、现金流量状况与股利分配政策等方面的信息。此外，企业的所有者也能够通过财务分析，评价企业经营管理者的受托责任履行情况，发现经营中存在的问题，从而行使股东权利。

2）企业债权人

企业债权人包括企业借款的银行、金融机构以及购买企业债券的单位和个人等。企业债权人最关心其债权能否按期收回本金和利息，他们非常关注企业偿债能力方面的信息。由于企业的盈利能力、资产质量和现金流量状况会在根本上决定企业的偿债能力，企业的营运能力又在很大程度上决定企业资产的流动性，因此，债权人也会关注盈利能力、营运能力、资产质量和现金流量等方面的信息。

根据债务的偿还期限，债权人分为短期债权人和长期债权人。短期债权人通常需要在一年之内收回本金和利息，因此更关注企业资产的流动性和企业的现金流量状况，强调企业有一定的短期支付能力。而长期债权人在较长时间之后才需要收回本金和利息，因而往往更关注企业的财务状况质量，如资产质量、利润质量以及资本结构质量等，强调企业的风险因素和未来发展前景。

3）经营管理者

经营管理者接受企业所有者的委托，对企业所从事的各项经济活动及其经营成果和财务状况进行有效的管理与控制，以实现企业长短期经营目标。由于经营管理者要参与企业实际管理工作的全过程，因而其财务分析的目的呈现出多样化的特点。他们不仅关心盈利的结果，还关心盈利的原因及过程、资产结构分析、营运状况与效率分析、经营风险与财务风险分析、支付能力与偿债能力分析等。他们分析的目标是及时发现生产经营中存在的问题与不足，并采取有效措施解决这些问题，使企业不仅能运用现有资源获取更多的盈利，而且使企业盈利能力保持持续增长。

4）政府职能机构

政府职能机构是指市场监督管理、税务、财政以及各级国有资产监督管理委员会等对企业有监管职能的各政府职能部门。市场监督管理部门主要是审核企业经营的合法性，进行产品质量监督与安全检查；税务与财政部门则主要关注企业的盈利水平与资产的增减变动情况，监督企业是否遵守相关政策法规，检查企业税收纳税情况；各级国资委作为国有企业的直接出资人，关注投资所产生的经济效益和社会效益。总之，政府职能机构不仅需要了解资金的使用效率，预测财务收入增长情况，有效组织和调整社会资金资源的配置，而且要借助财务报表分析，检查企业是否存在违法乱纪、浪费国家财产等问题，最后通过综合分析，对企业的未来发展以及对社会的贡献程度进行考察。

5）社会中介机构

社会中介机构通常包括会计师事务所、律师事务所、资产评估事务所、资信评估公司以及各类咨询机构等。它们以独立第三方的身份为企业提供服务，包括对企业相关事项做出客观公正的评价，提出中肯的意见和建议等。通过财务分析，社会中介机构可以了解企业财务状况，发现生产经营过程中存在的问题，提供有价值的判断依据。

在这些社会中介机构中，会计师事务所与财务分析的关系最为密切。注册会计师在对企业的财务报表进行审计时，需要就财务报表编制状况发表审计意见，而财务分析可以帮助其发现问题和线索，为审计结论提供依据。

6）其他财务分析的主体

除上述财务分析主体之外，企业的客户、员工、竞争对手以及社会公众等都可能需要通过财务分析来了解企业的财务状况，以便做出各种决策。

在许多情况下，企业可能成为某个客户重要的商品或劳务供应商，因此，客户关心企业连续提供商品或劳务的能力，关心企业长期发展前景以及有助于对此做出估计的盈利能力指标与财务杠杆指标等。

企业的员工通常与企业存在长久、持续的关系，他们关心工作岗位的稳定性、工作环境的安全性以及获取报酬的前景，因而，他们对企业的盈利能力和偿债能力特别感兴趣。

竞争对手希望获取关于企业财务状况的会计信息及其他信息，借以判断企业间的相对效率和竞争优势，为未来可能出现的企业兼并提供信息。因此，竞争对手可能将企业作为接管目标，对企业财务状况的各个方面均感兴趣。

社会公众对特定企业的关心也是多方面的。一般而言，他们关心企业的就业政策、环境政策、产品政策以及社会责任履行情况等。

总之，不同的财务分析主体有着不同的分析目的，财务分析要依据分析目的不同而选用不同的分析视角和分析侧重点；不同的财务分析主体需要获得信息的深度和广度不同，应选择具有个性化的分析方法进行财务分析，不能面面俱到，也不能简单套用一个模板。

1.2 财务分析的起源和演进

财务分析的起源与财务报表的产生几乎是同步的。当财务报表第一次出现时，必然需要以某种方式对其进行解读，将财务报表的具体数字转化为可理解的有用信息，于是就产生了财务报表分析。在形成一系列专门的财务报表分析方法之后，财务分析这门学科才算真正建立起来了。

系统的财务分析始于19世纪末20世纪初的美国，其理论与实务已有100多年的历史。财务报表分析源于西方银行家对信贷者的信用分析，之后又广泛应用于投资领域与企业内部分析。该学科的理论与实务是在企业外部金融市场（尤其是资本市场）环境的影响和需求下不断发展和完善起来的。本教材以财务报表分析需求的变化为基础来阐释财务报表分析的演进过程。在不同发展阶段及不同经济环境下，利益相关者或财务报表的阅读者对财务信息的需求不断发生变化，财务报表分析的内容和方法也随之发生变化。

1.2.1　信用分析

19世纪末20世纪初，经济危机时有发生，市场环境日趋复杂，企业竞争愈发激烈，越来越多的企业破产倒闭，信贷风险日益加大。为确保发放贷款的安全性，降低违约风险，越来越多的银行要求企业提供资产负债表等资料，以便了解企业的经营情况和财务状况。所以，信用分析又称为资产负债表分析，主要是通过对企业的资产状况、负债状况等方面进行分析，运用流动比率、速动比率等一系列比率分析指标，考察和评价企业的偿债能力和信用状况。系统分析方法的出现和一些学者的研究，使得财务报表分析的方法从一般经验中逐步显现出来形成一门学科，学者们在实践中创造了基于比率分析的多种技术分析方法。

1.2.2　投资分析

在大萧条时期，美国商品的变现价值大大低于实际成本，现金流量大幅减少，偿还贷款变得异常困难。随着信用的丧失，银行家发现了仅以流动性为基础的贷款政策的局限性，借款公司也认识到仅依靠银行的短期贷款会使自己在经济衰退时期变得更加脆弱。于是，大量发行股票便成为一般公司扩大规模的资金源泉。当股票发行成为外部资金的主要来源时，股东便成为财务报表分析的主要使用者，财务分析的重心就从信用分析扩展到投资分析，主要是盈利能力的分析，同时利润表成为更重要的报表。于是，财务报表分析就由信用分析阶段进入投资分析阶段，其主要任务也从稳定性分析过渡到收益性分析。

需要注意的是，从以信用分析为重心转变为以投资分析为重心，并不是后者对前者的否定，资本市场的发展和企业融资来源构成的变化，使得这一时期的财务报表分析出现以后者为中心、两者并存的状况。从财务报表分析的起源也可以看到，财务报表分析向来就是随着报表使用者对信息需求的变化而变化的。由于盈利能力（投资分析的主要方面）的稳定性是企业经营稳定性和财务稳健性的重要方面，企业的流动性很大程度上取决于盈利能力，同时资产的变现能力与盈利能力有间接的联系，因此随着人们对财务报表分析理解的不断加深，信用分析自然包括了盈利能力分析，它们逐步形成目前企业财务报表分析的基本框架。

1.2.3　内部分析

在企业财务报表分析的开始阶段，企业财务报表分析只是用于外部分析，即企业外部利益相关者根据各自的需求进行分析。后来，企业在接受银行的分析与咨询的过程中逐渐认识到财务报表分析的重要性，开始由被动地接受分析逐步转变为主动地进行自我分析。尤其是第二次世界大战后，企业规模不断扩大，经营活动日趋复杂，企业为了在激烈的市场竞争中求生存、图发展，不得不借助财务报表所提供的有关资料进行目标管理、利润规划及前景预测。这些都说明，企业财务报表分析开始由外部分析向内部分析拓展，并表现出两个显著特征：第一，内部分析的目标更加多元化，资料的可获得性优于外部分析人员，这就为扩大分析领域、提高分析效果、发展分析技术提供了前提条件；第二，内部分析的内容和手段不断扩大和优化，越来越成为财务报表分析的重心。

随着大数据时代的来临以及互联网技术的迅猛发展，人们对包括财务数据在内的企业业务数据的获取将更加快捷和准确，数据分析和提炼的手段将更加先进，财务报表分析的信息基础将会发生根本性的变化，财务报表分析的内涵和外延都会不断拓展，最终将会演变成“大数据分析”。这将极大地提高财务报表分析在企业内部管理中的地位和作用，同时也为企业财务报表分析内容的拓展、方法的完善、质量的提升带来更大的空间。

1.3 财务分析的形式与作用

1.3.1 财务分析的形式

由于财务分析的主体、目的、方法等方面的不同，财务分析的形式也有所不同。明确不同的财务分析形式的特点及用途，对于准确分析企业财务状况，实现分析目标都有着重要的意义和作用。通常，财务分析的形式可从以下几方面进行划分：

1）内部分析与外部分析

根据分析主体的不同，可将财务分析分为内部分析与外部分析。

（1）内部分析，亦称内部财务分析，主要指企业内部经营者对企业财务状况的分析。内部分析的目的是判断和评价企业生产经营是否正常、顺利，如通过流动性分析，可检验企业的资金运营速度、货款及债务的支付或偿还能力；通过收益性分析，可评价企业的盈利能力和资本保值、增值能力；通过对企业经营目标完成情况的分析，可考核与评价企业的经营业绩，及时、准确地发现企业的成绩与不足，为企业未来生产经营的顺利进行、提高经济效益指明方向。

（2）外部分析，亦称外部财务分析，主要指企业外部的投资者、债权人及政府部门等利益相关者，根据各自的需要或分析目的，对企业有关情况进行的分析。投资者的分析，关心的主要是企业的盈利能力及发展后劲，以及资本的保值与增值状况；债权人的分析，主要看企业的偿债能力和信用情况，判断其本金和利息是否能及时、足额收回；政府有关部门对企业的财务分析，主要是看企业的经营行为是否规范、合法以及对社会的贡献状况。在现代企业制度条件下，外部财务分析是财务分析的基本形式。

应当指出，内部分析和外部分析并不是完全孤立或隔离的，要保证财务分析的准确性，内部分析有时也应站在外部分析的角度进行，而外部分析也应考虑或参考内部分析的结论，以避免出现片面性。

2）静态分析与动态分析

根据分析的方法与目的不同，可将财务分析分为静态分析和动态分析。

（1）静态分析。静态分析是根据某一时点或某一时期的财务报表或分析信息，分析报表中各项目或报表之间各项目关系的财务分析形式。例如，可通过某一财务比率，或某几个财务比率揭示财务关系，也可通过垂直分析或结构分析，揭示总体中各项目的水平。静态分析的目的在于找出财务活动的内在联系，揭示其相互影响与作用，反映经济效率和财务现状。

（2）动态分析。动态分析是根据几个时期的财务报表或相关信息，分析财务变动状况。例如，水平分析、趋势分析等都属于动态分析。动态分析通过对不同时期财务活动的对比分析，揭示财务活动的变动及其规律。

静态分析与动态分析各有优点与不足，要全面综合分析财务报表，这两类分析都是必需的。

3）全面分析与专题分析

根据分析的内容与范围的不同，可将财务分析分为全面分析和专题分析。

（1）全面分析。全面分析是指对企业一定时期生产经营各方面的情况进行系统、综合、全面的分析与评价。全面分析的目的是找出企业生产经营中带有普遍性的问题，全面总结企业在这一时期的成绩与问题，为协调各部门关系，搞好下期生产经营安排奠定基础或提供依据。全面分析通常在年终进行，形成综合、全面的财务分析报告，向职工代表大会或股东代表大会汇报。

（2）专题分析。专题分析是指根据分析主体或分析目的的不同，对企业生产经营过程中某一方面的问题所进行的较深入的分析。如经营者对生产经营过程某一环节或某一方面存在的突出问题进行分析，投资者或债权人对自己关心的某个方面的问题进行分析等，都属于专题分析。专题分析能及时、深入地揭示企业在某方面的财务状况，为分析者提供详细的资料信息，对解决企业的关键性问题有重要作用。例如，当企业在某时期资金紧张时，通过财务专题分析，可从筹资结构、资产结构、现金流量及支付能力等方面，研究资金紧张的原因及解决的对策。

在财务分析中，应将全面分析与专题分析相结合，这样才能全面、深入地揭示企业的问题，正确地评价企业的各方面状况。

4）财务报表分析与内部报表分析

根据分析资料的不同，可将财务分析分为财务报表分析和内部报表分析。

（1）财务报表分析。财务报表是财务会计报表的简称。财务报表分析就是指对财务报表的分析。财务报表是企业依据会计准则和会计制度编制的，向国家有关部门及与企业有关的单位等提供的反映企业财务状况和经营成果等会计信息的总结性文件。由于财务报表具有合法性、客观性、公开性等特点，因此，对财务报表进行分析，不仅有利于财务分析的规范化、制度化，而且便于企业及有关各方面对企业经营与财务状况进行系统分析。从这个角度看，财务报表分析是财务分析的最基本形式，甚至有人将财务报表分析直接理解为财务分析。财务报表分析根据报表的种类不同又可分为资产负债表分析、利润表分析和现金流量表分析。由于财务报表之间是相互联系、相互制约的，因此，财务报表分析不能仅对某一报表孤立进行分析，而应将全部财务报表结合起来进行分析，这样才能得出正确的结论。

（2）内部报表分析。内部报表主要指除财务报表之外的其他与企业财务和会计活动有关的报表资料，其中最基本的是管理会计报表。内部报表分析作为财务分析的一种形式或组成部分是必要的。由于企业对外提供的财务报表披露信息相对有限，在对有关问题进行分析时会无法分析问题的全貌，内部报表分析可以提供更好的补充。此外，由于内部报表是根据企业的生产经营特点和管理需要编制的，因此对内部报表的分析更有利于揭示企业经营管理中存在的问题或不足，有助于企业经营者的相关决策。

目前，随着会计信息披露范围的扩大，许多内部会计报表作为财务报表的附表而被公开披露。因此，在这种情况下，财务报表分析形式与内部报表分析形式也将趋于统一。

1.3.2 财务分析的作用

无论是从财务分析的产生、发展来看，还是从财务分析的主体和目的来看，财务分析都显得十分必要。随着我国社会主义市场经济体制和资本市场的逐步完善，财务分析的意义更加深远，作用更加重大。由于财务分析的主体和目的不同，财务分析对不同的利益相关者来说，具体作用也不同，但最终概括起来应该都是在对过去的评价、对现在的控制、对未来的预测的基础上以有助于决策。

1）财务分析可正确评价企业过去

正确评价企业的过去，是说明现在和揭示未来的基础。财务分析通过对实际财务报表等资料的分析能够准确地说明企业过去的业绩状况，指出企业存在的问题及产生的原因，是主观原因还是客观原因等，这不仅对正确评价企业过去的经营业绩是十分有益的，而且可对企业投资者和债权人的行为产生积极的影响。

2）财务分析可全面反映企业现状

财务会计报表及管理会计报表等资料是企业各项生产经营活动的综合反映，但这些会计报表的格式及提供的数据往往是根据会计的特点和管理的一般需要而设计的，它不可能全面提供不同目标报表使用者所需要的各方面数据资料。财务分析，根据不同分析主体的分析目标，采用不同的分析手段和方法，可得出反映企业某方面现状的指标，如反映企业资产结构的指标、企业权益结构的指标、企业支付能力和偿债能力的指标、企业营运状况的指标、企业盈利能力的指标等。这种分析对于全面反映和评价企业的现状有重要作用。

3）财务分析可用于估计企业未来

财务分析不仅可用于评价企业的过去和反映企业的现状，更重要的是它可通过对过去与现状的分析与评价，估计企业的未来发展状况与趋势。财务分析对企业未来的估计包括：第一，可为企业未来财务预测、财务决策和财务预算指明方向；第二，可准确评估企业的价值及价值创造，这对企业进行经营者绩效评价、资本经营和产权交易都是十分有益的；第三，可为企业进行财务危机预测提供必要信息。

思考题

1.什么是财务分析？财务分析与财务报表分析、财务报告分析有什么区别？

2.财务分析的主体有哪些？他们进行财务分析的目的分别是什么？

3.财务分析演进和发展的三个阶段是什么？

4.根据分析主体的不同，财务分析可以分为哪两类？它们的具体内涵是什么？

5.根据分析的方法与目的不同，财务分析可以分为哪两类？它们的具体内涵是什么？

6.根据分析的内容与范围的不同，财务分析可以分为哪两类？它们的具体内涵是什么？

7.根据分析资料的不同，财务分析可以分为哪两类？它们的具体内涵是什么？

8.财务分析的作用是什么？

章末习题

一、单项选择题

1.财务分析开始于（　　）。

A.投资者　B.银行家　C.财务分析师　D.企业经理

2.企业投资者进行财务分析的根本目标是关心企业的（　　）。

A.盈利能力　B.营运能力　C.偿债能力　D.增长能力

3.从企业债权人角度看，财务分析的最直接目标是看（　　）。

A.企业的盈利能力　B.企业的营运能力　C.企业的偿债能力　D.企业的增长能力

4.业绩评价属于（　　）。

A.会计分析　B.财务分析　C.财务分析应用　D.综合分析

5.下面项目中，不是财务分析的基本作用的是（　　）。

A.评价企业过去　B.反映企业现状　C.评估企业未来　D.创造企业价值

二、多项选择题

1.财务分析的主体包括（　　）。

A.企业所有者或潜在投资者　B.企业债权人

C.企业经营者　D.企业供应商和客户

E.政府管理部门

2.下列分析技术中，用于动态分析的有（　　）。

A.结构分析　B.水平分析　C.趋势分析

D.比率分析　E.专题分析

3.财务分析根据分析的内容与范围的不同，可以分为（　　）。

A.内部分析　B.外部分析　C.综合分析

D.全面分析　E.专题分析

4.财务分析从分析方法和目标的角度看，可分为（　　）。

A.动态分析　B.专题分析　C.全面分析

D.静态分析　E.现状分析

5.根据分析主体的不同，可将财务分析分为（　　）。

A.内部分析　B.外部分析　C.综合分析

D.全面分析　E.专题分析

三、判断题

1.财务分析最初源于财务分析实践，属于会计学与财务学基础上的新学科，财务分析

实际上是在会计信息供给与会计信息需求之间架起的一座桥梁。（　　）

2.政府职能机构只需要检查企业是否存在违法乱纪、浪费国家财产等问题，不需要了解企业资金的使用效率。（　　）

3.企业的债权人只关心企业的偿债能力，不关注盈利能力、营运能力、资产质量和现金流量等方面的信息。（　　）

4.在财务分析的过程中既要以财务报告等主要的财务信息作为分析的依据进行定量的分析，又要考虑财务报告之外的一些重要的非财务的信息来进行定性分析。（　　）

5.在各类社会中介机构中，资产评估事务所与财务报表分析的关系最为密切。（　　）

第1章习题答案

第2章/ 财务分析信息基础

【学习目标】通过本章的学习，了解财务分析信息的作用和种类；了解财务报告的具体构成；理解并掌握资产负债表、利润表、所有者权益变动表和现金流量表的基本结构和信息内容；理解并掌握财务报表与附注的内涵与作用；了解不同类型的审计意见和审计报告。

【思政要点】财务分析信息是财务分析的重要基础，财务分析信息的数量和质量决定着财务分析的质量与效果。在所有相关的财务分析信息中，财务信息又是重中之重，如果财务信息是虚假的，得出的财务分析结论也一定无法帮助信息使用者进行正确的决策。因此，一方面，作为信息的提供者，要遵循职业道德，提供真实的会计信息；另一方面，作为信息的使用者，要能够通过审计报告的意见，判断会计信息的质量。

2.1 财务分析信息概述和获取途径

2.1.1 财务分析信息的作用、种类与要求

1）财务分析信息的作用

从财务分析的定义和基本程序都可看出，财务分析信息是财务分析的基础和不可分割的组成部分，它对于财务分析工作的开展、财务分析的质量与效果都有着重要的影响。

第一，财务分析信息是财务分析的重要基础。如果不掌握足够的、相关的财务分析信息，就不可能正常进行财务分析，更不可能得出准确的分析结论。财务分析实际上就是对企业的财务信息和相关的非财务信息进行搜集、整理和分析，从而得到决策相关结论的过程。如要分析企业的资产、负债和所有者权益状况，就要依靠资产负债表的信息；而要分析企业的盈利状况，则需要依靠利润表的信息；若要分析企业的现金流量状况，则需要依靠现金流量表的信息。

第二，财务分析信息的数量和质量决定着财务分析的质量与效果。在相同的分析手段和分析技术条件下，拥有财务分析信息的数量越多、质量越高，得到正确的分析结果的可能性就越大，投资、信贷及内部经营管理决策的把握性就越大，决策风险就会得到有效的遏制。因此，在进行财务分析时要充分考虑和保证财务分析信息的准确性、及时性、相关性、完整性，对提高财务分析的质量和效果是至关重要的。错误的、过时的或不规范的财

务分析信息，无法保证财务分析的准确性。

第三，财务分析信息的搜集、整理是财务分析的重要环节。不同的信息使用者，其分析目的、分析要求会有较大差异。企业外部的分析者有的出于投资需要，有的出于信贷需要，而对于内部管理者来说，则可能是出于企业内部经营管理的需要，这些使用者对财务分析信息的要求不尽相同，信息的来源、信息格式、信息的主体内容也有所不同。因此，财务信息的搜集、整理过程实际上就构成了财务分析的基础环节。事实上，只有经过加工、整理的基础数据（财务的和非财务的）才构成信息。财务分析信息的搜集、整理过程本身就是财务分析的过程。

2）财务分析信息的种类

财务分析信息是多种多样的，不同的分析目的、分析内容所使用的财务信息可能是不同的。从不同角度对财务分析信息进行分类，可分为内部信息与外部信息、定期信息与不定期信息、实际信息与标准信息、财务信息与非财务信息等。

（1）内部信息与外部信息

财务分析信息按信息来源可分为内部信息和外部信息两类。内部信息，是指从企业内部可取得的信息；外部信息则是指从企业外部取得的信息。

企业的内部信息主要包括：①会计信息。会计信息又可分为财务会计信息和管理会计信息。财务会计信息主要指财务报告中的信息，包括资产负债表、利润表、所有者权益变动表及现金流量表等财务会计准则规定企业编制的各种报表、附表和附注等；管理会计信息主要包括决策会计信息、责任会计核算信息和企业成本报表信息等。②统计与业务信息。统计信息主要指各种统计报表和企业内部统计信息；业务信息则指与各部门经营业务及技术状况有关的核算与报表信息。总之，统计与业务信息包括了企业除会计信息之外其他反映企业实际财务状况或经营状况的非财务信息。③计划及预算信息。这些信息是企业管理的目标或标准，包括企业的采购计划、生产计划、经营计划、财务计划、财务预算，以及各种消耗定额、储备定额、资金定额等。

企业的外部信息主要包括：①国家经济政策与法规信息。国家的宏观经济信息主要指与企业财务活动密切相关的信息，如通货膨胀率、银行利息率、各种税率等；有关法规包括会计法、税法、会计准则、审计准则、财务制度等。②综合部门发布的信息。综合部门发布的信息包括国家统计局定期公布的统计报告和统计分析、商务部的经济形势分析、国家发展和改革委员会（简称发改委）的国民经济计划及有关部门的经济形势预测信息等。③证券市场信息。这包括各证券市场和资金市场有关股价、债券利息等方面的信息以及财务分析师预测信息等。④中介机构信息。中介机构信息包括会计师事务所、资产评估事务所等提供的企业资产评估报告和审计报告等。⑤报纸杂志的信息。这是指各种经济著作、报纸及杂志上发布的科研成果、调查报告及经济分析中所提供的与企业财务分析有关的信息。⑥企业间交换的信息。企业间交换的信息指企业与同行业其他企业或有业务往来的企业间相互交换的报表及业务信息等。⑦国外有关信息。国外有关信息指从国外取得的各种经济信息。取得的渠道有出国考察访问、购买国外经济信息报纸或杂志、国际会议交流等。

（2）定期信息与不定期信息

财务分析信息根据取得时间的确定性程度可分为定期信息和不定期信息。定期信息是指企业经常需要并可以定期取得的信息。定期财务分析信息为企业进行定期财务分析提供了可能，奠定了基础。不定期信息则是根据临时需要搜集的信息。

定期信息主要包括：①会计信息，财务会计信息是以会计制度规定的时间，按月度和年度核算和编报的，是企业财务分析中可定期取得的信息。②统计信息，企业的统计月报、季报和年报信息也是财务分析的定期信息之一。③综合经济部门的信息，有的按月公布，有的按季公布，有的按年公布，也有一些市场信息是按日或按旬公布的。④中介机构信息。

不定期信息主要包括：宏观经济政策信息、企业间不定期交换的信息、国外经济信息、主要报纸杂志信息等。不定期的经济信息，有的是因为信息不能定期提供形成的，有的是因为企业不定期分析需要形成的。企业在财务分析中，应注重定期信息的搜集与整理，同时也应及时搜集不定期信息。

（3）实际信息与标准信息

财务分析信息根据实际发生与否可分为实际信息和标准信息。实际信息是指反映各项经济活动数量与质量实际完成情况的信息，一般是在企业的经营管理实践中不断地、连续地产生的相关数据资料，需要采取一定的方法搜集、整理，使之转变为财务分析信息，是财务分析的基础和主要对象。

标准信息是指用于作为评价标准而搜集与整理的相关财务分析信息，是判断和评价的准绳。财务分析标准信息主要包括：①经验标准信息。经验标准信息是指依据大量的实践经验检验标准信息，是在财务比率分析中经常采用的一种标准信息。例如，流动比率的经验标准为2∶1，速动比率的经验标准是1∶1等。这些经验标准信息是针对一般情况而言的，不是绝对标准，不同的公司、不同的行业、不同的发展阶段，不能一概而论。②历史标准信息。历史标准信息是指以企业过去某一时间的实际业绩为标准的信息。这种标准信息对于评价企业自身经营状况和财务状况是否改善是非常有用的。历史标准信息可选择企业历史最高水平的信息，也可选择企业正常经营条件下的业绩水平信息。另外，在财务分析中，经常将本年的财务状况与上年进行对比，此时企业上年的业绩水平实际上也可看作历史标准。③行业标准信息。行业标准信息是财务分析中广泛采用的标准信息，它是按行业制定的，以反映行业财务状况和经营状况的基本水平信息。行业标准信息也可指同行业某一比较先进的企业的业绩水平信息。企业在财务分析中运用行业标准信息，可说明企业在行业中所处的地位与水平。④预算标准信息。预算标准信息是指企业根据自身经营条件或经营状况所制定的目标标准信息。预算标准信息通常在一些新的行业、新建企业以及垄断性企业中应用较多。对于其他行业和企业，运用预算标准信息也是有益的，因为预算标准信息可将行业标准信息与企业历史标准信息相结合，比较全面地反映企业的状况，尤其对于企业内部财务分析，预算标准信息更具有优越性，可考核、评价企业各级、各部门经营者的经营业绩，以及对企业总体目标实现的影响。

（4）财务信息与非财务信息

财务分析信息根据是否直接反映企业的经营成果、财务状况与现金流量，可分为财务信息与非财务信息。通常而言，财务信息是指以数字方式反映企业的经营成果、财务状况与现金流量的信息，主要包括资产负债表信息、利润表信息、所有者权益变动表信息、现金流量表信息、报表附注信息等。非财务信息是指以非数字方式反映企业组织结构、内部治理、战略目标和未来发展计划等方面情况的信息。

非财务信息包括：①企业内部的相关信息，如企业的股权结构信息、董事会构成信息、内部控制信息、战略目标信息、生产技术信息等。②企业外部的相关信息，如国家为加强宏观管理所制定的各项与企业有关的经济体制政策、宏观经济政策、产业政策与技术政策等政策法规信息；产业或行业信息；相关市场研究机构公布的市场信息。

在财务分析过程中，财务信息和非财务信息都是非常重要的信息来源。财务信息提供量化的数据，反映企业财务活动的过程与结果，是财务分析的主要分析对象与信息来源；非财务信息提供有关企业的组织结构设置和行业背景情况等信息，是对财务信息必要和有益的补充。在财务分析过程中，需要将财务信息与非财务信息相结合。比如，在分析企业的经营业绩时，必然要先考虑企业所处行业的特点、企业所采用的生产技术以及企业发展战略目标等方面的非财务信息；在此基础上，对企业利润表和财务信息进行分析，才能得到企业经营状况的分析结论。

3）财务分析信息的要求

财务分析的基础是信息，分析者掌握信息的质量和数量决定了财务分析的准确性和相关性，进而影响着财务分析者决策的正确性。为了保证财务分析的质量与效果，财务分析信息必须满足以下要求：

（1）财务分析信息的相关性。财务分析信息的相关性是指财务分析信息必须与企业的经营管理状况以及财务分析的目的与要求紧密相关。现代社会，信息量的繁杂要求财务分析人员必须具有去伪存真和去粗取精的分析判断能力。财务分析人员只有依据具有高度相关性的财务分析信息才能够得到准确的分析结论、做出正确的投资信贷决策，才能提高工作效率。

（2）财务分析信息的完整性。财务分析信息的完整性，是指财务分析的信息必须在数量上和种类上满足财务分析目的的需要。财务分析信息之间的关联性往往会对分析结果产生重大的影响，因此财务分析信息必须完整，缺少分析所需要的某方面信息，势必影响分析结果的正确性。例如，要进行投资收益率分析，仅有利润表信息，而缺少资产负债表的信息是不行的。

（3）财务分析信息的系统性。财务分析信息的系统性：一方面是指财务分析信息要具有连续性，尤其是定期财务分析信息，一定不能当期分析结束后就将信息删掉，而应保持信息的连续性，为趋势分析奠定基础；另一方面是指财务分析信息的分类和保管要有科学性，以满足不同目的的财务分析需要。

（4）财务分析信息的准确性。财务分析信息的准确性是保证财务分析结果正确性的关键，歪曲的分析信息不可能得出正确的分析结论。财务分析信息的准确性既受信息本身正确性的影响，又受资料整理过程准确性或信息使用准确性的影响。尤其对企业外部信息的范围、计算方法等要有全面准确的了解，在分析时应结合企业具体情况进行数据处理，否则可能影响分析的质量。

（5）财务分析信息的及时性。财务分析信息的及时性是信息时间价值的核心，是指根据不同的分析目的和要求，能及时提供所需的信息。定期财务分析信息的及时性决定着定期分析的及时性。例如，只有及时编报财务报表，才能保证财务报表分析的及时性。对于不定期的财务信息，也要注意及时搜集和整理，以备在需要时能及时提供，满足临时财务分析的需求。

2.1.2　财务分析信息的获取途径

财务分析主体在进行具体的财务分析工作之前首先需要搜集财务分析的各类信息，由于财务和非财务信息的特点不同，在具体获取时的途径也不尽相同：

1）财务信息的获取途径

财务信息主要包括定期的财务报告信息以及一部分不定期的临时报告信息。定期的财务信息是财务分析信息的重要组成部分，主要包括资产负债表、利润表、现金流量表、所有者权益变动表、报表附注和审计报告。除此之外，企业还以各种形式发布补充信息，分析时经常需要查阅这些补充来源的信息。

（1）获取有关公司年度报告、中期报告内容的主要途径

①向企业索取。企业应向其股东和主要债权人（如银行、债券托管机构）报送其定期报告，上述机构（不限于上述机构）也可以向公司索取定期报告。

②查询企业登记主管机关。取得有关企业定期报告的最基本的渠道是该企业登记主管机关，即该企业所属的市场监督管理机关。按照我国企业登记管理的有关法规规定，企业必须在每一经营年度终了向其所属市场监督管理机关申请年度检查，企业年检申请报告中包括企业报送的年度报表。市场监督管理机关也有义务向办理了正常手续的查阅者提供企业的有关信息。

③访问相关网站。由于上市公司有对外公开披露财务报告信息的义务，对于上市公司的财务报告信息可以通过证券监管机构和证券交易所的网站获得，这些网站主要有：

中国证券监督管理委员会：http：//www.csrc.gov.cn/pub/newsite

上海证券交易所：http：//www.sse.com.cn

深圳证券交易所：http：//www.szse.cn

还可以访问一些证券服务商网站，如：

证券之星：http：//www.stockstar.com

巨潮资讯网：http：//www.cninfo.com.cn/new/index

（2）获取有关公司的临时报告的主要途径

根据我国《上市公司信息披露管理办法》的有关规定，发生以下情况，应当及时披露：

①发生可能对上市公司证券及其衍生品种交易价格产生较大影响的重大事件，投资者尚未得知时，上市公司应当立即披露，说明事件的起因、目前的状态和可能产生的影响。上市公司变更公司名称、股票简称、公司章程、注册资本、注册地址、主要办公地址和联系电话等，应当立即披露。

②上市公司应当在最先发生的以下任一时点，及时履行重大事件的信息披露义务：董事会或者监事会就该重大事件形成决议时；有关各方就该重大事件签署意向书或者协议时；董事、监事或者高级管理人员知悉该重大事件发生时。

③上市公司控股子公司发生规定的重大事件，可能对上市公司证券及其衍生品种交易价

格产生较大影响的，上市公司应当履行信息披露义务。上市公司参股公司发生可能对上市公司证券及其衍生品种交易价格产生较大影响的事件的，上市公司应当履行信息披露义务。

④公司证券及其衍生品种交易被中国证监会或者证券交易所认定为异常交易的，上市公司应当及时了解造成证券及其衍生品种交易异常波动的影响因素，并及时披露等。

关于这些临时公告等资料，财务分析者也可以从该公司在证监会指定的刊物上、该公司挂牌的证券交易所、中国证监会和该公司的网站上获取。

2）获取非财务信息的主要途径

由于非财务信息不受公认的会计准则约束，所以其形成并不像财务信息那样规范，不必完全遵守确认、计量和报告的程序。那么，怎样才能获得这些非财务信息呢？结合我国的实际情况，可以通过以下方法获取非财务信息。

（1）直接法

直接法主要是对有关场所和人员的调查、询问，包括对经营场所、生产场所、仓库等地的现场调查以及对高级管理人员、生产人员、库管员、统计员、业务员、律师的询问。现场调查和询问是获取非财务信息的重要手段，企业内部的生产记录和制度是比财务报表更可信的资料，在现场调查和询问中应该始终坚持谨慎的态度。

（2）间接法

间接法是指从侧面了解企业的非财务信息。信息主要来源于证券分析资料、政府管理部门文件或者行业分析资料。企业官方网站是企业披露非财务信息的主要途径，也是利益相关方了解企业非财务信息的重要窗口。主要包括：

①财经媒体。常见的财经媒体包括中证网（http://www.cs.com.cn）、中国证券网（http://www.cnstock.com）、上海证券交易所（http://www.sse.com.cn）、深圳证券交易所（http://www.szse.cn）、巨潮资讯网（http://www.cninfo.com.cn/new/index）、金融界（http://www.jrj.com.cn）、新浪财经（https://finance.sina.com.cn/）、搜狐财经（https://business.sohu.com/）等。其中，中证网侧重报道国内外经济大势、宏观经济政策、证券市场及上市公司等专业领域，以便读者及时了解国民经济、行业部委、证券市场和上市公司等层面的信息，为其投资决策提供参考。中国证券网主要报道财税改革、财经新闻、上市公司融资、机构投资等。上海证券交易所的“披露——上市公司信息”板块主要披露上市公司的定期报告、临时公告（董事会预案、股东大会决议、IPO公告、配股、增发、可转换债券等）、其他公告（会计政策变更、重大资产重组、股票停牌与复牌等）。深圳证券交易所的“信息披露——上市公司信息”板块的内容结构与上交所相似。巨潮资讯网是多层次资本市场的信息披露平台，涵盖了上交所与深交所“上市公司信息”模块的全部内容。此外，在金融界、新浪财经和搜狐财经的“股票”板块中可查询沪深两地上市公司的信息，包括公司基本资料、财务报表、财务指标、股东股本、发行分配等资料。

②经济与金融研究数据库。常用的经济与金融研究数据库包括万得资讯（Wind）、国泰安（CSMAR）、中国经济金融数据库（CCER）、锐思（RESSET）。这四个数据库都提供上市公司的财务信息（财务报表、报表附注、财务指标等）、股东与股本、公司治理结构、业绩预测等与股票估值相关的信息，而且多为付费服务。其中，万得资讯主要为金融机构和部分高校提供数据服务，其数据更新速度快，包含多种股票估值分析工具，且提供单季度财务报表。

国泰安数据库框架设计合理、分类清晰，其中与财务报表分析相关的数据分布于财务报表数据库、财务报表附注数据库、分析师预测研究数据库。中国经济金融数据库的设计理念与国泰安相似，主要为高校、科研机构等提供研究数据。同时，该数据库中有关公司特征（如股权性质、行业分类）的字段以面板数据形式列示，且数据频率分类清晰。锐思数据库是一个为模型检验、投资研究等提供专业服务的数据平台，其服务对象主要包括国内外高校与金融机构。该数据库中的财务报表与财务指标分类列示、层次清晰。以财务报表为例，具体分为新旧准则报表、金融行业与非金融行业报表、会计期间报表与单季度财务报表。

③中介机构提供的分析报告。除了财经媒体与金融数据库外，与企业财务报表分析、股票估值等相关的信息还可从以下中介机构提供的分析报告中获得：投资银行研究部、基金公司研究部、金融投资服务咨询公司、信用评级机构等。

2.2 企业财务报告的构成

2.2.1 财务报告的内涵与种类

财务报告，又称“财务会计报告”，是企业对外提供的反映企业某一特定日期的财务状况和某一会计期间的经营成果、现金流量等会计信息的文件，包括财务报表和其他应当在财务报告中披露的相关信息及资料，如报表附注、审计报告等。

财务报表是财务报告的核心内容，它是对企业财务状况、经营成果和现金流量的结构性表述，财务报表具体由会计报表本身及附注两部分构成，而会计报表仅指报表本身不包括附注，会计报表应当包括资产负债表、利润表、现金流量表、所有者权益变动表。财务报表是企业财务会计确认与计量的最终结果体现，投资者等相关使用者主要通过财务报表来了解企业当前的财务状况、经营成果和现金流量等情况，从而预测未来的发展趋势。因此，财务报表是向投资者等财务报告使用者提供决策有用信息的主要媒介和渠道，是沟通投资者、债权人、政府及其他利益相关者等与企业管理层之间信息的桥梁和纽带。以财务报表为核心的财务报告体系可以从不同的侧面提供反映企业财务状况、经营业绩和现金流量等方面较为完整的信息。财务报告的构成如图2-1所示。

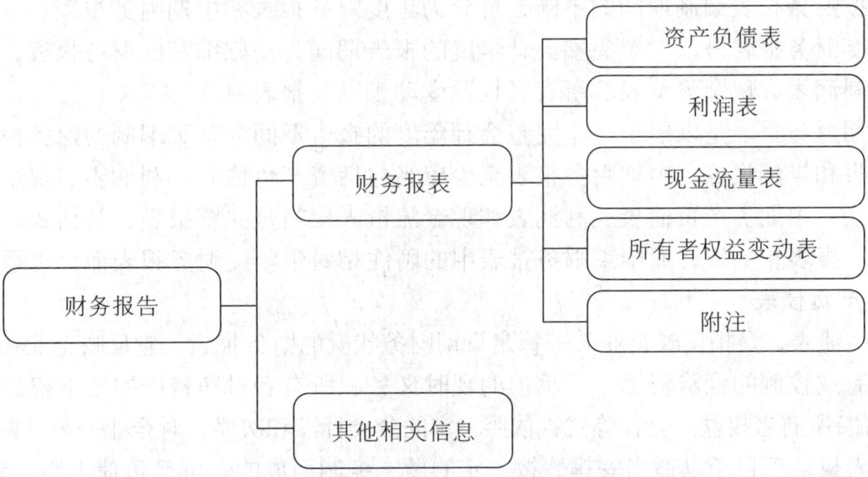

图2-1　财务报告的构成图

在现代企业制度下，企业的所有者或投资者、债权者和经营者，以及政府管理部门和社会监督部门的官员等，要与企业开展投资、借贷、交易、管理、监督等活动，都需要依据财务报告信息对企业状况进行分析。因此，了解财务报告结构、内容及可提供的信息，是每个分析者所必需的。如要了解财务报告的内容，明确财务报告的作用，首先应掌握财务报表的种类。企业财务报表按照不同的划分标准或从不同的角度，可分为以下几类：

（1）按财务报表反映的经济内容不同，可分为资产负债表、利润表、现金流量表和所有者权益变动表。

①资产负债表是反映企业在某一特定日期财务状况的报表。

②利润表是反映企业在一定会计期间经营成果的报表。

③现金流量表是反映企业在一定会计期间现金和现金等价物（以下简称现金）流入、流出以及流向状况的报表。

④所有者权益变动表是主要反映构成所有者权益的各组成部分当期增减变动情况的财务报表。

（2）按反映的资金运动形态不同，可分为静态财务报表和动态财务报表。

①静态财务报表是指综合反映企业在某一特定日期财务状况的报表，其特点是反映时点数而非时期数，对截止到某一时点为止的期末余额进行反映。

②动态财务报表是指综合反映企业在一定时期内财务成果或现金流量情况的报表，其特点是主要对某段时期的发生额进行反映，提供的是时期数，如利润表、现金流量表以及所有者权益变动表。

（3）按财务报表编制主体的不同，可分为个别财务报表和合并财务报表。

①个别财务报表，是指企业在自身会计核算基础上，对账簿记录进行加工而编制的财务报表，主要反映企业自身的财务状况、经营成果及现金流量等情况。

②合并财务报表是以企业集团为会计主体，在母公司和子公司个别财务报表的基础上由母公司编制的，用以反映整个企业集团财务状况、经营成果和现金流量等信息的报表。

（4）按财务报表编制期间的不同，可分为年度财务报表和中期财务报表。

①年度财务报表是以一个完整会计年度的报告期间为基础编制的财务报表，包括资产负债表、利润表、现金流量表、所有者权益变动表以及报表附注。

②中期财务报表是以短于一个完整会计年度的报告期间为基础编制的财务报表，包括月报、季报和半年报等。中期财务报表至少应当包括资产负债表、利润表、现金流量表以及报表附注。中期资产负债表、利润表和现金流量表应当是完整报表，其格式和内容应当与年度财务报表相一致，而中期财务报表中的附注相对于年度财务报表而言可适当简化。

2.2.2 资产负债表

资产负债表，是指反映企业某一特定日期财务状况的财务报表。它反映企业在某一特定日期所拥有或控制的经济资源、所承担的现时义务和所有者对净资产的要求权。它是根据“资产=负债+所有者权益”会计等式，依照一定的分类标准和次序，对企业一定日期的资产负债和所有者权益项目予以适当安排，按一定的要求编制而成的。资产负债表属于静态报表，通过资产负债表，可以提供企业在某一特定日期的资产总额及结构，表明企业拥有或控制的资源及其分布情况；可以提供企业在某一特定日期的负债总额及结构，表明企业未来需要用多少资产或劳务清偿债务以及清偿的时间；可以反映企业所有者在某一特定日期所拥有的权益及其形成的原因，据以判断资本保值、增值的情况以及负债的保障程度。

资产负债表一般有表首、正表两部分。其中，表首概括地说明报表名称、编制单位、编制日期、货币计量单位等；正表则按一定格式分类列示，用来反映企业财务状况的各项目金额。我国《企业会计准则第30号——财务报表列报》规定企业的资产负债表采用账户式结构，并且采用比较报表的方式，即表中不仅有本期末的资产、负债和所有者权益项目金额，同时提供了各项目的年初数。表2-1为M集团合并资产负债表。

表2-1　M集团合并资产负债表

2020年12月31日　　单位：元

项目	期末余额	年初余额	项目	期末余额	年初余额
流动资产：			流动负债：		
货币资金	81 210 482 000	70 916 841 000	短期借款	9 943 929 000	5 701 838 000
交易性金融资产	28 239 601 000	1 087 351 000	衍生金融负债	161 225 000	27 100 000
衍生金融资产	420 494 000	197 412 000	应付票据	28 249 939 000	23 891 600 000
应收票据	5 304 510 000	4 768 520 000	应付账款	53 930 261 000	42 535 777 000
应收账款	22 978 363 000	18 663 819 000	预收款项		16 231 854 000
应收款项融资	13 901 856 000	7 565 776 000	合同负债	18 400 922 000	
预付款项	2 763 710 000	2 246 177 000	应付职工薪酬	6 954 822 000	6 436 109 000
其他应收款（合计）	2 973 945 000	2 712 974 000	应交税费	5 758 058 000	5 096 267 000
其中：应收股利			其他应付款（合计）	4 501 391 000	3 800 568 000
应收利息			其中：应付利息		
其他应收款	2 973 945 000	2 712 974 000	应付股利		
买入返售金融资产			其他应付款	4 501 391 000	3 800 568 000
存货	31 076 529 000	32 443 399 000	一年内到期的非流动负债	6 310 181 000	1 460 117 000
合同资产	3 236 848 000		其他流动负债	49 852 239 000	39 074 777 000
其他流动资产	33 079 918 000	65 011 027 000	其他金融类流动负债	87 535 000	62 477 000
流动资产差额（特殊报表科目）	16 469 069 000	10 869 396 000			
流动资产合计	241 655 325 000	216 482 692 000	流动负债合计	184 150 502 000	144 318 484 000
非流动资产：			非流动负债：		
发放贷款及垫款	1 113 501 000	790 101 000	长期借款	42 827 287 000	41 298 377 000
其他债权投资	21 456 155 000		应付债券		

续表

项目	期末余额	年初余额	项目	期末余额	年初余额
长期应收款	981 623 000	1 208 079 000	长期应付款（合计）	13 260 000	33 646 000
长期股权投资	2 901 337 000	2 790 806 000	长期应付款		
其他权益工具投资	46 651 000		专项应付款		
其他非流动金融资产	3 360 849 000	1 750 107 000	长期应付职工薪酬	2 159 675 000	2 418 563 000
投资性房地产	405 559 000	399 335 000	预计负债	298 110 000	353 269 000
固定资产（合计）	22 239 214 000	21 664 682 000	递延所得税负债	5 223 954 000	4 556 002 000
固定资产	22 239 214 000	21 664 682 000	递延收益——非流动负债	779 729 000	617 155 000
固定资产清理			其他非流动负债	692 986 000	863 826 000
在建工程（合计）	1 477 302 000	1 194 650 000	非流动负债合计	51 995 001 000	50 140 838 000
在建工程	1 477 302 000	1 194 650 000	负债合计	236 145 503 000	194 459 322 000
无形资产	15 422 393 000	15 484 179 000	所有者权益（或股东权益）：		
开发支出			实收资本（或股本）	7 029 976 000	6 971 900 000
商誉	29 557 218 000	28 207 065 000	资本公积	22 488 105 000	19 640 313 000
长期待摊费用	1 300 962 000	1 267 127 000	减：库存股	6 094 347 000	3 759 732 000
递延所得税资产	7 208 635 000	5 768 993 000	其他综合收益	−1 549 003 000	−711 554 000
其他非流动资产	11 255 879 000	4 947 603 000	专项储备	12 730 000	
			盈余公积	7 966 362 000	6 447 658 000
			一般风险准备	587 984 000	366 947 000
			未分配利润	87 074 453 000	72 713 631 000
			归属于母公司所有者权益合计	117 516 260 000	101 669 163 000
			少数股东权益	6 720 840 000	5 826 934 000
非流动资产合计	118 727 278 000	85 472 727 000	所有者权益合计	124 237 100 000	107 496 097 000
资产总计	360 382 603 000	301 955 419 000	负债和所有者权益总计	360 382 603 000	301 955 419 000

2.2.3 利润表

利润表，是指反映企业在一定会计期间（如月度、季度或年度）经营成果的财务报表，其编制的理论基础是会计等式“收入-费用=利润”。利润表属于动态报表，通过利润表，可以反映企业一定会计期间内经营业绩的主要来源及构成，有助于使用者判断净利润的质量和风险，有助于使用者预测净利润的持续性，从而做出正确的决策；利润表也是预测现金流量的基础，是企业编制现金流量表的重要依据。

利润表的编制有两种方式：一是单步式利润表，它是以企业一定时期的全部收入总和减去全部费用支出总和；二是多步式利润表，它是根据企业收入和费用的性质分类，尽可能相互配比，以计算出不同业务所取得的利润，将各种利润加起来即为利润总额，然后再减去所得税费用，即为净利润。我国在《企业会计准则第30号——财务报表列报》应用指南中规定的利润表的格式是多步式的。利润表一般由表头、表身和补充资料三部分构成，利润表的表头主要填制编制单位、报表日期、货币计量单位等；表身是利润表的主体部分，主要反映收入、费用和利润各项目的具体内容及其相互关系，各项目再分为"本期金额"和"上期金额"两栏列示；补充资料列示或反映了一些在主体部分中未能提供的重要信息或未能充分说明的信息，通常在报表附注中列示。表2-2为2020年M集团合并利润表。

表2-2　**M集团合并利润表**

2020年度　单位：元

项目	本年金额	上年金额
一、营业总收入	285 709 729 000	279 380 506 000
其中：营业收入	284 221 249 000	278 216 017 000
其他类金融业务收入	1 488 480 000	1 164 489 000
二、营业总成本	258 752 437 000	251 317 888 000
其中：营业成本	212 839 592 000	197 913 928 000
税金及附加	1 533 646 000	1 720 616 000
销售费用	27 522 276 000	34 611 231 000
管理费用	9 264 148 000	9 531 361 000
研发费用	10 118 667 000	9 638 137 000
财务费用	−2 638 032 000	−2 231 636 000
其中：利息费用	1 305 591 000	880 703 000
利息收入	3 663 028 000	3 807 136 000
其他业务成本（金融类）	112 140 000	134 251 000
加：其他收益	1 424 090 000	1 194 665 000
投资净收益	2 362 462 000	164 132 000
其中：对联营企业和合营企业的投资收益	402 528 000	506 225 000
公允价值变动净收益	1 762 950 000	1 361 163 000
资产减值损失	−705 209 000	−871 909 000
信用减值损失	−247 605 000	−96 446 000

续表

项目	本年金额	上年金额
资产处置收益	-60 523 000	-131 131 000
三、营业利润	31 493 457 000	29 683 092 000
加：营业外收入	384 986 000	613 310 000
减：营业外支出	214 904 000	367 288 000
四、利润总额	31 663 539 000	29 929 114 000
减：所得税费用	4 156 997 000	4 651 970 000
五、净利润	27 506 542 000	25 277 144 000
持续经营净利润	27 506 542 000	25 277 144 000
终止经营净利润		
减：少数股东损益	283 573 000	1 065 922 000
归属于母公司所有者的净利润	27 222 969 000	24 211 222 000
六、其他综合收益税后净额	-1 177 809 000	348 040 000
七、综合收益总额	26 328 733 000	25 625 184 000
减：归属于少数股东的综合收益总额	-56 787 000	1 130 810 000
归属于母公司普通股东综合收益总额	26 385 520 000	24 494 374 000
八、每股收益：		
基本每股收益	3.9300	3.6000
稀释每股收益	3.9000	3.5800

2.2.4 现金流量表

现金流量表是指反映企业在一定会计期间内现金和现金等价物流入和流出情况的报表。从编制原则来看，现金流量表是按照收付实现制原则编制的，将权责发生制下的盈利信息调整为收付实现制下的现金流量信息，便于信息使用者了解企业净利润的质量。从内容上看，现金流量表被划分为经营活动、投资活动和筹资活动三个部分，每类活动又分为各具体项目，这些项目从不同角度反映企业业务活动的现金流入与流出，弥补了资产负债表和利润表提供信息的不足。通过现金流量表，报表使用者能够了解现金流量的影响因素，为分析、研究企业的资金来源与资金运用情况提供了依据，为报表使用者的相关预测和决策分析提供帮助。表2-3为M集团合并现金流量表。

2.2.5 所有者权益变动表

所有者权益变动表是反映企业在一定会计期间（如年度、季度或月度）内，所有者权益的各组成部分当期增减变动情况的报表。所有者权益变动表以矩阵形式列示，横向列示

表2-3 M集团合并现金流量表

2020年度 单位：元

一、经营活动产生的现金流量：	本年金额	上年金额
销售商品、提供劳务收到的现金	240 052 501 000	238 815 589 000
收到的税费返还	6 574 762 000	6 271 733 000
收到其他与经营活动有关的现金	4 950 874 000	5 008 821 000
经营活动现金流入（金融类）	1 406 909 000	1 334 012 000
经营活动现金流入差额（特殊报表科目）		693 023 000
经营活动现金流入小计	252 985 046 000	252 123 178 000
购买商品、接受劳务支付的现金	139 660 744 000	130 099 497 000
支付给职工以及为职工支付的现金	28 460 318 000	26 851 139 000
支付的各项税费	13 407 607 000	14 897 513 000
支付其他与经营活动有关的现金	34 433 194 000	41 131 761 000
经营活动现金流出（金融类）	7 466 066 000	453 110 000
经营活动现金流出差额（特殊报表科目）		99 754 000
经营活动现金流出小计	223 427 929 000	213 532 774 000
经营活动产生的现金流量净额	29 557 117 000	38 590 404 000
二、投资活动产生的现金流量：		
收回投资收到的现金	141 821 724 000	84 852 601 000
取得投资收益收到的现金	4 874 990 000	4 026 590 000
处置固定资产、无形资产和其他长期资产收回的现金净额	273 544 000	125 419 000
处置子公司及其他营业单位收到的现金净额	42 398 000	
投资活动现金流入小计	147 012 656 000	89 004 610 000
购建固定资产、无形资产和其他长期资产支付的现金	4 656 582 000	3 451 856 000
投资支付的现金	176 621 347 000	108 457 398 000
取得子公司及其他营业单位支付的现金净额	1 045 390 000	203 057 000
投资活动现金流出小计	182 323 319 000	112 112 311 000
投资活动产生的现金流量净额	−35 310 663 000	−23 107 701 000
三、筹资活动产生的现金流量：		
吸收投资收到的现金	2 657 489 000	2 897 917 000
其中：子公司吸收少数股东投资收到的现金	114 933 000	120 427 000
取得借款收到的现金	18 070 961 000	17 117 677 000
收到其他与筹资活动有关的现金	22 725 000	
发行债券收到的现金	33 998 238 000	
筹资活动现金流入小计	54 749 413 000	20 015 594 000
偿还债务支付的现金	8 354 338 000	8 643 875 000
分配股利、利润或偿付利息支付的现金	12 822 636 000	11 055 769 000
其中：子公司支付给少数股东的股利、利润	425 461 000	1 651 504 000
支付其他与筹资活动有关的现金	3 328 734 000	3 589 551 000
筹资活动现金流出差额（特殊报表科目）	31 000 000 000	
筹资活动现金流出小计	55 505 708 000	23 289 195 000
筹资活动产生的现金流量净额	−756 295 000	−3 273 601 000
四、汇率变动对现金的影响	−383 411 000	280 376 000
五、现金及现金等价物净增加额	−6 893 252 000	12 489 478 000
加：期初现金及现金等价物余额	30 441 760 000	17 952 282 000
六、期末现金及现金等价物余额	23 548 508 000	30 441 760 000

所有者权益的各组成项目，纵向列示导致所有者权益各项目增减变动的交易或事项，其中综合收益和与所有者的资本交易导致的所有者权益的变动，应当分别列示。表2-4为M集团合并所有者权益变动表。

表2-4

M集团合并所有者权益变动表

2020年度

单位：千元

项目	归属于母公司股东权益													少数股东权益	股东权益合计
	股本	其他权益工具			资本公积	减：库存股	其他综合收益	专项储备	盈余公积	一般风险准备	未分配利润	其他	小计		
		优先股	永续债	其他											
一、上年年末余额	6 971 900	0	0		19 640 313	-3 759 732	-711 554	0	6 447 658	366 947	72 713 631	0	101 669 163	5 826 934	107 496 097
加：会计政策变更															
前期差错更正															
同一控制下企业合并															
其他				0											
二、本年年初余额	6 971 900	0	0		19 640 313	-3 759 732	-711 554		6 447 658	366 947	72 713 631	0	101 669 163	5 826 934	107 496 097
三、本年增减变动额				0											
（一）综合收益总额		0	0				-837 449				27 222 969	0	26 385 520	-56 787	26 328 733
（二）股东投入和减少资本				0											
1.股东投入的普通股	63 801	0	0		2 157 530							0	2 221 331	89 465	2 310 796
2.其他权益工具持有者投入资本				0				13 618				0	13 618	1 663 792	1 677 410
3.股份支付计入股东权益的金额		0	0	0	508 256							0	508 256	55 314	563 570
4.其他	-5 725	0	0		-193 357	-2 334 615						0	-2 533 697	-517 436	-3 051 133
（三）利润分配				0									0		
1.提取盈余公积		0	0	0					1 518 704		-1 518 704	0	0		
2.提取一般风险准备		0	0	0						221 037	-221 037	0	0		
3.对股东的分配		0	0								-11 122 406	0	-11 122 406	-417 486	-11 539 892
（四）股东权益内部结转															
1.资本公积转增股本															
2.盈余公积转增股本															
3.盈余公积弥补亏损															
4.设定受益计划变动额结转留存收益															
5.其他综合收益结转留存收益															
6.其他															
（五）专项储备				0											
1.本期提取		0	0	0				165				0	165	41	206
2.本期使用		0	0	0				-1 053				0	-1 053	-263	-1 316
（六）其他		0	0	0	375 363							0	375 363	77 266	452 629
四、本年年末余额	7 029 976	0	0		22 488 105	-6 094 347	-1 549 003	12 730	7 966 362	587 984	87 074 453	0	117 516 260	6 720 840	124 237 100

2.2.6　财务报表附注

财务报表附注是为了帮助报表使用者深入理解财务报表所提供的信息，提高财务信息的可比性，扩充报表所提供信息的容量，而对财务报表的编制基础、编制依据、编制原则和方法以及相关项目等所做的详细解释。附注提供财务报表信息生成的依据，并提供无法在报表上列示的定性信息和定量信息，从而使得报表中的数据信息更加完整，为财务分析奠定良好的信息基础。根据企业会计准则的规定，附注应当按照一定的结构进行系统合理的排列和分类，有顺序地披露信息。

财务报表附注主要包括企业的基本情况、财务报表的编制基础、遵循企业会计准则的声明、重要会计政策和会计估计、会计政策和会计估计变更以及差错更正的说明、合并财务报表的合并范围、重要报表项目的说明以及重要事项的揭示等内容。

（1）企业的基本情况。企业的基本情况包括：企业注册地、组织形式、总部地址和注册资本；企业的主要经营活动；母公司以及集团最终母公司的名称；财务报告的批准报出者及批准报出日。

（2）财务报表的编制基础。财务报表的编制基础包括基本会计假设、执行的会计制度、会计期间、记账本位币，对于未以公认的基本会计假设为前提的业务处理和报表编制，应予以披露，并说明理由。

（3）遵循企业会计准则的声明。遵循企业会计准则的声明明确说明编制的财务报表符合企业会计准则体系的要求，真实、完整地反映了报告期企业的财务状况、经营成果和现金流量等有关信息。

（4）重要会计政策和会计估计。企业报表附注提供重要会计政策和会计估计的信息，不重要的会计政策和会计估计可以不披露。在披露重要会计政策和会计估计时，报表附注提供重要会计政策的确定依据和财务报表项目的计量基础，以及会计估计中所采用的关键假设和不确定因素。

报表附注提供的重要会计政策信息包括存货、长期股权投资、投资性房地产、固定资产、生物资产、无形资产、非货币性资产交换、资产减值、职工薪酬、企业年金基金、股份支付、债务重组、或有事项、收入、建造合同、政府补助、借款费用、所得税、外币折算、企业合并、租赁、金融工具确认和计量、金融资产转移、合并财务报表、每股收益、分部报告、金融工具列报等。

（5）会计政策和会计估计变更以及差错更正的说明。企业报表附注可以提供会计政策变更的信息。比如，会计政策变更的性质、内容和原因；当期和各个列报前期财务报表中受影响的项目名称和调整金额；无法进行追溯调整的，说明该事实和原因以及开始应用变更后的会计政策的时点、具体应用情况。

报表附注可以提供会计估计变更的信息。比如，会计估计变更的内容和原因；会计估计变更对当期和未来期间的影响数；会计估计变更的影响数不能确定的，披露这一事实和原因。

报表附注可以提供披露前期差错更正的信息。比如，前期差错的性质；各个列报前期财务报表中受影响的项目名称和更正金额；无法进行追溯重述的，说明该事实和原因以及对前期差错开始进行更正的时点、具体更正情况。

（6）合并财务报表的合并范围。合并财务报表的合并范围主要介绍纳入合并范围的重要子公司名称、注册地、业务性质、注册资本、本集团投资额、直接和间接持股比例及表决权比例。

（7）重要报表项目的说明。企业应当尽可能以列表形式披露重要报表项目的构成或当期增减变动情况。对重要报表项目的明细说明，应当按照资产负债表、利润表、现金流量表、所有者权益变动表的顺序和报表项目列示的顺序，采用文字和数字描述相结合的方式进行披露，并与报表项目相互参照，如货币资金、应收账款、预付款项、固定资产、短期借款、长期借款等。

（8）重要事项的揭示。重要事项的揭示，主要包括以下三种：

①或有事项。企业应当披露预计负债的种类、形成原因以及经济利益流出不确定性的说明；与预计负债有关的预期补偿金额和本期已确认的预期补偿金额；或有负债的种类、形成原因及经济利益流出不确定性的说明；或有负债预计产生的财务影响，以及获得补偿的可能性，无法预计的，应当说明原因；或有资产很可能会给企业带来经济利益的，其形成的原因、预计产生的财务影响等；在涉及未决诉讼、未决仲裁的情况下，披露全部或部分信息预期对企业造成重大不利影响的，披露该未决诉讼、未决仲裁的性质以及没有披露这些信息的事实和原因。

②资产负债表日后事项的说明。其包括直接影响资产负债表日当期的事项即调整事项，如在报表报出之前得到确切消息证实资产发生减损、销售退回和已确定获得或支付的赔偿等。对此类事项应视同资产负债表所属期间的事项，做出相应的账务处理，并调整已经编制的财务报表；不直接影响资产负债表日当期的事项即非调整事项，如资产负债表日后发行股票或债券、企业合并或分立、资产重组、对外发生巨额投资、重大的建设项目、自然灾害导致的资产损失以及外汇汇率发生较大变动等，此类事项不需要调整已经编制的财务报表，但因为其对企业未来的财务状况和经营成果影响严重，因此对其应在财务报表附注中加以说明，如有可能，还要说明对其财务影响的估计或无法做出估计的原因。

③关联方关系及其交易的说明。在存在控制关系的情况下，关联方如为企业时，无论它们是否存在交易，都应说明如下事项：企业经济性质或类型、名称、法定代表人、注册地、注册资本及其变化、企业的主营业务、所持股份或权益及其变化。在企业与关联方发生交易的情况下，企业应说明关联方关系的性质、交易类型及交易要素，这些要素一般包括：交易的金额或相应的比例、未结算项目的金额或相应比例、定价政策。关联方交易应分别就关联方以及交易类型予以说明，类型相同的关联方交易，在不影响财务报表使用者正确理解的情况下可以合并说明。

2.2.7 审计报告

审计报告是注册会计师根据独立审计准则的要求，在完成必要的审计程序后出具的对被审计单位财务报表表示意见的具有法定证明效力的书面文件。财务报表向企业内部和外部的利益相关者提供了公司财务状况、经营成果和现金流量等方面的信息，这些信息是由企业管理当局编制和提供的，如果没有注册会计师对其进行审计鉴证，其可靠性和公允性就无法保证。审计报告可提供有关财务报表是否公正表述的独立性、权威性意见，是进行财务分析的重要信息。

审计报告的基本内容包括标题、收件人、引言段、范围段、意见段、签章和会计师事务所地址、报告日期等。注册会计师在审计报告中对所审计的财务报表可提出以下五种意见中的一种：标准无保留意见；带强调事项段的无保留意见；保留意见；否定意见；无法表示意见。在上述五种意见中，第一种属于标准审计报告；后四种属于非标准审计报告，其中保留意见、否定意见和无法表示意见又被称为非无保留意见。注册会计师在审计报告中如果提出后四种意见，必须做出必要的说明。

标准无保留意见说明审计师认为被审计单位的财务报表已按照适用的会计准则的规定编制，并在所有重大方面公允反映了被审计单位的财务状况、经营成果和现金流量；带强调事项段的无保留意见说明审计师认为被审计单位编制的财务报表符合相关会计准则的要求，并在所有重大方面公允反映了被审计单位的财务状况、经营成果和现金流量，但存在需要说明的事项，如对持续经营能力产生重大疑虑及重大不确定事项等；保留意见说明审计师认为财务报表整体是公允的，但是存在影响重大的错报；无法表示意见说明审计师的审计范围受到了限制，且其可能产生的影响也是重大而广泛的，审计师不能获取充分的审计证据；否定意见说明审计师认为财务报表整体是不公允的或没有按照适用的会计准则的规定编制。

简单地说，标准无保留意见就是表示财务报表和报表附注质量符合要求，数据可靠、信息真实；其他四种类型的意见表示财务报表和报表附注或多或少都存在问题，其问题的严重性由轻到重依次为带强调事项段的无保留意见、保留意见、无法表示意见和否定意见。

2.3　企业财务报告信息的局限性

2.3.1　企业财务报告信息局限性的表现

1）财务信息的综合与抽象带来的局限

财务信息是对纷繁复杂的企业活动、逐渐累积的经营成果以及不断改变的财务状况的综合与抽象，从而以非常精炼的形式呈报给信息使用者。这是财务信息相对于经营信息的优点。然而，经过综合与抽象的财务信息又湮没了企业生产经营中很多有价值的细节，掩盖了很多企业活动的原貌。

2）历史成本带来的局限

由于企业财务报告是对企业以往已经发生的经济业务事项的信息反映，是以历史成本为主要计价基础的（仅在个别项目上允许采用公允价值计量），这就使得财务报告提供的信息缺乏一定的时效性，从而影响到财务分析对未来经济事项的预测结果。

3）货币计量带来的局限

财务报告所反映的信息没有涵盖公司所有可以利用的经济资源。一方面，会计报表中反映的是符合货币计量前提要求的可计价的经济资源；另一方面，现行会计报表附注主要侧重的是对公司会计政策与会计估计的选择与确定及其变更、或有事项、资产负债表日后事项、关联方关系及关联方交易、重要的资产转让、出资、企业合并、企业分立等事项的说明，以及对盈亏、投资、融资等重大事项的解释说明等。但有关人力资源、产品质量与市场占有率等其他内容却并未得以全面披露，而这些内容对财务分析以及相关的经营和投资决策具有重大的影响作用。因此，以财务报告为主要信息依据的财务分析结果，就难免存在反映内容方面的局限性。

4）会计职业判断与政策选择带来的局限

财务报告是在公司具体的会计政策与会计估计的基础上编制的，不同会计政策与会计估计的运用在一定程度上会影响到公司财务信息的可比性，进一步也影响到财务分析结果的合理性和可利用性。

5）被操纵或粉饰的可能性

由于财务报告在编制过程中存在一定的主观性和易受其他人为因素的影响，它所反映的有关信息有可能被人为操纵或粉饰，在此基础上进行财务分析便不可避免地带有了人为修饰过的痕迹，无法准确评价公司现状，存在着不够客观的局限性。

2.3.2 企业财务报告信息局限性的解决思路

财务信息虽然是非常重要而便捷的信息来源，但决策者一定不能仅仅依赖财务信息，还应该通过其他渠道广泛获取决策相关信息，如行业信息、市场信息等。在具体财务分析中还应充分利用各种有用信息，增加财务分析的方法和手段：

1）财务报表信息与报表附注信息相结合

这样既可以观察报表项目的数量及其变化情况，又能在一定程度上把握项目变化的原因。比如企业费用和净利润变化了，是由于经营状况变化造成的，还是由于会计政策或会计估计变更造成的，将其变化的原因进行合理分解，是正确使用这些指标的前提。

2）财务分析与非财务分析相结合

企业财务与经营情况的变化原因并非都是财务方面的，更多的是非财务方面的。比如，利润水平下降了，可能是负债筹资过多使利息负担过重造成的，也可能是由于产品质量下降等引起销量下降，或由于管理弱化等引起成本费用上升。因此，若要了解效益下降的原因，就必须将分析工作深入到企业生产经营管理的各个方面，将财务分析与非财务分析相结合。

3）定量分析与定性分析相结合

财务报表提供的都是定量的信息，若要了解更多的“活”的情况，就必须在报表以外，进行深入的调查研究，通过对公司进行实地考察、与当事人交谈等方式，获取反映公司真实状况的信息。

4）短期分析与长期分析相结合

企业财务报告提供的数字一般都是短期的，至多只是两期的数字，据此所能观察的情况也只能是短期的，如当年的财务与经营情况。对报表分析者来说，财务与经营上的长期发展趋势对于分析评价和决策也许更为有用。因此，报表的分析者最好将若干期（如5年或10年）的财务报表汇总并列在一起，这样就可以更好地观察企业财务和经营的变化趋势。

5）企业内部分析与外部分析相结合

企业经营和理财的过程和效果往往受制于一定的外部环境。如当前企业应收账款挂账很多，存货积压严重，这个问题的形成，仅仅从企业内部寻找原因是不行的，必须结合企业经营和财务环境的变化进行分析，如信用制度不完善、信用观念较差、买方市场形成等方面。所以，要想全面深刻地认识企业财务报表项目的变化，还需要将企业内部与企业外部环境结合起来。

思考题

1.财务分析信息的作用是什么？

2.财务分析信息按信息来源可分为哪两类？它们分别包括哪些内容？

3.财务分析信息根据取得时间的确定性程度可分为哪两类？它们分别包括哪些内容？

4.财务分析的标准信息是什么样的信息？具体包括哪些内容？

5.财务分析信息根据是否直接反映企业的经营成果、财务状况与现金流量可分为哪两类？它们分别包括哪些内容？

6.财务分析信息必须满足哪些要求？

7.财务报告具体包括哪些内容？

8.企业的主要财务报表包括哪些？

9.审计报告的意见类型有哪些？

章末习题

一、单项选择题

1.下列不属于财务分析信息分类中的内部信息的是（　　）。

A.会计核算资料　　B.注册会计师的审计报告

C.计划及预算信息　　D.内部审计部门的审计报告

2.为了评价判断企业所处的地位和水平，在分析时通常采用的标准是（　　）。

A.经验标准　　B.历史标准　　C.行业标准　　D.预算标准

3.在各项财务分析评价标准中，可比性最高的是（　　）。

A.经验标准　　B.历史标准　　C.行业标准　　D.预算标准

4.下列属于静态财务报表的是（　　）。

A.资产负债表　　B.利润表　　C.现金流量表　　D.所有者权益变动表

5.我国资产负债表的格式是（　　）。

A.单步式　　B.多步式　　C.报告式　　D.账户式

6.可提供企业变现能力信息的财务报表是（　　）。

A.现金流量表　　B.所有者权益变动表

C.资产负债表　　D.利润表

7.资产负债表中的所有者权益项目的排列依据是（　　）。

A.依据权益的流动性　　B.依据投资顺序

C.永久性程度高的在后，低的在前　　D.永久性程度高的在前，低的在后

8.存货的增加将使（　　）。

A.经营活动现金净流量增加　　B.经营活动现金净流量减少
C.投资活动现金净流量增加　　D.投资活动现金净流量减少
9."处置固定资产、无形资产和其他长期资产收回的现金净额"属于（　　）。
A.筹资活动产生的现金流入　　B.投资活动产生的现金流入
C.投资活动产生的现金流出　　D.经营活动产生的现金流入
10.注册会计师可能对所审计的财务报表提出意见，属于有利意见的是（　　）。
A.无保留意见　　B.保留意见　　C.否定意见　　D.无法表示意见
二、多项选择题
1.下列属于财务分析信息分类中的定期信息的有（　　）。
A.宏观经济政策信息　　B.会计信息
C.综合经济部门提供的信息　　D.中介机构提供的信息
2.财务分析评价标准包括（　　）。
A.经验标准　　B.历史标准　　C.行业标准　　D.预算标准
3.下列属于市场信息范畴的有（　　）。
A.人民银行每日公布的人民币汇率　　B.商务部的经济形势分析
C.财政税收政策　　D.上市公司的每日股市行情
4.通过对资产负债表的分析能够达到的目的有（　　）。
A.了解企业所拥有的经济资源及这些资源的分布与结构
B.了解企业的盈利情况
C.了解资金来源及其构成
D.了解企业营运能力、偿债能力和支付能力
5.在财务分析中，资产负债表的负债方能够提供的信息包括（　　）。
A.债务水平　　B.债务结构　　C.利润分配
D.经营效率　　E.资产利用程度
6.在财务分析中，利润表能够提供的信息包括（　　）。
A.企业财务成果的信息　　B.企业盈利能力的信息
C.企业经营业绩结构的信息　　D.企业营业收入、成本费用状况的信息
E.企业增长能力的信息
7.下列活动中，属于经营活动产生的现金流量有（　　）。
A.销售商品收到的现金　　B.分配股利支出的现金
C.提供劳务收到的现金　　D.出售设备收到的现金
E.缴纳税款支出的银行存款
8.在财务分析中，所有者权益变动表的主要作用是（　　）。
A.提供所有者权益变动的原因　　B.解释所有者权益内部结构的变化
C.提供企业经营业绩结构的变动　　D.为利润表和资产负债表提供辅助信息
9.在财务报表附注中应披露的会计政策有（　　）。
A.坏账的数额　　B.收入确认的原则
C.所得税的处理方法　　D.存货的计价方法

10.为保证财务分析质量，财务分析信息应满足的要求有（　　）。

A.财务信息的相关性　　B.财务信息的系统性　　C.财务信息的准确性

D.财务信息的完整性　　E.财务信息的及时性

三、实践作业

请查阅格力电器、海尔电器和青岛啤酒近三年的年度报告资料。

第2章习题答案

第3章/ 财务分析程序与方法

【学习目标】了解财务分析基本程序与步骤；掌握战略分析与会计分析的内涵和作用；理解并掌握财务分析的基本方法。

【思政要点】在本章的财务分析程序与步骤中，战略分析和会计分析阶段是其中一个重要的步骤。在战略分析时，不仅要了解企业的竞争战略是低成本竞争策略还是产品差异竞争策略，更重要的是要关注企业的战略与国家政策方向是否一致；在会计分析时，要重点关注会计政策、会计方法和会计披露是否符合我国企业会计准则的相关规定，强化了解和遵守国家大政方针、会计行业制度和法律规范的意识。

3.1 财务分析基本程序与步骤

财务分析的程序，是指进行财务分析所应遵循的一般规程，是进行财务分析的基础与关键，为开展财务分析工作、掌握财务分析技术指明了方向。综观现有的多种财务分析程序，既有区别也有共同之处，区别主要体现在具体分析环节不同，但在搜集财务分析信息、分析财务信息、得出财务分析结论等步骤上是基本一致的。在具体财务分析环节上，大多参考和直接借鉴了国外的战略分析、会计分析、财务分析和前景分析四个方面，这种分析程序和步骤有其一定的可取之处，但是由于其产生和应用的环境与我国当前财务分析的实际情况存在差距，完全照搬显然是不合时宜的。结合中外财务分析的步骤与特点，考虑我国财务分析的现实情况，将财务分析的程序与步骤归纳为四个阶段九个步骤。

3.1.1 财务分析信息搜集整理阶段

财务分析信息搜集整理阶段主要由以下三个步骤组成：

1）明确财务分析目的

进行财务分析，首先必须明确为什么要进行财务分析，是要评价企业经营业绩，进行投资决策，还是要制定未来经营策略。只有明确了财务分析的目的，才能正确地搜集整理信息，选择正确的分析方法，从而得出正确的结论。

2）制订财务分析计划

在明确财务分析目的的基础上，应制订财务分析计划，包括财务分析的人员组成及分工、时间进度安排，财务分析内容及拟采用的分析方法等。财务分析计划是财务分析顺利进行的保证。当然，财务计划的形式比较灵活，并不一定形成文件，可能只是一个草案，也可能是口头的计划。

3）搜集整理财务分析信息

财务分析信息是财务分析的基础，信息搜集整理的及时性、完整性、准确性，对分析的正确性有着直接的影响。信息的搜集整理应根据分析的目的和计划进行，除此之外，经常性、一般性的信息搜集与整理也很重要，只有平时日积月累，才能根据不同的分析目的及时提供所需信息。

3.1.2　战略分析与会计分析阶段

战略分析与会计分析是财务效率分析的基础，该阶段主要由以下两个步骤组成：

1）战略分析

了解企业的基本情况，并在此基础上深入了解企业的战略定位，企业的竞争战略是低成本竞争策略还是产品差异竞争策略，以及在行业中的地位。

2）会计分析

会计分析的目的在于评价企业会计所反映的财务状况与经营成果的真实程度。会计分析的作用，一方面通过对会计政策、会计方法、会计披露的评价，揭示会计信息的质量；另一方面通过对会计政策、会计估计变更的调整，修正会计数据，为财务效率分析奠定基础，并保证财务分析结论的可靠性。会计分析是财务效率分析的基础，通过会计分析，对发现的由于会计原则、会计政策等引起的会计信息差异，应通过一定的方式加以说明或调整，消除会计信息的失真问题。由于对财务报表展开会计分析以及识别相应的报表粉饰等内容并不是本书的研究重点，因而本书在进行财务报表分析之前，主要是基于财务报告中注册会计师出具的审计报告的类型和措辞，对企业财务报表的会计质量做出整体判断，而不再展开单独的会计分析。

3.1.3　财务分析实施阶段

财务分析的实施阶段是在战略分析与会计分析的基础上进行的，它是为实现财务分析目的而采用具体的财务分析方法。具体财务分析方法的选择，要紧密地围绕财务分析的目的来进行，既可以采用对比分析法、结构分析法、趋势分析法，也可以采用比率分析法和项目质量分析法等；既可以采用某种方法进行分析，也可以运用多种方法来进行分析；既可以采用基本的分析方法，也可以采用综合的分析方法。

3.1.4　财务分析综合评价阶段

财务分析综合评价阶段是财务分析实施阶段的继续，它根据不同的财务分析目标，运用一定的分析方法对企业财务状况和经营成果进行分析后，形成财务分析报告，为管理层总结财务管理中的一些经验和教训、发现企业财务管理中存在的问题、寻找问题存在的原因、制定出解决问题的办法并提供依据，以不断改进公司的财务状况，实现公司的最终目标。该阶段具体又可分为三个步骤：

1）财务综合分析与评价

财务综合分析与评价是在应用各种财务分析方法进行分析的基础上，将定量分析结果、定性分析判断及实际调查情况结合起来，以得出财务分析结论的过程。得出财务分析结论是财务分析的关键步骤，结论的正确与否是判断财务分析质量的唯一标准。

2）财务预测与价值评估

财务分析既是一个财务管理循环的结束，又是另一个财务管理循环的开始。应用历史或现时财务分析结果预测未来财务状况与企业价值，是现代财务分析的重要任务之一，因此，财务分析不能仅满足于事后分析原因，得出结论，更要对企业未来发展及价值状况进行分析与评价。

3）财务分析报告

财务分析报告是财务分析的最后一步。它将财务分析的基本问题、财务分析结论，以及针对问题提出的措施、建议以书面的形式表示出来，为财务分析主体及财务分析报告的其他受益者提供决策依据。财务分析报告是对财务分析工作的总结，还可作为历史信息，供后来的财务分析者参考，以保证财务分析的连续性。

3.2 战略分析与会计分析

3.2.1 战略分析方法

在对企业进行具体财务分析时，为了更好地对企业的基本情况进行了解，首先需要对企业的战略情况进行分析，即通过对企业所在行业或企业拟进入行业的分析，明确企业自身地位及应采取的竞争战略，以权衡收益与风险，了解与掌握企业的发展潜力，特别是在企业价值创造或盈利方面的潜力。因此，企业战略分析通常包括行业分析和企业竞争策略分析。企业战略分析是会计分析和财务效率分析的导向，通过企业战略分析，分析人员能深入了解企业的经济状况和经济环境，从而能进行客观、正确的会计分析与财务分析。

1）企业的行业分析

行业分析即通过对企业所在行业的分析，明确企业所处行业的竞争程度与地位，有利于分析者进行正确决策。行业分析主要包括行业的竞争程度分析和市场议价能力分析两个方面。

（1）行业竞争程度分析

行业的竞争程度和盈利能力水平主要受以下三个因素影响：现有企业间的竞争、新加入企业的竞争威胁、替代产品或服务的威胁，具体分析如下：

①现有企业间竞争程度分析。现有企业间的竞争程度影响着行业的盈利水平，通常竞争程度越高，价格越接近于边际成本，盈利水平也越低。

②新加入企业竞争威胁分析。当行业平均利润率超过社会平均利润率，即行业取得超额利润时，企业必然面临新企业加入的威胁。

③替代产品或服务威胁分析。当行业存在许多替代产品或替代服务时，其竞争程度加剧；反之，替代产品或服务少，则竞争程度较低。消费者在选择替代产品或服务时，通常考虑产品或服务的效用和价格两个因素。如果替代效用相同或相似，价格竞争就会激烈。

（2）市场议价能力分析

虽然行业竞争能力是行业盈利能力的决定因素，但行业实际盈利水平的高低，还取决于本行业企业与供应商和消费者（客户）的议价能力。

①企业与供应商的议价能力分析。影响企业与供应商议价能力的因素主要包括：供应

商的数量、供应商的重要程度、单个供应商的供应量。

②企业与客户的议价能力分析。影响企业与客户议价能力的因素有很多，如替代成本、产品差异、成本与质量的重要性、客户数量等。将这些因素归纳起来主要体现在以下两个方面：价格敏感程度的影响、相对议价能力的影响。

2）企业的竞争策略分析

企业进行竞争的策略有许多，最重要的有两种，即低成本竞争策略和产品差异策略。

（1）低成本竞争策略分析

低成本竞争策略是指企业能以较低的成本提供与竞争对手相同的产品或服务。这时企业可以较低的价格与竞争对手争夺市场份额。低成本竞争策略通常是取得竞争优势最明显的方式。企业要使其成本低于同行业其他企业成本，即取得低成本竞争优势，需要在降低成本方面下功夫。当企业所处行业替代产品威胁较小、新企业进入威胁较大时，企业往往愿意选择低成本竞争策略。

（2）产品差异策略分析

产品差异策略是指企业通过其产品或服务的独特性与其他企业竞争，以争取在相同价格或较高价格的基础上占领更大市场份额，取得竞争优势与超额利润。产品或服务差异包括较高的产品或服务质量、较多的产品或服务类别、良好的销售或售后服务、独特的品牌形象，而要做好这些工作，企业要在研究与开发、工程技术和市场容量等方面进行投资，同时要鼓励创造与革新。

传统的竞争策略分析认为，低成本竞争策略和产品差异策略是相互排斥的，处于两种策略中间的企业是危险的。实际上，成功的企业在选择某一竞争策略时，不应完全忽视另一种竞争策略，即追求产品差异，不能忽视成本；追求低成本竞争策略，不能完全忽视产品或服务差异。

企业采取不同的竞争策略，其财务状况和财务成果的反映是不同的，对财务状况和财务成果的评价标准也是不同的。因此，企业竞争策略分析与财务报表会计分析、财务效率分析是紧密相关的。

3.2.2　会计分析技术

会计分析是财务报表分析的重要步骤之一。阅读财务报告是会计分析的基础，在全面阅读财务报告时应注意以下几点：

（1）注册会计师审计意见与结论；

（2）企业采用的会计原则、会计政策、会计估计及其变更情况；

（3）会计信息披露的完整性、真实性；

（4）财务报表附注中涉及的重大事项、表外资产情况、财务报表日后事项等；

（5）财务情况说明书及管理层讨论。

在会计分析步骤，一定要抓住年度财务报告中的重要信息、关键信息、敏感信息及可能产生的盈余管理等信息，为后面的分析奠定信息基础。

对于发现的由于会计原则、会计政策等引起的会计信息差异，应通过一定的方式加以说明或调整，消除会计信息的失真问题。

3.3 财务分析的基本方法

3.3.1 比较分析法

比较分析法，也称水平分析法，是通过比较不同的数据，发现规律性的内容并找出与被比较对象的差别的一种分析方法。用于比较的可以是绝对数，也可以是相对数，其主要作用在于揭示指标间客观存在的差距，并为进一步分析指明方向。比较形式可以是本期实际指标与以前各期指标的比较，可以是本期实际指标与计划或定额指标的比较，也可以是企业相关项目和指标与国内外同行业平均水平或者先进水平的比较。比较时要特别注意企业分析指标与比较标准之间的可比性，即与选择的比较标准在内容、期间、计算口径、计算基础、总体性质等各方面均具有一致性。

1）比较标准

常用的比较标准有基期标准、预期标准、行业标准、竞争对手水平等。

（1）基期标准。基期标准通常是指前期实际发生的、已经成为历史数据的比较标准。它反映企业分析指标的历史水平，可以是上期指标、往年同期指标或历史上任意时期指标。将企业分析指标与基期标准进行比较，可以对分析指标的改进情况、发展方向和变动趋势进行评价。

（2）预期标准。预期标准是指企业预先确定的比较标准，通常可以根据企业制订的计划、预算以及各部门相应责任加以确定，它反映企业分析指标的目标水平。将企业分析指标与预期标准进行比较，可以对企业完成计划、预算、定额或者责任指标的情况进行评价，作为衡量企业目标是否达成的重要依据。

（3）行业标准。行业标准是指企业所在行业的同类指标比较标准，反映分析指标的行业水平。行业标准可以是本行业的平均水平，也可以是本行业的先进水平，还可以是本行业的标杆水平。将企业分析指标与行业标准进行比较，可以对企业在本行业的地位和相对竞争优势或劣势进行评价，找出本企业与行业先进水平或者对标企业之间的差距，为企业今后的发展指明方向。

（4）竞争对手水平。在比较分析时，也可以将被分析企业的情况与竞争对手的相关水平进行对比，找出差别，从而合理地评估被分析企业的优势或与竞争对手的差距。在不同企业的应用中，一定要注意其可比性问题。

2）比较数据

在对相关数据进行对比时，常用的数据对比方式有以下两种：

（1）绝对值增减变动。其计算公式是：

绝对值变动数量=分析期某项指标实际数−基期同项指标实际数

（2）增减变动率。其计算公式是：

变动率（%）=绝对值变动数量÷基期实际数量×100%

上面公式中所说的基期，可指上年度，也可指以前某年度。在对比分析中，应将两种对比方式结合运用，仅用变动量，或仅用变动率都可能得出片面的甚至是错误的结论。下面举例说明比较分析法的应用。M集团2019—2020年有关总资产、总收入和利润总额资料及水平分析见表3-1。

表3-1　　M集团2019—2020年有关总资产、总收入和利润总额水平分析表　　金额单位：元

项目	2020年	2019年	差异额	差异率
总资产	360 382 603 000	301 955 419 000	58 427 184 000	19.4%
总收入	285 709 729 000	279 380 506 000	6 329 223 000	2.3%
利润总额	31 663 539 000	29 929 114 000	1 734 425 000	5.8%

从表3-1的水平分析表可看出，M集团2020年比2019年的总资产、总收入和利润总额都有所增长，但增长率是有所不同的。对于造成各指标增长率不同的原因，还需要进行更深入的分析。在比较分析法使用的过程中，也可以结合比较分析图来更直观地反映对比的情况。常见的对比分析图是柱状图，如图3-1所示。

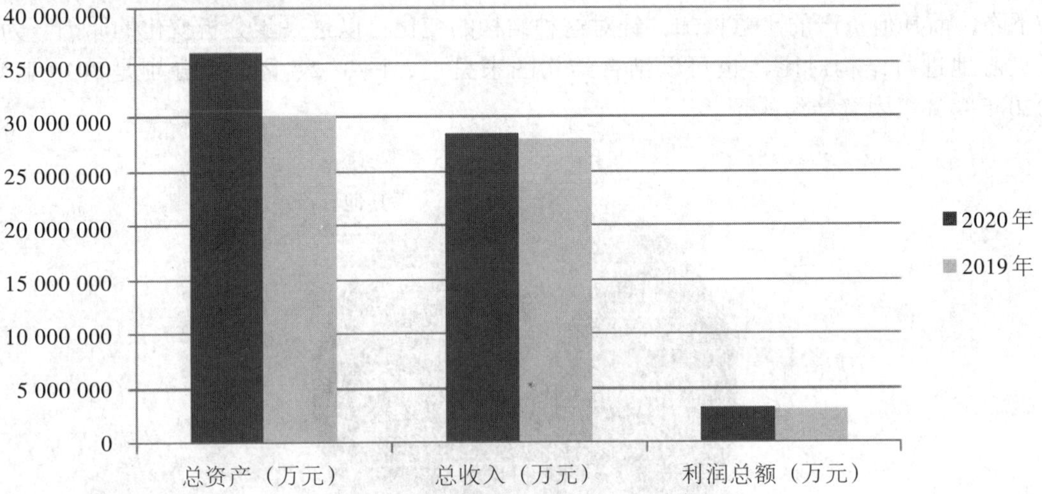

图3-1　对比分析柱状图

3.3.2　结构分析法

结构分析法又称垂直分析法、纵向分析法或者共同比分析法。与比较分析法不同，它的基本点不是将企业报告期的分析数据直接与相关标准对比求出增减变动量和增减变动率，而是通过计算报表中各项目占总体的比重或结构，反映报表中的项目与总体关系情况及其变动情况。财务报表经过结构分析法处理后，通常称为同度量报表，或称总体结构报表、共同比报表等。如同度量资产负债表、同度量利润表、同度量成本表等，都是应用结构分析法得到的。结构分析法的一般步骤是：

第一，确定报表中各项目占总额的比重或百分比，其计算公式是：

某项目的比重=该项目金额÷各项目总金额×100%

第二，通过各项目的比重，分析各项目在企业经营中的重要性。一般项目比重越大，说明其重要程度越高，对总体的影响越大。

第三，将分析期各项目的比重与前期同项目比重进行对比，研究各项目的比重变动情况。也可将本企业报告期项目比重与同类企业的可比项目比重进行对比，研究本企业与同类企业的不同，以及成绩和存在的问题。

根据M集团的相关资料，该企业的资产总额、流动资产、固定资产和其他资产指标

经过结构分析可得到表3-2。

表3-2　　M集团资产结构分析表　　金额单位：元

项目	2019年	2020年	2019年	2020年
资产总额	301 955 419 000	360 382 603 000	100%	100%
流动资产	216 482 692 000	241 655 325 000	72%	67%
固定资产	21 664 682 000	22 239 214 000	7%	6%
其他资产	63 808 045 000	96 488 064 000	21%	27%

从表3-2的结构分析可看到，该企业2020年流动资产和固定资产的比重比2019年有所下降，而其他资产的比重增加，针对这种结构的变化可以进一步分析变化的原因。为了更直观地进行结构对比，也可以结合结构图来呈现，图3-2、图3-3分别是2019年度、2020年度M集团资产结构图。

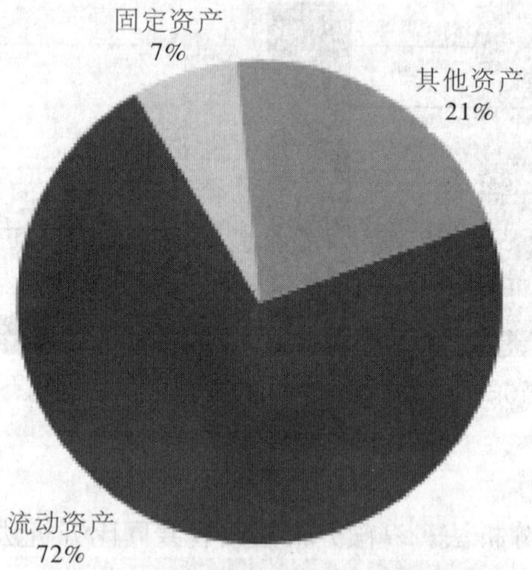

图3-2　2019年度M集团资产结构图

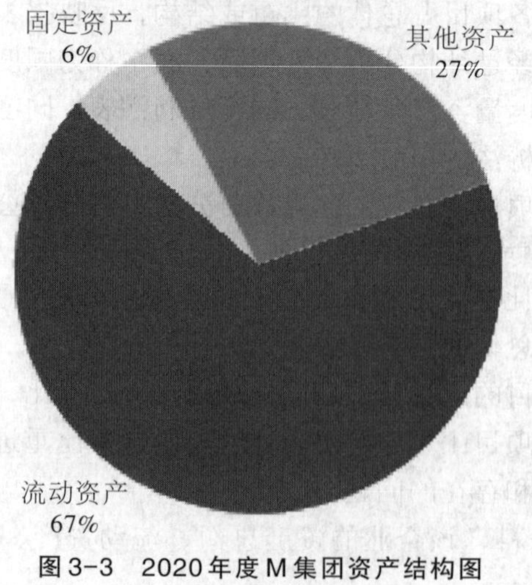

图3-3　2020年度M集团资产结构图

3.3.3　趋势分析法

趋势分析法是将两期或连续数期的财务报表中的相同指标进行对比，以说明企业有关项目的变动情况和趋势的一种财务分析方法。在实际使用中，仅选用两期数据进行比较，企业某些方面的情况及其变动有可能会受到一些偶然性或意外因素的影响，为了排除偶然性或意外因素的影响，更清楚地了解企业业绩的发展历程和趋势，一般将分析的窗口期延长至三期及三期以上。趋势分析法既可用于对财务报表的整体分析，即研究一定时期报表各项目的变动趋势，也可对某些主要指标的发展趋势进行分析。趋势分析法的一般步骤是：

第一，计算趋势比率或指数。通常，指数的计算有两种方法：一是定基指数；二是环比指数。定基指数就是指各个时期的指数都是以某一固定时期为基期来计算的。环比指数则是指各个时期的指数都是以前一期为基期来计算的。趋势分析法通常采用定基指数。

第二，根据指数计算结果，评价与判断企业各项指标的变动趋势及其合理性。

第三，预测未来的发展趋势。根据企业以前各期的变动情况，研究其变动趋势或规律，从而可预测出企业未来发展变动情况。

下面举例说明趋势分析法的应用：M集团2016—2020年的营业收入、净利润和基本每股收益资料见表3-3。

表3-3　**财务指标表**

	2020年	2019年	2018年	2017年	2016年
营业收入（元）	284 221 249 000	278 216 017 000	259 664 820 000	240 712 301 000	159 044 041 000
净利润（元）	27 506 542 000	25 277 144 000	21 650 419 000	18 611 190 000	15 861 912 000
基本每股收益（元）	3.93	3.60	3.08	2.66	2.29

根据表3-3的资料，运用趋势分析法可得出趋势分析表，见表3-4。

表3-4　**趋势分析表**

	2020年	2019年	2018年	2017年	2016年
营业收入（%）	178.7	174.9	163.3	151.3	100.0
净利润（%）	173.4	159.4	136.5	117.3	100.0
基本每股收益（%）	171.6	157.2	134.5	116.2	100.0

根据表3-4，我们可以看出：企业的营业收入、净利润、基本每股收益在2016—2020年5个年度，呈现出逐年增长的趋势。为了更直观地呈现趋势分析表的情况，我们也可以结合使用趋势分析图，即用坐标图反映某一个或某几个指标在一个较长时期内的变动趋势。具体做法是：绘制坐标图，坐标图的横轴表示时期，纵轴表示指标数值，将不同时期的指标数值用线连接起来，就形成了反映指标变动趋势的曲线，或称折线图。下面用图3-4来反映营业收入、净利润和基本每股收益的变动趋势。

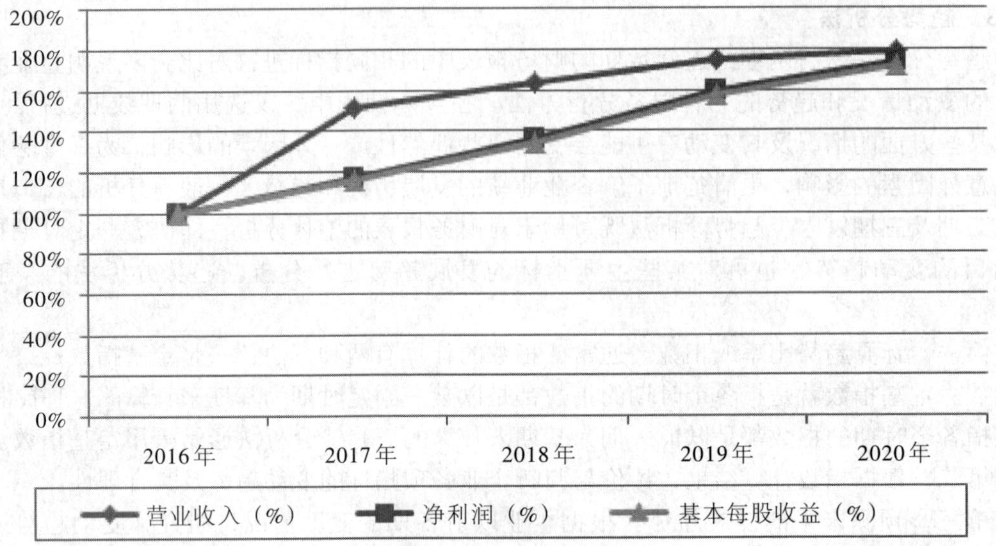

图 3-4　趋势分析图

3.3.4　比率分析法

1）比率分析法的定义

比率分析法是财务分析最基本、最重要的方法，有人甚至将财务分析与比率分析等同起来，认为财务分析就是比率分析。比率分析法实质上是将影响财务状况的两个相关因素联系起来，通过计算比率，反映它们之间的关系，借以评价企业财务状况和经营状况的一种财务分析方法。比率分析的形式有：第一，百分率，如流动比率为200%；第二，比率，如速动比率为1∶1；第三，分数，如负债为总资产的1/2。比率分析法以其简单明了、可比性强等优点在财务分析实践中被广泛采用。

2）比率分析指标的分类

由于财务分析目的、分析角度等的不同，比率分析法中的比率有许多分类形式，主要的分类形式有：

（1）按分析主体或目的划分的比率。按财务分析主体或目的的不同，财务分析比率可分别从投资者、债权者、政府管理者及经营者的角度进行划分。

（2）按财务报表划分的比率。按财务报表划分的比率主要包括资产负债表比率、利润表比率、现金流量表比率、所有者权益变动表比率，以及资产负债表、所有者权益变动表、利润表和现金流量表结合比率等。

（3）按反映财务效率的内容划分的比率。财务效率的内容比率通常包括盈利能力比率、营运能力比率、偿债能力比率和增长能力比率。

（4）根据财务分析过程中各变量之间关系的性质不同，比率指标主要包括以下三种：

①构成比率。构成比率又称结构比率，是反映某项经济指标的各组成部分与总体之间关系的财务比率，即通常所说的比重，如流动资产、固定资产、无形资产占总资产的比重，负债占总权益的比重，无法收回的应收账款占全部应收账款的比重等。

②效率比率。效率比率是反映某项经济活动投入与产出之间关系的财务比率，它是所

费与所得的比较，反映了投入产出效率，如成本费用与销售收入的比率、成本费用与利润的比率、利润与资产占用额的比率等。

③相关比率。相关比率是反映经济活动中某两个或两个以上相关项目比值的财务比率。如将资金指标与销售指标、利润指标进行对比，可以求出资金周转率、资金利润率等。通过相关比率分析，可以使财务分析更为全面、深刻，以便更深刻地揭示企业的财务状况和经营成果。

3.3.5　项目质量分析法

项目质量分析法主要是通过对财务报表各项目的规模、结构以及状态进行分析，还原企业所发生的经营活动和理财活动，并根据各项目自身特征和管理要求，结合企业具体经营环境和经营战略，对各项目的质量进行评价。在此基础上，还可以对企业整体的资产质量、资本结构质量、利润质量以及现金流量质量进行分析与评价，最终对企业财务状况质量做出整体判断。

在进行项目质量分析时，通常不需要面面俱到地对报表中的每一个项目进行分析，而是根据重要性原则和例外原则，找出重大项目和异动项目，这样便于提高分析效率。对于每个企业来说，其重大项目和异动项目会因企业所处的行业、自身经营战略的选择以及具体业务环境的不同而有所不同，因此，每个企业在利用项目质量分析法进行分析时，需要分析的项目可能不同。这就意味着，项目质量分析法更像是为每个企业量身定做的个性化的分析方案，而不像比率分析法那样，对每个企业的财务状况都采用统一的财务指标体系进行衡量。

3.4　财务综合分析评价技术

3.4.1　财务综合分析与评价

财务综合分析，是依据财务报表及相关的资料，运用专门的技术和方法，将企业的偿债能力、营运能力、获利能力及发展能力等诸方面有机联系起来，通过一个综合系统加以概括，全方位地把握企业的财务状况和经营情况，对企业经济效益优劣做出合理的评价。

1）财务综合分析方法

财务综合分析方法有许多，概括起来可分为两类：一是财务报表综合分析，如资产与权益综合分析、利润与现金流量综合分析等；二是财务指标体系综合分析，如杜邦财务分析体系、杜邦财务指标体系改进分析等。

2）财务综合评价方法

财务综合评价方法有沃尔评分法、中央企业综合绩效评价体系等。

3.4.2　财务预测分析与企业价值评估

企业价值评估实际上也是企业评价的方法。进行企业价值评估应在财务分析的基础上，通过财务预测分析，确定企业未来现金流量或利润；然后对现金流量或利润按一定折现率进行折现，从而确定企业价值或股东价值。

3.4.3　财务分析报告

1）财务分析报告的含义与作用

财务分析报告是指财务分析主体对企业在一定时期的筹资活动、投资活动、经营活动中的盈利状况、营运状况、偿债状况等进行分析与评价所形成的书面文字报告。财务分析报告是对企业财务分析结果的概括与总结，它对企业的经营者、投资者、债权者及其他有关单位或个人了解企业生产经营与财务状况，进行投资、经营、交易、决策等都有着重要意义。

(1) 为企业外部潜在投资者、债权人、政府有关部门评价企业经营状况与财务状况提供参考。企业外部潜在投资者、债权人和政府有关部门等从各自的分析目的出发，经常对企业进行财务分析。其分析的最直接依据是企业财务报表，但企业财务分析报告能提供许多财务报表所不具备的资料，因此企业财务分析报告也就成为企业外部分析者的重要参考资料。

(2) 为企业改善与加强生产经营管理提供重要依据。企业财务分析报告全面揭示了企业在盈利能力、运营效率、支付及偿债能力等方面取得的成绩和存在的问题或不足，为企业改善经营管理指明了方向，提供了信息依据。企业可针对财务分析报告中提出的问题，采取相应的措施加以解决，这对于改善企业经营管理、提高财务运行质量和经济效益有着重要作用。

(3) 财务分析报告是企业经营者向董事会和股东大会或职工代表大会汇报的书面材料。财务分析报告全面总结了经营者在一定时期的生产经营业绩，说明了企业经营目标的实现程度或完成情况，揭示了企业生产经营过程中存在的问题，提出了解决问题的措施和未来的打算。董事会和股东大会可根据财务分析报告对经营者进行评价和奖惩。

2) 财务分析报告的格式与内容

财务分析报告的格式与内容，根据分析报告目的和用途的不同可能有所不同。例如，专题分析报告的格式与内容和全面分析报告的格式与内容就不同；月度财务分析报告与年度财务分析报告的格式与内容也可能有区别。这里仅就全面财务分析报告的一般格式与内容加以说明。全面财务分析报告的格式比较正规，内容比较完整。一般地说，财务分析报告的格式与内容如下：

(1) 基本财务情况反映，主要说明企业各项财务分析指标的完成情况，包括企业盈利能力情况，如利润额及增长率、各种利润率等；企业营运状况，如存货周转率、应收账款周转率、各种资产额的变动和资产结构变动、资金来源与运用状况等；企业权益状况，如企业负债结构、所有者权益结构的变动情况，以及企业债务负担情况等；企业偿债能力状况，如资产负债率、流动比率、速动比率的情况等；企业产品成本的升降情况等。对于一些对外报送的财务分析报告，还应说明企业的性质、规模、主要产品、职工人数等情况，以便财务分析报告使用者对企业有比较全面的了解。

(2) 主要成绩和重大事项说明，主要是对企业经营管理中取得的成绩及原因进行说明。例如，利润取得较大幅度的增长，主要原因是通过技术引进和技术改造提高了产品质量、降低了产品消耗、打开了市场销路等；企业支付能力增强、资金紧张得以缓解，主要原因是产品适销对路、减少了产品库存积压、加快了资金周转速度等。

(3) 存在问题的分析。这是企业财务分析的关键所在。财务分析报告如果不能将企业存在的问题分析清楚，就不能很好地发挥分析的作用。对存在的问题进行分析，一要抓住关键问题，二要分清原因。例如，在具体分析时发现了企业存在产品成本居高不下的问题，还需要进一步分析其产生的原因。此外，对于存在的问题，应分清是主观因素引起的，还是客观原因造成的。

（4）提出改进意见。财务分析的目的是发现问题并解决问题。财务分析报告对企业存在的问题必须提出切实可行的改进意见。

应当指出，财务分析报告的结构和内容不是固定不变的，根据不同的分析目的或针对不同的财务分析报告服务对象，分析报告的内容侧重点不同。有的财务分析报告可能侧重于对企业财务情况的反映，有的则可能侧重于对存在问题的分析及提出改进措施意见。

3）财务分析报告的编写要求

在明确了财务分析报告格式与内容的基础上，编写财务分析报告还要满足以下基本要求：

（1）突出重点、兼顾一般。编写财务分析报告，必须根据分析的目的和要求，突出分析的重点，不能面面俱到。在对重点问题进行分析时，也需要兼顾一般问题，从而有利于做出全面正确的评价。

（2）观点明确、抓住关键。对财务分析报告每一部分的编写，都应观点明确，指出企业经营活动和财务活动中取得的成绩和存在的问题，并抓住关键问题进行深入分析，搞清主观原因和客观原因。

（3）注重时效、及时编报。财务分析报告具有很强的时效性，尤其对一些决策者而言，及时的财务分析报告意味着决策成功了一半，过时的财务分析报告将失去意义，甚至产生危害。因此，财务分析报告需要及时编报。

（4）客观公正、真实可靠。财务分析报告编写得客观公正、真实可靠，是充分发挥财务分析报告作用的关键。如果财务分析报告不能做到客观公正，则会使财务分析报告使用者得出错误结论，造成决策失误。因此，财务分析报告编写时既要保证财务分析基础资料的真实可靠，又需要财务分析人员运用正确的分析方法，客观公正地进行分析评价。

（5）报告清楚、文字简练。报告清楚具体是指：结构合理、条理清晰；论点和论据清楚；结论清楚。文字简练是指在财务分析报告编写中，要做到言简意赅，简明扼要。报告清楚与文字简练应相互兼顾。

思考题

1.财务分析的基本程序和步骤可以分为哪四个阶段？

2.财务分析信息搜集、整理阶段包括哪几个步骤？

3.行业分析包括哪些内容？

4.财务分析的基本方法有哪些？

5.比较分析法常有的比较标准有哪些？

6.什么是结构分析法？

7.什么是比率分析法？比率分析的形式有哪些？

8.什么是趋势分析法？

9.什么是项目质量分析法？

10. 财务分析报告通常包括哪些内容？应注意哪些问题？

章末习题

一、单项选择题

1.财务分析信息搜集整理主要阶段不包括（ ）。

A.明确财务分析目的　　B.制订财务分析计划

C.搜集整理财务分析信息　　D.制订财务分析预算计划

2.在明确财务分析目的、搜集整理财务分析信息的基础上，财务分析的新起点是（ ）。

A.企业战略分析　B.宏观经济分析　C.企业战术分析　D.企业政策分析

3.将企业分析指标与（ ）进行比较，可以对企业完成计划、预算、定额或者责任指标的情况进行评价，作为衡量企业目标是否达成的重要依据。

A.基期标准　B.预期标准　C.行业标准　D.竞争对手水平

4.增减变动率的计算公式是（ ）。

A.变动率（%）=绝对值变动数量÷基期实际数量×100%

B.变动率（%）=绝对值数量÷基期实际数量×100%

C.变动率（%）=绝对值变动数量÷基期标准数量

D.变动率（%）=绝对值变动数量÷基期预算数量×100%

5.结构分析法是指（ ）。

A.通过比较不同的数据，发现规律性的内容并找出与被比较对象的差别的一种分析方法

B.将两期或连续数期的财务报表中的相同指标进行对比，确定其增减变动的方向、数额和幅度，以说明企业财务状况和经营成果的变动趋势的一种方法

C.将影响财务状况的两个相关因素联系起来，通过计算比率，反映它们之间的关系，借以评价企业财务状况和经营状况的一种财务分析方法

D.通过计算报表中各项目占总体的比重或结构，反映报表中的项目与总体关系情况及其变动情况

6.财务分析最基本、最重要的方法是（ ）。

A.结构分析法　B.比率分析法　C.趋势分析法　D.比较分析法

7.比率分析法不包括（ ）。

A.能力比率分析法　　B.构成比率分析法

C.效率比率分析法　　D.相关比率分析法

8.以下不属于效率比率分析法的是（ ）。

A.成本费用与销售收入的比率　　B.资金周转率

C.成本费用与利润的比率　　D.利润与资产占用额的比率

9.财务报告会计分析的关键在于（ ）。

A.揭示会计信息的质量状况　　B.评价企业会计工作

C.找出会计核算错误　　D.分析会计人员素质

10.企业价值评估应在（　　）的基础上。

A.企业战略　　B.领导人能力　　C.财务分析　　D.宏观经济环境

11.应用水平分析法进行分析评价时关键应注意分析资料的（　　）。

A.全面性　　B.系统性　　C.可靠性　　D.可比性

12.为评价企业财务状况与财务成果的发展变化情况，通常应采用（　　）。

A.经验标准　　B.历史标准　　C.行业标准　　D.预算标准

13.财务分析报告不包括对（　　）进行评价与分析。

A.盈利状况　　B.营运状况　　C.偿债状况　　D.预算执行状况

14.将企业分析指标与（　　）进行比较，可以对分析指标的改进情况、发展方向和变动趋势进行评价。

A.基期标准　　B.预期标准　　C.行业标准　　D.竞争对手水平

15.下列各项中，充分发挥财务分析报告作用的关键是（　　）。

A.客观公正、真实可靠　　B.突出重点、兼顾一般

C.观点明确、抓住关键　　D.注重时效、及时编报

二、多项选择题

1.财务分析信息搜集整理阶段主要由（　　）步骤组成。

A.明确财务分析目的　　B.制订财务分析计划

C.企业战略分析　　D.搜集整理财务分析信息

2.财务分析综合评价阶段包括（　　）。

A.财务综合分析与评价　　B.财务预测与价值评估

C.财务分析报告　　D.企业战略分析

3.一个行业中的竞争程度主要受（　　）因素影响。

A.现有企业间的竞争　　B.新加入企业的竞争威胁

C.替代产品或服务的威胁　　D.企业与客户的议价能力

4.趋势分析法的目的有（　　）。

A.预测企业未来财务状况

B.确定引起财务状况和经营成果变动的主要项目

C.确定变动趋势的性质是否有利

D.预测将来的发展趋势

5.主要的比率划分方法有（　　）。

A.按分析主体或目的划分的比率

B.按反映财务效率的内容划分的比率

C.按财务报表划分的比率

D.按财务分析过程中各变量之间关系的性质不同

6.按财务分析过程中各变量之间关系的性质不同，比率分析法又可分为（　　）。

A.现金流量表比率　　B.构成比率分析法

C.效率比率分析法　　D.相关比率分析法

7.财务综合分析方法包括（　　）。

A.资产与权益综合分析　　B.利润与现金流量综合分析
C.杜邦财务分析体系　　D.杜邦财务指标体系改进分析

8.财务分析报告的意义有（　　）。
A.为企业利益相关者评价企业经营状况与财务状况提供参考
B.为企业改善与加强生产经营管理提供重要依据
C.是企业经营者向董事会和股东大会或职工代表大会汇报的书面材料
D.可以将被分析企业的情况与竞争对手的相关水平进行对比，从而找出差别，从而合理地评估被分析企业与竞争对手的优势或差距

9.财务分析报告的格式与内容包括（　　）。
A.基本财务情况反映　　B.主要成绩和重大事项说明
C.存在问题的分析　　D.提出改进措施意见

10.以下对财务分析报告的表述正确的是（　　）。
A.财务分析报告可以是口头的，也可以是书面的
B.财务分析的主体可能是经营者，也可能是财务分析师或其他的企业利益相关者
C.财务分析报告的格式和内容是统一的
D.财务分析报告为企业改善与加强生产经营管理提供重要依据

11.以下属于相关比率的有（　　）。
A.成本费用与销售收入的比率　　B.资金周转率
C.成本费用与利润的比率　　D.资金利润率

12.属于财务分析报告的编写要求的是（　　）。
A.突出重点、兼顾一般　　B.观点明确、抓住关键
C.注重时效、及时编报　　D.报告清楚、文字简练

13.下列各项中，可以作为财务分析信息来源的是（　　）。
A.会计信息　　B.证券市场信息　　C.资产评估报告　　D.宏观经济信息

14.比率分析的基本形式有（　　）。
A.百分率　　B.比　　C.周转天数　　D.分数

15.财务报告分析的主体可以是（　　）。
A.政府部门　　B.投资者　　C.供应商　　D.消费者

第3章习题答案

第4章/ 资产负债表分析

【学习目标】通过本章的学习，了解资产负债表分析的目的；掌握资产负债表分析评价的思路；明确资产的不同分类及影响负债结构和股东权益结构的因素；理解并掌握资产负债表水平分析方法；理解并掌握资产负债表结构分析方法；理解并掌握资产负债表主要项目的内涵及变动原因。

【思政要点】资产负债表是企业的基本财务报表之一，反映了企业某一特定日期所拥有或控制的经济资源、所承担的现时义务和所有者享有的剩余权益，意义重大。通过水平分析和结构分析，可以发现资产负债表中变动较大的项目，可以有针对性地对这些项目进行分析，找出变动的原因是客观原因，还是主观人为操作；通过项目分析，可以对资产负债表中比较重要的项目进行分析，分析其变动的合理性和会计方法选用的恰当性，进一步强化会计信息质量的重要性，内化遵守会计职业道德的意识。

4.1 资产负债表项目构成

资产负债表是基本财务报表之一，是以“资产=负债+所有者权益”为平衡关系，反映企业财务状况的静态报表，它揭示企业在某一特定日期所拥有或控制的经济资源、所承担的现时义务和所有者享有的剩余权益。在资产负债表中，资产、负债和所有者权益被分为许多项目，并依照一定的分类标准和次序进行列示。

4.1.1 资产项目的构成

资产是指企业过去的交易或者事项形成的、由企业拥有或控制的、预期会给企业带来经济利益的资源。资产按其流动性大小或变现能力的强弱，分为流动资产和非流动资产，并在资产负债表中分项列示，流动性大、变现能力强的排列在先。其中，流动资产主要包括货币资金、交易性金融资产、应收账款、预付款项、存货等，非流动资产主要包括债权投资、长期股权投资、投资性房地产、固定资产、无形资产等。各资产项目为财务分析提供了丰富的信息，主要包括：

1）企业控制经济资源的数量信息

经济资源的实质是未来的经济利益，一般来说，企业控制和运作的经济资源越多，其形成和产生新的经济利益及社会财富的能力也就越强。但是，不同性质的经济资源给企业带来经济利益的大小是不一样的，因此，仅控制经济资源的总量还是不够的，还必须同时观察企业经济资源的具体结构及其合理性。同样的经济资源总量，配置结构不同，所能产生的经济利益或经济效益也就不同。

2）企业资产结构的信息

这有利于反映企业的经营状况和资源配置与使用的合理性程度，如有形资产与无形资产的结构合理性、流动资产与非流动资产的结构合理性等。流动资产与非流动资产的结构能够反映企业资产变现能力的大小，流动资产的变现能力较强，而非流动资产的变现能力则较差，因此需要合理配置流动资产与非流动资产的结构。

3）企业价值的信息

企业价值等于企业各项资产价值之和，因此资产负债表提供的各项资产的价值信息，有助于分析企业价值。虽然现行权责发生制的会计体系仍然以历史成本作为主要的计量属性，但是随着公允价值的引入，资产项目账面价值与市场价值的关系更加密切，为确定企业价值提供了相关信息。

4.1.2 负债项目的构成

负债是企业过去的交易或事项形成的、预期会导致经济利益流出企业的现时义务，是企业资金来源的重要组成部分。负债类项目按其偿还债务时间的长短分为流动负债和非流动负债两类，并按照流动性或应偿还时间的长短排序，要求偿还期限短的负债类项目排列在前。其中，流动负债包括短期借款、应付票据、应付账款、预收款项、应付职工薪酬等，非流动负债包括长期借款、应付债券、长期应付款等。负债类项目为财务分析提供了丰富的信息，主要包括：

1）企业债务水平的信息

企业的负债要按期偿还，大部分负债还要按固定利率支付利息，因此，企业的负债水平关系到企业的经营状况和风险。资产负债表提供负债的具体结构项目和数字，为合理、有效地评估企业的经营风险提供了重要依据。

2）企业债务结构的信息

由于负债分为流动负债和非流动负债两类，而两类负债的特点又不同，因此为研究短期债务结构和长期债务结构提供了方便。企业经营者通过合理调整负债结构，一方面保证正常经营的资金需要，另一方面降低资金成本，提高经济效益。对企业债权人来说，通过对债务结构的分析，可判断企业的偿债能力，尤其是可分清企业的短期偿债能力和长期偿债能力。

4.1.3 所有者权益项目的构成

所有者权益是指企业资产扣除负债后由所有者享有的剩余权益，它是企业资金来源的主要组成部分。公司的所有者权益又称为股东权益，实质上是指企业投资者对企业净资产的所有权，包括实收资本（或股本）、资本公积、盈余公积和未分配利润四大项目。资产负债表中的所有者权益项目是按权益的永久程度高低排列的，永久程度高的在前，低的在后，它们依次是：实收资本、资本公积、盈余公积和未分配利润。资产负债表对所有者权益项目的划分，为财务分析提供了如下信息：

1）企业所有者权益内部结构的信息

所有者权益内部结构反映了企业自有资金的来源构成，其合理性对企业投资者或所有者的利益有着重要影响。

2）企业收益分配情况的信息

企业收益的分配主要是指利润的分配，其程序和方法应遵循国家的有关规定，盈余公积和未分配利润等项目的变动可反映出利润分配状况。

除上述资产、负债、所有者权益项目各自提供的分析信息外，将三者结合起来，还可综合提供以下信息：

（1）提供反映企业经营资金来源及其构成的信息。企业全部资产的形成有两大渠道，即负债和权益资本，它们在总资中所占的比重，体现了债权人和投资者对企业的资金贡献程度。从这个意义上说，资产负债表提供的负债和所有者权益的合计数，为确定债权人和投资者对企业资金的贡献程度，进而为评价企业资本结构的合理性以及债权人利益的保障程度提供了可靠的依据。

（2）提供反映企业财务弹性的信息。财务弹性，是指企业融通资金和使用资金的能力。企业财务弹性的大小，取决于其资产结构和资本结构。保持合理的资产结构和资本结构，使企业既能以较低的资本成本获得所需要的资金，又可以改变现金流量的数额和时间分布，以便抓住有利的投资机会或应付突发事件。通过资产负债表，报表使用者可以利用企业资产和负债的构成，以及企业的资本结构，并借助利润表及报表附注，评价企业的财务弹性。

4.2　资产负债表分析的目的与内容

4.2.1　资产负债表分析的目的

企业的所有资本活动及结果，可以通过资产负债表全面、系统、综合地反映出来，但是，仅通过阅读资产负债表，还无法满足报表使用者进行决策的需要，必须借助于财务分析的手段，才有可能最大限度地满足报表使用者的这种要求。资产负债表分析的目的，就在于可以更深入了解企业资产和权益的变动情况以及企业财务状况，从而有助于利益相关者的决策，具体来说就是：

1）通过资产负债表分析，评价企业整体财务状况

资产负债表上的数据反映了企业某一特定日期所拥有或控制的经济资源、所承担的现时义务和所有者享有的剩余权益。通过资产负债表分析可以了解企业的资产总额及构成、负债总额及构成、所有者权益总额及构成，并根据这些信息从整体上把握企业的财务状况。

2）通过资产负债表分析，有助于分析和评价企业的偿债能力和盈利能力

企业的负债是需要在一定时期内进行偿还的，通过对资产负债表中资产和负债的构成及质量分析，有助于分析和评价企业的长期、短期偿债能力以及企业财务风险状况；资产反映了企业某一特定日期所拥有或控制的经济资源，不同性质的经济资源给企业带来经济利益的大小是不一样的，通过对资产负债表中资产的构成及项目分析，可以更好地分析和

评价企业的盈利能力。

3）通过资产负债表分析，预测企业财务状况的变动趋势

资产负债表反映的是企业某一个特定日期的财务状况，静态地反映出变动后的结果。企业在经营过程中，企业资产规模和各项资产会不断发生变动，资金来源也会发生相应的变动，通过对不同时期的资产负债表进行对比分析，就能发现经过一段时期的经营后，企业的资产、负债及股东权益的变化状况，并对企业财务状况的变动情况做出合理的解释和评价。

4.2.2 资产负债表分析的内容

资产负债表分析主要包括以下内容：

1）资产负债表水平分析

资产负债表水平分析，就是指通过对企业各项资产、负债和股东权益进行对比分析，揭示企业筹资与投资过程的差异，从而分析与揭示企业生产经营活动、经营管理水平、会计政策及会计估计变更对筹资与投资的影响。

2）资产负债表结构分析

资产负债表结构分析，就是指通过将资产负债表中各项目与总资产或权益总额进行对比，分析企业的资产构成、负债构成和股东权益构成，揭示企业资产结构和资本结构的合理程度，探索企业资产结构优化、资本结构优化的思路。

3）资产负债表趋势分析

资产负债表趋势分析，就是指通过对较长时期企业总资产及主要资产项目、负债及主要负债项目、股东权益及主要股东权益项目变化趋势的分析，揭示筹资活动和投资活动的状况、规律及特征，推断企业发展的前景。由于篇幅所限，且不是具体分析的重点，在本章案例中没有进行资产负债表趋势分析。

4）资产负债表项目分析

资产负债表项目分析就是指在资产负债表全面分析的基础上，对资产负债表中资产、负债和股东权益的主要项目进行深入分析，包括会计政策、会计估计等变动对相关项目影响的分析。

4.3 资产负债表水平分析

4.3.1 资产负债表水平分析表的编制

资产负债表水平分析的目的之一就是总体概括了解资产、权益的变动情况，揭示出资产、负债和股东权益变动的差异，分析其差异产生的原因。资产负债表水平分析的依据是资产负债表，通过采用对比分析法，将资产负债表的实际数与选定的标准进行比较，编制出资产负债表水平分析表，在此基础上进行分析评价。

资产负债表水平分析要根据分析的目的来选择比较的标准（基期），当分析的目的在于揭示资产负债表实际变动情况，分析产生实际差异的原因时，其比较的标准应选择资产负债表的上年实际数；当分析的目的在于揭示资产负债表预算或计划执行情况，分析影响资产负债表预算或计划执行情况的原因时，其比较的标准应选择资产负债表的预算数或计

划数。

资产负债表水平分析除了要计算某项目的变动额和变动率外，还需要计算出该项目变动对总资产或权益总额的影响程度，以便确定影响总资产或权益总额的重点项目，为进一步分析指明方向。某项目变动对总资产或权益总额的影响程度可按下式计算：

$$某项目变动对总资产(权益总额)的影响(\%)=\frac{某项目的变动额}{基期总资产(权益总额)}\times 100\%$$

根据表2-1提供的资料，编制M集团合并资产负债表水平分析表，见表4-1。

表4-1　**M集团合并资产负债表水平分析表**　金额单位：元

项目	2020年12月31日	2019年12月31日	变动情况		对总额的影响（%）
			变动额	变动率（%）	
流动资产：					
货币资金	81 210 482 000	70 916 841 000	10 293 641 000	14.52%	3.41%
交易性金融资产	28 239 601 000	1 087 351 000	27 152 250 000	2 497.10%	8.99%
衍生金融资产	420 494 000	197 412 000	223 082 000	113.00%	0.07%
应收票据	5 304 510 000	4 768 520 000	535 990 000	11.24%	0.18%
应收账款	22 978 363 000	18 663 819 000	4 314 544 000	23.12%	1.43%
应收款项融资	13 901 856 000	7 565 776 000	6 336 080 000	83.75%	2.10%
预付款项	2 763 710 000	2 246 177 000	517 533 000	23.04%	0.17%
其他应收款（合计）	2 973 945 000	2 712 974 000	260 971 000	9.62%	0.09%
其中：应收股利					
应收利息					
其他应收款	2 973 945 000	2 712 974 000	260 971 000	9.62%	0.09%
存货	31 076 529 000	32 443 399 000	−1 366 870 000	−4.21%	−0.45%
合同资产	3 236 848 000	0	3 236 848 000	N/A	1.07%
其他流动资产	33 079 918 000	65 011 027 000	−31 931 109 000	−49.12%	−10.57%
流动资产差额（特殊报表科目）	16 469 069 000	10 869 396 000	5 599 673 000	51.52%	1.85%
流动资产合计	241 655 325 000	216 482 692 000	25 172 633 000	11.63%	8.34%
非流动资产：					
发放贷款及垫款	1 113 501 000	790 101 000	323 400 000	40.93%	0.11%
其他债权投资	21 456 155 000	0	21 456 155 000	N/A	7.11%
长期应收款	981 623 000	1 208 079 000	−226 456 000	−18.75%	−0.07%
长期股权投资	2 901 337 000	2 790 806 000	110 531 000	3.96%	0.04%
其他权益工具投资	46 651 000	0	46 651 000	N/A	0.02%
其他非流动金融资产	3 360 849 000	1 750 107 000	1 610 742 000	92.04%	0.53%

续表

项目	2020年12月31日	2019年12月31日	变动情况		对总额的影响（%）
			变动额	变动率（%）	
投资性房地产	405 559 000	399 335 000	6 224 000	1.56%	0.00%
固定资产（合计）	22 239 214 000	21 664 682 000	574 532 000	2.65%	0.19%
固定资产	22 239 214 000	21 664 682 000	574 532 000	2.65%	0.19%
固定资产清理					
在建工程（合计）	1 477 302 000	1 194 650 000	282 652 000	23.66%	0.09%
在建工程	1 477 302 000	1 194 650 000	282 652 000	23.66%	0.09%
无形资产	15 422 393 000	15 484 179 000	−61 786 000	−0.40%	−0.02%
开发支出					
商誉	29 557 218 000	28 207 065 000	1 350 153 000	4.79%	0.45%
长期待摊费用	1 300 962 000	1 267 127 000	33 835 000	2.67%	0.01%
递延所得税资产	7 208 635 000	5 768 993 000	1 439 642 000	24.95%	0.48%
其他非流动资产	11 255 879 000	4 947 603 000	6 308 276 000	127.50%	2.09%
非流动资产合计	118 727 278 000	85 472 727 000	33 254 551 000	38.91%	11.01%
资产总计	360 382 603 000	301 955 419 000	58 427 184 000	19.35%	19.35%
流动负债：					
短期借款	9 943 929 000	5 701 838 000	4 242 091 000	74.40%	1.40%
衍生金融负债	161 225 000	27 100 000	134 125 000	494.93%	0.04%
应付票据	28 249 939 000	23 891 600 000	4 358 339 000	18.24%	1.44%
应付账款	53 930 261 000	42 535 777 000	11 394 484 000	26.79%	3.77%
预收款项		16 231 854 000	−16 231 854 000	−100.00%	−5.38%
合同负债	18 400 922 000	0	18 400 922 000	N/A	6.09%
应付职工薪酬	6 954 822 000	6 436 109 000	518 713 000	8.06%	0.17%
应交税费	5 758 058 000	5 096 267 000	661 791 000	12.99%	0.22%
其他应付款（合计）	4 501 391 000	3 800 568 000	700 823 000	18.44%	0.23%
其中：应付利息					
应付股利					
其他应付款	4 501 391 000	3 800 568 000	700 823 000	18.44%	0.23%
一年内到期的非流动负债	6 310 181 000	1 460 117 000	4 850 064 000	332.17%	1.61%
其他流动负债	49 852 239 000	39 074 777 000	10 777 462 000	27.58%	3.57%
其他金融类流动负债	87 535 000	62 477 000	25 058 000	40.11%	0.01%
流动负债合计	184 150 502 000	144 318 484 000	39 832 018 000	27.60%	13.19%

续表

项目	2020年12月31日	2019年12月31日	变动情况		对总额的影响（%）
			变动额	变动率（%）	
非流动负债：					
长期借款	42 827 287 000	41 298 377 000	1 528 910 000	3.70%	0.51%
应付债券					
长期应付款（合计）	13 260 000	33 646 000	-20 386 000	-60.59%	-0.01%
长期应付款					
专项应付款					
长期应付职工薪酬	2 159 675 000	2 418 563 000	-258 888 000	-10.70%	-0.09%
预计负债	298 110 000	353 269 000	55 159 000	-15.61%	-0.02%
递延所得税负债	5 223 954 000	4 556 002 000	667 952 000	14.66%	0.22%
递延收益——非流动负债	779 729 000	617 155 000	162 574 000	26.34%	0.05%
其他非流动负债	692 986 000	863 826 000	-170 840 000	-19.78%	-0.06%
非流动负债合计	51 995 001 000	50 140 838 000	1 854 163 000	3.70%	0.61%
负债合计	236 145 503 000	194 459 322 000	41 686 181 000	21.44%	13.81%
所有者权益（或股东权益）：					
实收资本（或股本）	7 029 976 000	6 971 900 000	58 076 000	0.83%	0.02%
资本公积	22 488 105 000	19 640 313 000	2 847 792 000	14.50%	0.94%
减：库存股	6 094 347 000	3 759 732 000	2 334 615 000	62.10%	0.77%
其他综合收益	-1 549 003 000	-711 554 000	-837 449 000	117.69%	-0.28%
专项储备	12 730 000	0	12 730 000	N/A	0.00%
盈余公积	7 966 362 000	6 447 658 000	1 518 704 000	23.55%	0.50%
一般风险准备	587 984 000	366 947 000	221 037 000	60.24%	0.07%
未分配利润	87 074 453 000	72 713 631 000	14 360 822 000	19.75%	4.76%
归属于母公司所有者权益合计	117 516 260 000	101 669 163 000	15 847 097 000	15.59%	5.25%
少数股东权益	6 720 840 000	5 826 934 000	893 906 000	15.34%	0.30%
所有者权益合计	124 237 100 000	107 496 097 000	16 741 003 000	15.57%	5.54%
负债和所有者权益总计	360 382 603 000	301 955 419 000	58 427 184 000	19.35%	19.35%

4.3.2　资产负债表变动情况的分析评价

企业总资产表明企业资产的存量规模，随着企业经营规模的变动，资产存量规模也处在变动之中。资产存量规模过小，将难以满足企业经营的需要，影响企业经营活动的正常进行。资产存量规模过大，将造成资产的闲置，使资金周转缓慢，影响资产的利用效率。资产作为保证企业经营活动正常进行的物质基础，它的获得必须有相应的资金来源。企业通过举债或吸收投资人投资来满足对企业资产的资金融通，从而产生了债权人、投资人对企业资产的两种不同要求权，即权益。资产、权益分别列示在资产负债表左右两方，反映出企业的基本财务状况，对资产负债表变动情况的分析评价也应当从这两大方面进行。

1）从资产角度进行分析评价

资产角度的分析评价主要从以下几方面进行：

第一，分析总资产规模的变动状况以及各类、各项资产的变动状况，揭示出资产变动的主要方面，从总体上了解企业经过一定时期经营后资产的变动情况。

第二，发现变动幅度较大或对总资产变动影响较大的重点类别和重点项目。分析时要特别注意发现变动幅度较大的资产类别或资产项目，特别是发生异常变动的项目。

第三，注意分析会计政策变动的影响。企业资产的变动更主要地受到生产经营规模的影响，但企业管理人员在进行会计核算和编制财务报表时所采用的会计政策和会计方法等，对企业资产变动的影响也不可忽视。

根据表4-1，可以对M集团总资产变动情况做出以下分析评价：

该公司总资产本期增加58 427 184 000元，增长幅度为19.35%，说明M集团本年资产规模有较大幅度的增长。进一步分析可以发现：

（1）本期总资产的增长主要体现在流动资产和非流动资产两个方面的增长上，非流动资产的增长幅度稍大于流动资产的增长幅度。流动资产本期增加25 172 633 000元，增长的幅度为11.63%，使总资产规模增长了8.34%。非流动资产本期增加了33 254 551 000元，增加的幅度为38.91%，使总资产规模增加了11.01%。

（2）流动资产的各项目都有不同程度的增减变动，但其增长主要体现在四个方面：

①货币资金的大幅度增长。货币资金本期增长10 293 641 000元，增长的幅度为14.52%，对总资产的影响为3.41%。虽然，货币资金的增长对提高企业的偿债能力、满足资金流动性需要都是有利的，但是，货币资金的增加也可能会给管理人员提供更多的可支配资源，从而产生浪费和非效率投资行为。因此，对于货币资金的这种变化，还应结合该公司现金需要量，从资金利用效果方面进行分析，这样才能做出恰当的评价。

②交易性金融资产的大幅度增长。交易性金融资产本期增长27 152 250 000元，增长的幅度为2 497.10%，对总资产的影响为8.99%，根据年报的披露，该部分主要是结构性存款投资重分类所致。

③应收款项融资的增长。应收款项融资本期增长6 336 080 000元，增长的幅度为83.75%，对总资产的影响为2.10%。根据年报的披露，该部分主要是以公允价值计量的应收账款和应收票据增加所致。

④其他流动资产的大幅度下降。其他流动资产本期减少31 931 109 000元，减少的幅度为49.12%，对总资产的影响为10.57%。根据年报的披露，该部分是结构性存款投资重分类所致。

（3）非流动资产的变动主要体现在以下两方面：

①其他债权投资的增长。其他债权投资本期增加21 456 155 000元，使总资产规模增长了7.11%，是非流动资产中对总资产变动影响最大的项目。根据年报的披露，该部分是以公允价值计量且其变动计入其他综合收益的可转让大额存单。

②其他非流动资产的增长。其他非流动资产本期增加6 308 276 000元，增长幅度为127.50%，对总资产的影响为2.09%。根据年报的披露，该部分主要是一年以上到期存放于金融机构的固定收益的货币性投资产品。

2）从权益角度进行分析评价

从权益角度的分析评价主要从以下几方面进行：

第一，分析权益总额的变动状况以及各类、各项筹资的变动状况，揭示出权益总额变动的主要方面，从总体上了解企业经过一定时期经营后权益总额的变动情况。

第二，发现变动幅度较大或对权益总额变动影响较大的重点类别和重点项目，为进一步分析指明方向。

第三，分析评价权益资金变动对企业未来经营的影响。在资产负债表上，资产总额等于负债与所有者权益总额之和，当资产规模发生变动时，必然要有相应的资金来源，如果资产总额的增长幅度大于所有者权益的增长幅度，表明企业债务负担加重，这虽然可能是因为企业筹资政策变动而引起的，但后果是引起偿债保证程度下降，偿债压力加重。因此，不仅要分析评价权益资金发生了怎样的变动，而且要注意分析评价这种变动对企业未来经营的影响。

第四，注意分析评价表外业务的影响。例如，按目前的会计准则的规定，资产负债表仅反映了企业按历史成本原则核算的现实负债，一个企业所承担的或有负债并不反映在资产负债表上，而这可能成为企业现实负债的事项并对企业财务状况产生影响。因此，分析评价时也要特别关注表外业务的影响。

根据表4-1，可以对M集团权益总额变动情况做出以下分析评价：

M集团权益总额本期增加58 427 184 000元，增长幅度为19.35%，说明M集团本年权益总额有较大幅度的增长。进一步分析可以发现：

（1）本期权益总额的增长主要体现在负债和所有者权益两个方面的增长上，负债的增长幅度远高于所有者权益的增长幅度。负债本期增加41 686 181 000元，增长的幅度为21.44%，使权益总额增长了13.81%；所有者权益本期增加了16 741 003 000元，增长的幅度为15.57%，使权益总额增长了5.54%。

（2）M集团负债的增长，主要是由于流动负债的增长，非流动负债的增长较少。流动负债本期增长39 832 018 000元，增长幅度为27.60%，对权益总额的影响为13.19%，非流动负债本期仅增加1 854 163 000元，增长幅度为3.70%，对权益总额的影响仅为0.61%。这种变动可能导致公司偿债压力的加大以及财务风险的增加。相比于长期负债，短期负债需要在近期内支付本金和利息，对企业财务风险的影响更大。

流动负债增长主要表现在四个方面：

①应付票据及应付账款的增长。应付账款本期增长11 394 484 000元，应付票据本期增长4 358 339 000元，其增长幅度分别为26.79%和18.24%，对权益总额的影响合计为5.21%。该项目的大幅度增长给公司带来了较大的偿债压力。特别是，应付账款主要是来源于商业信用，如不能按期支付，将对公司的信用产生严重的不良影响。

②预收款项减少。预收款项本期减少16 231 854 000元，降低幅度为100%，对权益总额的影响为5.38%。该部分的减少，主要是由于按照新收入准则，报表中增加了合同负债

项目，该项目核算实际收到的预收款以及未到账但已拥有收取权利的预收款。

③合同负债的增加。合同负债本期增加18 400 922 000元，对权益总额的影响为6.09%。该部分的增加，与预收款项的减少原因相同，两者加总起来，对权益总额的影响为0.71%，可以忽略影响。

④其他流动负债的增加。其他流动负债本期增加10 777 462 000元，其增长幅度为27.58%，对权益总额的影响为3.57%。根据年报的披露，该部分主要为应付股权收购款。

（3）所有者权益本期增加16 741 003 000元，增长幅度为15.57%，对权益总额的影响为5.54%。所有者权益增加的主要原因是：

①资本公积的增加，资本公积本期增加2 847 792 000元，增长幅度为14.50%，对权益总额的影响为0.94%；

②未分配利润的增加，未分配利润本期增加14 360 822 000元，增长幅度为19.75%，对权益总额的影响为4.76%。

值得注意的是，权益各项目的变动既可能是由企业经营活动引起的，也可能是由企业会计政策变更引起的，或者是由会计的灵活性、随意性引起的，因此，还需要结合权益各项目变动情况的分析，才能揭示权益总额变动的真正原因。此外，水平分析仅考虑了资产负债表各项目在不同期间的变动，没有考虑各项目的内部结构，以及该项目占总体的比重。因此，还应结合资产负债表结构和资产负债表项目进行更深入的分析。

4.4 资产负债表结构分析

4.4.1 资产负债表结构分析表的编制

资产负债表结构反映了资产负债表各项目的相互关系及各项目所占的比重。资产负债表结构分析是通过计算资产负债表中各项目占总资产或权益总额的比重，分析评价企业资产结构和权益结构的变动情况及合理程度。

资产负债表结构分析可以从静态角度和动态角度两方面进行。从静态角度分析就是以本期资产负债表为分析对象，分析评价其实际构成情况。从动态角度分析就是将资产负债表的本期实际构成与选定的标准进行对比分析，对比的标准可以是上期实际数、预算数和同行业的平均数或可比企业的实际数。对比标准的选择视分析目的而定。根据表2-1提供的资料，编制M集团合并资产负债表结构分析表，见表4-2。

4.4.2 资产负债表结构变动情况的分析评价

资产负债表结构变动情况的分析评价可从三个方面进行：

1）资产结构的分析评价

企业资产结构分析评价思路是：

第一，从静态角度观察企业资产的配置情况，特别关注流动资产和非流动资产的比重以及其中重要项目的比重，分析时可通过与行业的平均水平或可比企业资产结构的比较，对企业资产的流动性和资产风险做出判断，进而对企业资产结构的合理性做出评价。从整体上看，流动资产和非流动资产的比重主要受制于企业所处行业。比如，交通运输业的非流动资产所占比重较大，而在教育文化等行业中，非流动资产所占比例并不大。

表4-2　　M集团合并资产负债表结构分析表　　金额单位：元

项目	2020年12月31日	2019年12月31日	2020年百分比	2019年百分比	变动情况
流动资产：					
货币资金	81 210 482 000	70 916 841 000	22.53%	23.49%	-0.95%
交易性金融资产	28 239 601 000	1 087 351 000	7.84%	0.36%	7.48%
衍生金融资产	420 494 000	197 412 000	0.12%	0.07%	0.05%
应收票据	5 304 510 000	4 768 520 000	1.47%	1.58%	-0.11%
应收账款	22 978 363 000	18 663 819 000	6.38%	6.18%	0.20%
应收款项融资	13 901 856 000	7 565 776 000	3.86%	2.51%	1.35%
预付款项	2 763 710 000	2 246 177 000	0.77%	0.74%	0.02%
其他应收款（合计）	2 973 945 000	2 712 974 000	0.83%	0.90%	-0.07%
其中：应收股利			0.00%	0.00%	0.00%
应收利息			0.00%	0.00%	0.00%
其他应收款	2 973 945 000	2 712 974 000	0.83%	0.90%	-0.07%
买入返售金融资产			0.00%	0.00%	0.00%
存货	31 076 529 000	32 443 399 000	8.62%	10.74%	-2.12%
合同资产	3 236 848 000		0.90%	0.00%	0.90%
其他流动资产	33 079 918 000	65 011 027 000	9.18%	21.53%	-12.35%
流动资产差额（特殊报表科目）	16 469 069 000	10 869 396 000	4.57%	3.60%	0.97%
流动资产合计	241 655 325 000	216 482 692 000	67.06%	71.69%	-4.64%
非流动资产：			0.00%	0.00%	0.00%
发放贷款及垫款	1 113 501 000	790 101 000	0.31%	0.26%	0.05%
其他债权投资	21 456 155 000		5.95%	0.00%	5.95%
长期应收款	981 623 000	1 208 079 000	0.27%	0.40%	-0.13%
长期股权投资	2 901 337 000	2 790 806 000	0.81%	0.92%	-0.12%
其他权益工具投资	46 651 000		0.01%	0.00%	0.01%
其他非流动金融资产	3 360 849 000	1 750 107 000	0.93%	0.58%	0.35%
投资性房地产	405 559 000	399 335 000	0.11%	0.13%	-0.02%
固定资产（合计）	22 239 214 000	21 664 682 000	6.17%	7.17%	-1.00%

续表

项目	2020年12月31日	2019年12月31日	2020年百分比	2019年百分比	变动情况
固定资产	22 239 214 000	21 664 682 000	6.17%	7.17%	-1.00%
固定资产清理			0.00%	0.00%	0.00%
在建工程（合计）	1 477 302 000	1 194 650 000	0.41%	0.40%	0.01%
在建工程	1 477 302 000	1 194 650 000	0.41%	0.40%	0.01%
无形资产	15 422 393 000	15 484 179 000	4.28%	5.13%	-0.85%
开发支出			0.00%	0.00%	0.00%
商誉	29 557 218 000	28 207 065 000	8.20%	9.34%	-1.14%
长期待摊费用	1 300 962 000	1 267 127 000	0.36%	0.42%	-0.06%
递延所得税资产	7 208 635 000	5 768 993 000	2.00%	1.91%	0.09%
其他非流动资产	11 255 879 000	4 947 603 000	3.12%	1.64%	1.48%
非流动资产合计	118 727 278 000	85 472 727 000	32.94%	28.31%	4.64%
资产总计	360 382 603 000	301 955 419 000	100.00%	100.00%	0.00%
流动负债：			0.00%	0.00%	0.00%
短期借款	9 943 929 000	5 701 838 000	2.76%	1.89%	0.87%
衍生金融负债	161 225 000	27 100 000	0.04%	0.01%	0.04%
应付票据	28 249 939 000	23 891 600 000	7.84%	7.91%	-0.07%
应付账款	53 930 261 000	42 535 777 000	14.96%	14.09%	0.88%
预收款项		16 231 854 000	0.00%	5.38%	-5.38%
合同负债	18 400 922 000		5.11%	0.00%	5.11%
应付职工薪酬	6 954 822 000	6 436 109 000	1.93%	2.13%	-0.20%
应交税费	5 758 058 000	5 096 267 000	1.60%	1.69%	-0.09%
其他应付款（合计）	4 501 391 000	3 800 568 000	1.25%	1.26%	-0.01%
其中：应付利息			0.00%	0.00%	0.00%
应付股利			0.00%	0.00%	0.00%
其他应付款	4 501 391 000	3 800 568 000	1.25%	1.26%	-0.01%
一年内到期的非流动负债	6 310 181 000	1 460 117 000	1.75%	0.48%	1.27%
其他流动负债	49 852 239 000	39 074 777 000	13.83%	12.94%	0.89%

续表

项目	2020年12月31日	2019年12月31日	2020年百分比	2019年百分比	变动情况
其他金融类流动负债	87 535 000	62 477 000	0.02%	0.02%	0.00%
流动负债合计	184 150 502 000	144 318 484 000	51.10%	47.79%	3.30%
非流动负债：			0.00%	0.00%	0.00%
长期借款	42 827 287 000	41 298 377 000	11.88%	13.68%	−1.79%
应付债券			0.00%	0.00%	0.00%
长期应付款（合计）	13 260 000	33 646 000	0.00%	0.01%	−0.01%
长期应付款			0.00%	0.00%	0.00%
专项应付款			0.00%	0.00%	0.00%
长期应付职工薪酬	2 159 675 000	2 418 563 000	0.60%	0.80%	−0.20%
预计负债	298 110 000	353 269 000	0.08%	0.12%	−0.03%
递延所得税负债	5 223 954 000	4 556 002 000	1.45%	1.51%	−0.06%
递延收益——非流动负债	779 729 000	617 155 000	0.22%	0.20%	0.01%
其他非流动负债	692 986 000	863 826 000	0.19%	0.29%	−0.09%
非流动负债合计	51 995 001 000	50 140 838 000	14.43%	16.61%	−2.18%
负债合计	236 145 503 000	194 459 322 000	65.53%	64.40%	1.13%
所有者权益（或股东权益）：			0.00%	0.00%	0.00%
实收资本（或股本）	7 029 976 000	6 971 900 000	1.95%	2.31%	−0.36%
资本公积	22 488 105 000	19 640 313 000	6.24%	6.50%	−0.26%
减：库存股	6 094 347 000	3 759 732 000	1.69%	1.25%	0.45%
其他综合收益	−1 549 003 000	−711 554 000	−0.43%	−0.24%	−0.19%
专项储备	12 730 000		0.00%	0.00%	0.00%
盈余公积	7 966 362 000	6 447 658 000	2.21%	2.14%	0.08%
一般风险准备	587 984 000	366 947 000	0.16%	0.12%	0.04%
未分配利润	87 074 453 000	172 713 631 000	24.16%	24.08%	0.08%
归属于母公司所有者权益合计	117 516 260 000	101 669 163 000	32.61%	33.67%	−1.06%
少数股东权益	6 720 840 000	5 826 934 000	1.86%	1.93%	−0.06%
所有者权益合计	124 237 100 000	107 496 097 000	34.47%	35.60%	−1.13%
负债和所有者权益总计	360 382 603 000	301 955 419 000	100.00%	100.00%	0.00%

第二，从动态角度分析企业资产结构的变动情况，对企业资产结构的稳定性做出评价，进而对企业资产结构的调整情况做出评价。

从表4-2可以看出：

（1）从静态方面分析，就一般意义而言，企业流动资产变现能力强，其资产风险较小；非流动资产变现能力较差，其资产风险较大。所以，流动资产比重较大时，企业资产的流动性强而风险小，非流动资产比重高时，企业资产弹性较差，不利于企业灵活调度资金，风险较大。该公司本期流动资产比重为67.06%，非流动资产比重仅为32.94%。根据该公司的资产结构，可以认为该公司资产的流动性相对较强，资产风险相对较小。

（2）从动态方面分析，本期该公司流动资产比重下降了4.64%，非流动资产比重上升了4.64%，公司资产的流动性相对减弱。结合各资产项目的结构变动情况来看，在流动资产中，交易性金融资产的比重增加7.48%，存货的比重下降2.12%，其他流动资产比重下降12.35%；在非流动资产中，其他债权投资比重增加5.95%，商誉的比重减少1.14%。除此之外，资产其他项目变动幅度不大，M集团资产结构相对比较稳定，在具体项目分析时，可以重点对这些变动较大的项目进行深入分析。

2）资本结构的分析评价

企业资本结构分析评价的思路是：

第一，从静态角度观察资本的构成，衡量企业的财务实力，评价企业的财务风险，同时结合企业的盈利能力和经营风险，评价其资本结构的合理性。

第二，从动态角度分析企业资本结构的变动情况，对资本结构的调整情况及对所有者收益可能产生的影响做出评价。

从表4-2可以看出：

（1）从静态方面分析，该公司所有者权益比重为34.47%，负债比重65.53%，资产负债率还是比较高的，财务风险相对较大。这样的财务结构是否合适，仅凭以上分析难以做出判断，必须结合企业盈利能力，通过权益结构优化分析才能予以说明。

（2）从动态方面分析，该公司所有者权益比重下降了1.13%，负债比重上升了1.13%。其中：在流动负债中预收款项的比重下降5.38%，合同负债的比重增加5.11%，这两者在水平分析中提到，由于准则的变化，可以相互抵消；在非流动负债中，长期借款的比重下降1.79%。整体来看，资本各项目变动幅度不大，该公司资本结构比较稳定，财务实力略有下降。

3）资产负债表整体结构的分析评价

资产负债表整体结构分析评价的思路是：

第一，分析资产结构与资本结构的依存关系。企业的资产结构受制于企业的行业性质，不同的行业性质，其资金融通的方式也有差异。因此，尽管总资产与总资本在总额上一定相等，但由不同投资方式产生的资产结构与不同筹资方式产生的资本结构却不完全相同，通常资本结构受制于资产结构，但资本结构也会影响资产结构。

第二，分析评价不同结构可能产生的财务结果，以便对企业未来的财务状况及对企业未来经营的影响做出推断。

资产负债表整体结构主要有两种表现形式：

（1）稳健结构。稳健结构的主要标志是企业流动资产的一部分资金需要使用流动负债来满足，另一部分资金需要则由非流动负债来满足。其形式见表4-3。

表4-3　**稳健结构的资产负债表**

<table>
<tr><td rowspan="2">流动资产</td><td>临时性占用流动资产</td><td>流动负债</td></tr>
<tr><td>永久性占用流动资产</td><td>非流动负债</td></tr>
<tr><td colspan="2">非流动资产</td><td>所有者权益</td></tr>
</table>

从表4-3可以看出，稳健型的资产负债表整体结构的财务结果是：①通过流动资产的变现足以满足偿还短期债务的需要，企业风险较小。②企业可以通过调整流动负债与非流动负债的比例，使负债成本达到企业目标标准。③无论是资产结构还是资本结构，都具有一定的弹性，特别是当临时性资产需要降低或消失时，可通过偿还短期债务或进行短期证券投资来调整，当临时性资产需要再产生时，又可以重新举借短期债务或出售短期证券来满足其所需。多数企业资产负债表整体结构都表现为这种形式。

（2）风险结构。风险结构的主要标志是流动负债不仅用于满足流动资产的资金需要，而且用于满足部分长期资产的资金需要。这一结构形式不因流动负债在多大程度上满足长期资产的资金需要而改变。其形式见表4-4。

表4-4　**风险结构的资产负债表**

<table>
<tr><td rowspan="2">流动资产</td><td>临时性占用流动资产</td><td rowspan="2">流动负债</td></tr>
<tr><td>永久性占用流动资产</td></tr>
<tr><td colspan="2" rowspan="2">非流动资产</td><td>非流动负债</td></tr>
<tr><td>所有者权益</td></tr>
</table>

从表4-4可以看出，风险型的资产负债表整体结构的财务结果是：①财务风险较大，较高的资产风险与较高的筹资风险不能匹配。流动负债和长期资产在流动性上并不对称，如果通过长期资产的变现来偿还短期内到期的债务，必然给企业带来沉重的偿债压力，从而需要企业大大提高资产的流动性。②相对于稳健结构形式，其负债成本较低。③企业存在“黑字破产”的潜在危险。由于企业时刻面临偿债的压力，一旦市场发生变动，或意外事件发生，就可能引发企业资产经营风险，使企业资金周转不灵而陷入财务困境，造成企业因不能偿还到期债务而“黑字破产”。在实务中，风险结构的企业可能是希望利用流动负债成本较低的优势，来显示更为优异的业绩表现。但是，流动负债较高的财务风险往往会抵消其融资成本的优势。“短贷长用”企业通常会表现出风险结构的资产负债表。这一结构形式只适用于处在发展壮大时期的企业，或者在短期内作为一种财务策略来使用。

根据表4-2M集团合并资产负债表结构分析表，M集团2020年流动资产的比重为67.06%，流动负债的比重为51.10%；M集团2019年流动资产的比重为71.69%，流动负债的比重为47.79%，都属于稳健型结构。

从动态方面看，相对于2019年，虽然M集团的资产结构和资本结构都有所改变，但M集团资产结构与资本结构适应程度的性质并未改变。

4.5 资产负债表项目分析

在资产负债表水平分析和结构分析时，比较关注变动幅度较大的类别或项目，特别是发生异常变动的项目。对于变动不大，但对总资产或权益影响较大的项目，在项目分析时应作为重点进行分析。

4.5.1 主要资产项目分析

1）货币资金

货币资金是指企业生产经营中处于货币形态的那部分资金，按其形态和用途不同可以分为库存现金、银行存款和其他货币资金。

（1）持有货币资金的动机

一般而言，企业持有货币资金主要有以下三种动机：

①交易性动机，为了满足日常生产经营的需要，顺利购买原材料、支付各种成本费用，保障生产经营活动的正常进行；

②预防性动机，为了及时应对各种意外和风险，满足企业对货币资金的不时之需；

③投机性动机，为了抓住突然出现的获利机会，在挑战与机遇并存的市场中持续发展。

（2）货币资金存量及比重是否合适的判断标准

货币资金是企业流动性最强、最有活力的资产，同时又是获利能力最低，或者说几乎不产生收益的资产，其拥有量过多或过少都会对企业生产经营产生不利影响。货币资金存量过低，不能满足日常经营所需；存量过高，既影响资产的利用效率，又降低资产的收益水平。因此，企业货币资金存量及比重是否合适应结合以下因素进行分析：

①资产规模与业务量。一般说来，企业资产规模越大，业务量越大，处于货币资金形态的资产就可能越多。这里的业务量，不但包括现有业务，还包括潜在的投资机会。企业会为可能出现的潜在业务而储备一定量的现金。

②行业特点。处于不同行业的企业，由其行业性质所决定，其货币资金存量与比重会有差异。

③企业战略和投资机会。企业战略选择不同，风险偏好也存在差异，对货币资金的需求也大不相同。正常情况下，企业不会出现大量货币资金闲置的局面，为了应对战略投资所带来的经营风险，企业也有可能选择持有较大的现金存量以防不时之需。但是在排除这些影响因素之后，企业长期持有较大金额的货币资金，可能意味着企业正丧失潜在的投资机会，或者没有找到合适的投资项目。

④企业融资能力。如果企业有良好信誉，融资渠道畅通，就没有必要持有大量的货币资金，其货币资金的存量与比重就可以低一些。

⑤企业运用货币资金的能力。如果企业运用货币资金的能力较强，能灵活进行资金调度，则货币资金的存量与比重可维持较低水平。

总之，判断企业货币资金规模恰当与否非常复杂，难以一概而论，除了考虑上述因素外，分析者还需要结合下列因素：企业近期偿债的资金需求；企业的盈利状况和自身创造现金的能力；股利分配政策；宏观经济环境变化对企业融资环境的影响等。

从表4-5的结构来看，M集团2020年货币资金中有大约1/4的部分是不可自由支配的准备金，大约2/3的部分是可以自由支配的。公司货币资金管理比较规范，库存现金极少。

表4-5　2019年、2020年M集团货币资金构成情况表　单位：元

项目	2020年12月31日	2019年12月31日
库存现金	2 538 000	3 128 000
银行存款	51 253 132 000	49 012 677 000
其他货币资金	688 481 000	153 022 000
存放中央银行法定准备金	1 707 645 000	433 149 000
存放中央银行超额存款准备金	344 860 000	355 471 000
存放同业款项	26 515 276 000	20 562 160 000
应计利息	698 550 000	397 234 000
合计	81 210 482 000	70 916 841 000

2）应收账款

应收账款是指企业因销售商品、提供劳务等应向购货单位或接受劳务单位收取的款项。尽管企业都倾向于现金销售，但应收账款几乎是无法避免的。应收账款对于企业的价值在于刺激销售规模的扩大。对应收账款的分析可以从以下几方面进行：

（1）应收账款规模的合理性判断。判断应收账款规模的合理性，首先应结合企业所处行业进行分析。例如，商品零售业一般多采用现销方式，故其应收账款较少。而大部分工业企业一般采取赊销方式，从而形成较多的商业债权，应收账款数额较大。其次，企业应收账款规模还与生产经营规模和信用政策有直接联系。生产经营规模大，相应应收账款的规模也较大；而生产规模较小的企业，其应收账款的规模一般来说也较小。从企业采用的信用政策来看，若采用相对宽松的信用政策，销售量增加，应收账款的数额也增大；反之，则会减少应收账款。最后，巨额的应收账款也有可能是因为应收账款质量不高，存在长期挂账且难以收回的账款，或因客户发生财务困难，暂时难以偿还所欠货款。

（2）应收账款规模变动原因分析。企业销售产品是形成应收账款的直接原因，在其他条件不变时，应收账款会随着销售规模的增加而同步增加。如果企业的应收账款增长率超过营业收入、流动资产和速动资产等项目的增长率，就可以初步判断其应收账款存在不合理增长的倾向。从经营角度讲，应收账款的变动可能出于以下原因：企业销售规模变动；企业信用政策改变；企业收账政策有所变化；空挂应收账款，虚构销售收入；关联方占用；巨额冲销。

（3）应收账款账龄分析。应收账款账龄分析是对现有债权按欠账期的长短进行分类，进而对不同账龄的债权进行质量分析。一般而言，未过信用期或已过信用期但拖欠期较短的债权发生坏账的可能性较小，而拖欠时间越久的债权发生坏账的可能性越大。一般来

说，1年以内的应收账款在企业信用期限范围内；1～2年的应收账款有一定逾期，但仍属正常；2~3年的应收账款风险较大；而3年以上的因经营活动形成的应收账款已经与企业的信用状态无关，其可回收性极低，可能的解决方法是进行债务重组。企业一般会在财务报表附注中提供应收账款的账龄信息，可以据此分析应收账款的质量。

企业对应收账款的常见操纵手段是应收账款尤其是3年以上的应收账款长期挂账，由于3年以上的应收账款收回的可能性极小，按规定应转入坏账准备并计入当期损益，但一些企业却不遵循这一原则，将账龄很长的应收账款长期留在资产中，同时减少坏账损失，达到操纵利润的目的。还有一些企业为了虚增销售收入，有时也会虚列应收账款。因此，由于“应收账款”科目而导致的利润操纵一定要引起特别的注意。

（4）应收账款的债务人分析。应收账款的债务人分析是从债务人的信息来判断公司应收账款的可回收性。一般来说，与企业业务关系稳定、经营效益好、信誉度高的债务人，其偿还应收账款的可能性较高；反之，则应收账款收回的可能性较低。债务人分析具体包括以下几项：①债务人的区域性分析。由于区域经济发展水平、法律环境及特定的经济状况等条件的差异，不同地区企业的信用状况会不同。②债务人的财务实力分析。评价债务人的财务实力，需要对债务人的财务状况进行了解。简单的方法是查阅债务人单位的资本实力和交易记录，用这种方法可以识别出一些皮包公司或者根本就是虚构的公司。③债务人的集中度分析。对于应收账款，存在集中度风险，即由于某一个主要债务人支付困难而导致较大比例的债权面临回收风险。

从债权人与债务人的关联状况来看，可以把债务人分为关联方债务人和非关联方债务人。由于关联方彼此之间在债权债务方面的操纵可能性较高，因此对关联方债务人对上市公司债务的偿还状况应给予足够的重视。利用关联方交易进行盈余管理，是一些企业常用的手法。如果一个企业应收账款中关联方应收账款的金额增长异常或所占比例过大，则应视为企业利用关联方交易进行利润调节的信号。

（5）坏账准备计提的合理性分析。根据会计稳健性原则，企业的应收账款应当计提一定比例的坏账准备。按照我国企业会计准则的规定，企业应当根据自己的实际情况，自行确定坏账准备的计提方法和计提比例。由于坏账准备的计提具有一定的主观性，财务分析人员应格外关注企业关于坏账准备方面的信息披露，尤其是关注坏账准备的计提比例。若坏账准备的计提比例过低，则有潜在亏损挂账之嫌；若计提比例过高，则可能有人为增加企业费用、调节当期利润的企图。对于坏账准备的分析，应结合企业具体的会计政策来进行。

需要说明的是，从2018年年报开始，资产负债表的项目中新增加了“合同资产”项目。合同资产是指企业已向客户转让商品而有权收取对价的权利，且该权利取决于时间流逝之外的其他因素。如企业向客户销售两项可明确区分的商品，企业因已交付其中一项商品而有权收取款项，但收取该款项还取决于企业交付另一项商品，企业应当将该收款权利作为合同资产。企业拥有的、无条件（即仅取决于时间流逝）向客户收取对价的权利应当作为应收款项单独列示。二者的区别在于，应收款项代表的是无条件收取合同对价的权利，即企业随着时间的流逝即可收款，而合同资产并不是一项无条件收款权，该权利除了时间流逝之外，还取决于其他条件（例如，履行合同中的其他履约义务）才能收到相应的合同对价。因此，与合同资产和应收款项相关的风险是不同的，应收款项仅承担信用风险，而合同资产除承担信用风险之外，还可能承担其他风险，如履约风险等。

根据表4-6、表4-7，M集团的期初余额中，仅有0.04%的应收账款由于收回可能性存在重大不确定性而计提了100%的坏账准备，其余99.96%的应收账款则属于正常的应收账款按照账龄分析法计提4.89%的坏账准备，应收账款整体质量较高，可收回性较强。在期末余额中，由于收回可能性存在重大不确定性而计提100%坏账准备的应收账款占比上升为0.06%，其余99.94%的应收账款属于正常的应收账款按照账龄分析法计提3.61%的坏账准备，整体计提比例略有下降，1年内的应收账款占96.48%，M集团应收账款整体质量仍保持在较高水平，可回收性依旧较强。

表4-6　**M集团应收账款的坏账准备计提情况**

类别	期末余额				
	账面余额		坏账准备		账面价值（元）
	金额（元）	比例	金额（元）	计提比例	
按单项计提坏账准备的应收账款	15 288 000	0.06%	15 288 000	100.00%	0
按组合计提坏账准备的应收账款	23 839 648 000	99.94%	861 285 000	3.61%	22 978 363 000
其中：境内客户	11 521 032 000	48.30%	427 912 000	3.71%	11 093 120 000
境外客户	12 318 616 000	51.64%	433 373 000	3.52%	11 885 243 000
合计	23 854 936 000	100.00%	876 573 000	3.67%	22 978 363 000
类别	期初余额				
	账面余额		坏账准备		账面价值（元）
	金额（元）	比例	金额（元）	计提比例	
按单项计提坏账准备的应收账款	7 765 000	0.04%	7 765 000	100.00%	0
按组合计提坏账准备的应收账款	19 623 879 000	99.96%	960 060 000	4.89%	18 663 819 000
其中：境内客户	7 908 831 000	40.29%	437 578 000	5.53%	7 471 253 000
境外客户	11 715 048 000	59.67%	522 482 000	4.46%	11 192 566 000
合计	19 631 644 000	100.00%	967 825 000	4.93%	18 663 819 000

表4-7　**M集团应收账款账龄分析表**　单位：元

账龄	2020年12月31日	2019年12月31日
1年以内	23 015 280 000	19 168 694 000
1~2年	580 644 000	301 554 000
2~3年	159 427 000	101 643 000
3~5年	87 938 000	42 106 000
5年以上	11 647 000	17 647 000
合计	23 854 936 000	19 631 644 000

3）其他应收款

其他应收款是指企业除应收票据、应收账款和预付款项以外的各种应收、暂付款项。其他应收款包括没设置“备用金”科目的企业拨出的备用金，应收的各种赔款、各种罚款，存出的保证金、应收出租包装物的租金、应向职工个人收取的各种垫付款项、预付款项转入、应收利息和应收股利等。

其他应收款不属于企业主要的资产项目，数额及所占比例不应过大。实务中，一些上市公司为了达到某种目的，常常把其他应收款作为企业调整成本费用和利润的手段，甚至公司大股东还会通过该项目侵占公司利益。其他应收款分析应关注以下几方面：

（1）其他应收款的规模及变动情况。分析时应注意观察其他应收款增减变动趋势，如果其他应收款规模过大，或有异常增长现象，如其他应收款余额远远超过应收账款余额，其他应收款增长率大大超过应收账款增长率，就应注意分析企业是否有利用其他应收款进行利润操纵的行为。

（2）其他应收款包括的内容。一些企业常常把其他应收款项目当成“蓄水池”，任意调整成本费用，进而达到调节利润的目的。分析时要注意：是否将应计入当期成本费用的支出计入其他应收款；是否将本应计入其他项目的内容计入其他应收款。

（3）关联方其他应收款余额及账龄。近年来，大股东占用上市公司巨额资金的事例频频曝光，已严重威胁到上市公司的正常经营。分析时应结合财务报表附注，观察是否存在大股东或关联方长期、大量占用上市公司资金，造成其他应收款余额长期居高不下的现象。

（4）是否存在违规拆借资金。上市公司以委托理财等名义违规拆借资金往往借助其他应收款来实现。

（5）分析会计政策变更对其他应收款的影响。

4）存货

存货是指企业在正常生产经营过程中持有的以备出售的产品或商品，或者为了出售仍然处在生产过程中的在产品，或者将在生产过程中或提供劳务过程中耗用的材料、物料用品等。存货是企业最重要的流动资产之一，是企业正常生产经营周转、实现销售获利的保障，但存货通常占用大量的资金，会给企业带来持有成本和持有风险。存货核算的准确性对资产负债表和利润表有较大的影响，因此，应特别重视对存货的分析。存货分析主要包括存货构成分析和存货计价分析。

（1）存货构成

企业存货资产遍布于企业生产经营全过程，种类繁多，按其性质可分为材料存货、在产品存货和产成品存货。存货构成分析既包括各类存货规模与变动情况分析，也包括各类存货资产结构与变动情况分析。

①存货规模与变动情况分析。存货规模与变动情况分析，主要是观察各类存货的变动情况与变动趋势，分析各类存货增减变动的原因。在分析存货规模和变动情况时，需要将存货信息与企业所处行业的生产经营特点、上下游行业的联动效应以及供应商和客户关系相结合。企业各类存货规模及其变动是否合适，应结合企业具体情况进行分析评价。材料类存货和在产品存货是保证企业生产经营活动连续进行必不可少的条件，一般说来，随着

企业生产规模的扩大，材料存货和在产品存货相应增加是正常的，其非正常减少会对今后企业生产的连续性产生影响。

②存货资产结构与变动情况分析。存货资产结构指各种存货资产在存货总额中所占的比重。各种存货资产在企业再生产过程中的作用是不同的，其中库存商品和发出商品存货是存在于流通领域的存货，不是保证企业再生产过程不间断进行的必要条件，必须压缩到最低限度。材料类存货是维持再生产活动的必要物质基础，然而它只是生产的潜在因素，所以应把它限制在能够保证再生产正常进行的最低水平上。在产品存货是保证生产过程连续性的存货，企业的生产规模和生产周期决定了在产品存货的存量，在企业正常经营条件下，在产品存货应保持一个稳定的比例。

企业生产经营的特点决定了企业存货资产的结构，在正常情况下，存货资产结构应保持相对的稳定性。分析时，应特别注意对变动较大的项目进行重点分析。任何存货资产比重的剧烈变动，都表明企业生产经营过程中有异常情况发生，因此应深入分析其原因，以便采取有针对性的措施加以纠正。

（2）存货计价

存货资产是企业流动资产中最重要的组成部分，是生产经营活动重要的物质基础。存货资产的变动，不仅对流动资产的资金占用有极大的影响，而且对生产经营活动也会产生重大影响。存货变动更主要地受企业生产经营方面的影响，如生产经营规模的扩张和收缩、资产利用效率的高低、资产周转速度的快慢、存货管理水平的高低等，但存货的计价方法、存货的盘存制度和跌价准备的计提等因素的影响也不容忽视。虽然存货的计价方法不会改变存货实物量，但是计价方法能够反映出企业存货管理水平和管理人员对未来经营趋势的预期。

①分析企业对存货计价方法的选择与变更是否合理。可供企业选择的存货计价方法有先进先出法、个别计价法和加权平均法。因为价格的变动，存货的不同计价方法会导致不同的结果。存货计价方法的不同选择会产生重大的差异，一些企业在实务中往往将存货计价方法的选择作为操纵利润的手段，分析时应结合企业的具体情况、行业特征和价格变动情况，评价其存货计价方法选择的合理性，同时结合财务报表附注对存货会计政策变更的说明，判断其变更的合理性。

②分析存货的盘存制度对确认存货数量和价值的影响。存货数量变动是影响资产负债表存货项目的基本因素。企业存货数量的确定主要有两种方法，即定期盘存法和永续盘存法。当企业采用定期盘存法进行存货数量核算时，资产负债表上存货项目反映的就是存货的实有数量。如果采用永续盘存法，除非在编制资产负债表时对存货进行盘存，否则，资产负债表上存货项目所反映的只是存货的账面数量。两种不同的存货数量确认方法会造成资产负债表上存货项目的差异，这种差异不是由存货数量本身的变动引起的，而是由存货数量的会计确认方法不同造成的。

③分析期末存货价值的计价原则对存货项目的影响。期末存货价值的确定通常采用历史成本法，但会计制度也允许企业采用“成本与可变现净值孰低法”来确定。当按历史成本法确定的存货金额等于可变现净值时，按两种方法确定的期末存货价值是一致的。当存货的可变现净值下跌至成本以下时，按“成本与可变现净值孰低法”确定的存货期末金额

就会低于按历史成本法确定的存货期末金额。因此，企业改变存货价值的计价原则，就会引起资产负债表上存货项目的变动，但这种变动只是一种价值变动，存货数量并不因为计价方法的变更而改变。对报表使用者来说，按“成本与可变现净值孰低法”对期末存货计价，其资产价值更真实可信。如果说把历史成本法改为“成本与可变现净值孰低法”是一种会计政策选择或会计政策变更的话，对可变现净值的确定就是一种会计估计，同样会影响资产负债表中存货的价值。

表4-8中的数据显示，M集团2020年期末存货总规模比年初有一定规模的增长，其中原材料和在产品有小幅增长，委托加工物资有大幅增长，而库存商品数量小幅下降。根据利润表中的数据可以看出，M集团2020年的营业收入比2019年有了一定幅度的增长，正常情况下，这种存货的增长也可以理解为公司正在为未来增长的市场需求积极地做准备。因此，这种企业市场需求与存货（包括各组成项目）同步增长的情况，一般不能理解为存货积压的体现。

表4-8 **M集团存货各项目变化情况表** 单位：元

项目	2020年期末余额（原值）	2019年期末余额（原值）
原材料	7 402 034 000	5 009 197 000
在产品	1 875 881 000	1 596 042 000
库存商品	21 718 749 000	22 046 730 000
委托加工物资等	522 560 000	257 727 000
合计	31 519 224 000	28 909 696 000

根据表4-9，M集团计提的存货跌价准备整体处于较低水平，2020年跌价准备计提比例约为1.40%，这说明公司存货整体质量较高，其中原材料跌价准备计提比例为0.95%，库存商品跌价准备计提比例为1.71%。2019年跌价准备整体计提比例约为1.64%，原材料跌价准备计提比例为1.36%，库存商品跌价准备计提比例为1.85%。2020年无论是跌价准备整体计提比例，还是原材料、库存商品跌价准备的计提比例都有所下降，说明存货的质量比2019年有所提高。

表4-9 **M集团存货计提跌价准备情况表** 单位：元

项目	期末余额			期初余额		
	账面余额	跌价准备	账面价值	账面余额	跌价准备	账面价值
原材料	7 402 034 000	70 221 000	7 331 813 000	5 009 197 000	67 875 000	4 941 322 000
在产品	1 875 881 000	0	1 875 881 000	1 596 042 000	0	1 596 042 000
库存商品	21 718 749 000	372 474 000	21 346 275 000	22 046 730 000	407 598 000	21 639 132 000
委托加工物资等	522 560 000	0	522 560 000	257 727 000	0	257 727 000
合计	31 519 224 000	442 695 000	31 076 529 000	28 909 696 000	475 473 000	28 434 223 000

5）固定资产

固定资产是指寿命超过一个会计年度，为生产商品、提供劳务、出租或经营管理而持有的有形资产。固定资产是企业维持经营所必需的投资，主要特点为：长期拥有并在生产经营过程中发挥作用；投资数额和风险较大；反映企业生产的技术水平、工艺水平；对企业的经济效益和财务状况影响巨大；变现能力差。

（1）固定资产的规模分析。分析固定资产，首先应对其总额进行判断，即将固定资产与资产总额进行比较。固定资产在资产总额中所占比重往往带有较浓厚的行业色彩，在实务中通常将此行业分为重资产行业和轻资产行业。一个企业拥有的固定资产规模和先进程度可以在一定程度上揭示企业的生产能力和生产工艺，也可以反映该企业在行业中的相对竞争实力和竞争地位。就某个具体的固定资产项目来说，其利用效率和利用效果的情况，与企业所处的不同历史时期、不同发展阶段以及不同的客观经济环境有着直接联系。这种分析应当结合行业、企业生产经营规模及企业生命周期来进行。

（2）固定资产的结构分析。固定资产结构反映固定资产的配置情况，合理配置固定资产，既可以在不增加固定资金占用量的同时提高企业生产能力，又可以使固定资产得到充分利用。固定资产按使用情况和经济用途可以分为：生产用固定资产、非生产用固定资产、租出固定资产、未使用和不需用固定资产、融资租入固定资产等。在各类固定资产中，生产用固定资产，特别是其中的机器设备，与企业生产经营直接相关，在固定资产中占较大比重。非生产用固定资产主要指职工宿舍、食堂、俱乐部等非生产单位使用的房屋和设备。虽然非生产用固定资产并不直接参与生产经营，但也是企业正常运行过程中不可缺少的。企业应在发展生产的基础上，根据实际需要适当增加这方面的固定资产，但增加速度一般应低于生产用固定资产的增加速度，其比重的降低应属正常现象。未使用和不需用固定资产对资金的有效使用是不利的，应该查明原因，采取措施，积极处理，将其压缩到最低限度。如因购入未来得及安装或正在进行检修的固定资产，虽属正常现象，也应加强管理，尽可能缩短安装和检修时间，使固定资产尽早投入到生产运营中去。若因错误的投资决策造成固定资产闲置，应改善资产管理流程和水平。

根据现行会计制度，企业无须对外披露固定资产的使用情况，企业外部分析人员通常无法获得这方面的相关信息。但是企业内部分析人员仍有必要分析固定资产的结构与变动趋势，考察固定资产分布和利用的合理性，为企业合理配置固定资产、挖掘固定资产利用潜力提供依据。固定资产结构分析应特别注意从以下三个方面进行：一是特别注意分析生产用固定资产与非生产用固定资产之间的比例变化情况；二是特别注意考察未使用和不需用固定资产比率的变化情况，查明企业在处置闲置固定资产方面的工作是否得力；三是考察生产用固定资产内部结构是否合理。

（3）固定资产折旧分析。会计准则和制度允许企业使用的折旧方法有平均年限法、工作量法、双倍余额递减法、年限总和法，后两种方法属于加速折旧法。不同的折旧方法由于各期所提折旧不同，会引起固定资产价值发生不同的变化。固定资产折旧方法的选择对固定资产的影响还隐含着会计估计对固定资产的影响，如对折旧年限的估计、对固定资产残值的估计等。固定资产折旧分析应注重以下几方面：

①分析固定资产折旧方法的合理性。企业应根据科技发展、环境及其他因素，合理选择固定资产折旧方法，对于利用固定资产折旧方法的选择及折旧方法的变更，达到调整固定资产净值和利润的目的的做法，要通过分析比较揭示出来。

②分析企业固定资产折旧政策的连续性。固定资产折旧方法一经确定，一般不得随意变更。企业变更固定资产折旧方法，可能隐藏着一些不可告人的目的，因此，应分析其变更理由是否充分，同时确定折旧政策变更的影响。

③分析固定资产预计使用年限和预计净残值确定的合理性。分析时，应注意固定资产使用年限和固定资产预计净残值的估计是否符合国家有关规定，是否符合企业实际情况。实务中，一些企业在固定资产没有减少的情况下，往往通过延长固定资产使用年限，使折旧费用大幅减少，达到扭亏增盈的目的。对于这种会计信息失真现象，分析人员应予以揭示，并加以修正。

（4）固定资产减值准备分析。固定资产减值准备分析主要从以下几方面进行：

①固定资产减值准备变动对固定资产的影响。

②固定资产可回收金额的确定。这是确定固定资产减值准备提取数的关键。

③固定资产发生减值对生产经营的影响。固定资产发生减值使固定资产价值发生变化，既不同于折旧引起的固定资产价值变化，也不同于其他资产因减值而发生的价值变化。固定资产减值是由有形损耗或无形损耗造成的，如因技术进步已不可使用或已遭毁损不再具有使用价值和转让价值等，虽然固定资产的实物数量并没有减少，但其价值量和企业的实际生产能力都会发生相应变动。需要指出的是，根据现行准则的规定，固定资产减值无法在将来转回，这会降低管理人员计提减值的意愿。如果固定资产实际上已发生了减值，企业不提或少提固定资产减值准备，不仅虚夸了固定资产价值，而且虚夸了企业的生产能力。

M集团2020年财务报表附注中有关固定资产原值的变化信息见表4-10。从项目构成来看，公司固定资产年度内五个类别的项目均有所增加。其中，对企业增加生产能力、提升技术装备水平有重要意义的房屋及建筑物、机器设备和电子设备等项目均有相当程度的增加，正常情况下应能使公司未来经营规模进一步扩大。根据附注有关资料，固定资产减值合计为88 773 000元，占原值的0.19%，公司认为自身的固定资产质量较高，保值性好，减值较少。

表4-10 **M集团固定资产余额变化情况表** 单位：元

项目	房屋及建筑物	境外土地	机器设备	运输工具	电子设备及其他	合计
账面原值：						
1.期初余额	17 900 603 000	1 296 493 000	19 702 128 000	707 703 000	4 510 738 000	44 117 665 000
2.本期增加额	1 273 901 000	109 950 000	2 100 630 000	179 223 000	827 799 000	4 491 503 000
3.本期减少金额	162 242 000	12 004 000	910 916 000	74 175 000	335 151 000	1 494 488 000
4.期末余额	19 012 262 000	1 394 439 000	20 891 842 000	812 751 000	5 003 386 000	47 114 680 000

（5）对在建工程的分析。在建工程并不属于固定资产，但在建工程竣工结算后应转入固定资产，部分企业却将在建工程长期挂账。这主要体现在大部分企业在自行建造固定资产时，都会从外部融入资金，而借款需按期计提利息，按会计准则的规定，这部分借款利息在在建工程没有办理竣工手续之前应予以资本化。如果企业在建工程已经完工而不进行

竣工决算，那么利息就可计入在建工程成本，从而使当期费用减少（财务费用减少），同时又可以少提折旧，这样就可以从两个方面来虚增利润。因此，对在建工程的分析应重点关注账面的在建工程是否已经符合转入固定资产的条件，以及其中涉及的资本化费用是否符合资本化条件。

从表4-11可以看出，M集团的在建工程项目包括三个部分的内容：印度科技园、M总部A04地块项目和其他工程，项目处于持续投入状态，并有部分项目完工转入固定资产。这预示着公司的未来生产能力将进一步增加，随着生产经营规模的逐步扩大，公司的盈利能力有望进一步提升。

表4-11　**M集团在建工程项目重要项目变化情况表**　单位：元

项目	期初余额	本年增加	本年转入固定资产	其他减少	外币报表折算差额	期末余额
印度科技园	274 429 000	263 096 000	-142 977 000		-29 994 000	364 554 000
M总部A04地块项目	85 493 000	112 047 000				197 540 000
其他工程	834 728 000	703 597 000	-487 730 000	-79 856 000	-6 215 000	964 524 000
合计	1 194 650 000	1 078 740 000	-630 707 000	-79 856 000	-36 209 000	1 526 618 000

6）无形资产

无形资产是指企业拥有或控制的没有实物形态的可辨认非货币资产，包括专利权、非专利技术、商标权、著作权、土地使用权、特许经营权等。资产负债表中作为“无形资产”列示的项目基本上都是通过外购方式取得的。由于自创无形资产在研制过程中往往要经过长期的探索，能够带来的收益具有很大的不确定性，会计上通常将研制期间发生的支出全部费用化，这就导致自创的无形资产不入账，账上列示的都是外购的无形资产。

在资产负债表中所反映的无形资产的价值基本上以其取得成本为基础，在计提减值准备后，账面价值仅反映其最低可收回金额而非实际价值。

因此，在对企业无形资产进行质量分析时，应当考虑账内无形资产项目的不充分性、价值不确定性以及账外无形资产存在的可能性等因素。

作为一项重要的盈利性资产，无形资产常可能成为企业发展的重要潜力点和扩张发展的关键。企业拥有或控制的无形资产越多，往往意味着其可持续发展能力和竞争能力越强。但根据现行会计准则的有关规定，财务报表中所反映的无形资产的价值与其当初取得成本有关，而有一些无形资产的内在价值已经远远超出了它的账面价值，并且无形资产发挥作用需要与一定的固定资产或存货相结合。

M集团2020年年报中的无形资产附注信息见表4-12。可以看出，M集团2020年列入无形资产项目的包括：土地使用权、专利权及非专利技术等、商标权、商标使用权和其他。而从本期增加的情况来看，除了商标使用权没有增加，其他的各项均有增加，从期末余额来看无形资产总额略有增加。这表明企业生产经营中所利用的账面无形资产基本处于稳定状态。无形资产的减值金额也较小，无形资产的保值性较强，公司对无形资产的质量有信心。

表4-12　　**M集团无形资产明细表**　　单位：元

账面原值	土地使用权	专利权及非专利技术等	商标权	商标使用权	其他	合计
期初余额	4 655 273 000	2 088 792 000	4 993 393 000	2 689 087 000	5 021 178 000	19 447 723 000
本期增加	241 686 000	138 698 000	150 323 000	0	686 838 000	1 217 545 000
本期减少	−69 118 000	−36 311 000	115 400 000	−42 280 000	−226 395 000	−258 704 000
期末余额	4 827 841 000	2 191 179 000	5 259 116 000	2 646 807 000	5 481 621 000	20 406 564 000
减值准备		114 609 000			78 919 000	193 528 000

7）商誉

商誉是指能在未来期间为企业经营带来超额利润的潜在经济价值，或一家企业预期获利能力超过可辨认资产正常获利能力（如行业平均投资回报率）的资本化价值。从取得途径来看，商誉通常有自创和外购两种，自创商誉一般不入账；外购商誉一般是企业合并时，购买企业根据投资成本超过被合并企业净资产公允价值的差额来确认入账。从本质上说，商誉是一种典型的虚拟资产，拥有商誉项目本身并不会直接给并购企业带来收益，这种未来盈利能力存在一定的不确定性。商誉的减值和计量存在一定的主观因素，需要分析商誉的计量和减值的合理性。

根据报表附注，2020年12月31日，M集团合并资产负债表中的商誉金额为人民币29 557 218 000元，其中包括收购KUKA集团业务产生的商誉22 836 294 000元人民币以及收购TLSC业务产生的商誉2 944 486 000元人民币。管理层对商誉进行减值测试，以持续使用为基础的预计未来现金流量的现值来确定包含商誉的资产组和资产组组合的可收回金额，认为无须对商誉计提减值准备。

根据审计报告，商誉减值测试属于关键审计事项，注册会计师关注了收购KUKA集团及TLSC业务产生的商誉合共人民币25 780 780 000元的减值测试，根据已执行的审计程序，发现管理层在商誉减值测试中使用的会计估计与判断能够被取得的审计证据支持。

4.5.2　主要负债项目分析

1）短期借款分析

短期借款是指企业向银行或其他金融机构借入的期限在一年以下的各种借款。企业借入短期借款，一般是为了维持正常的生产经营活动。企业应结合短期借款的使用情况和使用效果分析该项目。为了满足流动资产的资金需求，一定数额的短期借款是必需的，但如果数额过大，超过企业的实际需要，不仅会影响资金利用效果，还会因超出企业的偿债能力而给企业的持续发展带来不利影响。短期借款适度与否，可以根据流动负债的总量、当前的现金流量状况和对未来会计期间现金流量的预期来确定。

对短期借款的分析主要包括规模分析和变动分析。

（1）短期借款规模分析。对短期借款规模的分析主要注意以下两点：

①与流动资产的规模相适应。从财务角度考察，短期借款筹资快捷，弹性较大。任何一家企业在生产经营中都会发生或多或少的短期借款，但借入短期借款的目的是维持企业

正常的生产经营活动，因此短期借款必须与当期流动资产，尤其是存货项目相适应。一般而言，短期借款应当以流动资产的数额为上限。

②结合企业经营实况。流动资产规模的变动、短期借款数额的多少往往取决于企业生产经营和业务活动对流动资金的需要量、现有流动资金的沉淀和短缺情况等。

（2）短期借款变动分析。短期借款发生变化，其原因不外乎两大方面：生产经营的需要和企业负债筹资政策的变动。具体来说可能是以下几方面的原因：

①流动资产资金需要，特别是临时性占用流动资产需求发生变化。当季节性或临时性需求产生时，企业就可能通过举借短期借款来满足其资金需求；当这种季节性或临时性需要消除时，企业就会偿还这部分短期借款，从而造成短期借款的变动。

②节约利息支出。一般来讲，短期借款的利率低于长期借款和长期债券的利率，举借短期借款相对于长期借款来说，可以减少利息支出。

③调整负债结构和财务风险。企业增加短期借款，可以相对减少对长期负债的依赖，使企业负债结构发生变化。相对于长期负债而言，短期借款具有风险大、利率低的特点，负债结构变化将会引起负债成本和财务风险发生相应的变化。

④增加企业资金弹性。短期借款可以随借随还，有利于企业对资金存量进行调整。

2）应付账款及应付票据

应付账款及应付票据因商品交易而产生，其变动原因有：

（1）企业销售规模的变动。当企业销售规模扩大时，会增加存货需求，使应付账款及应付票据等债务规模扩大；反之，会使其降低。

（2）为充分利用无成本资金。应付账款及应付票据是因商业信用产生的一种无资金成本或资金成本极低的资金来源，企业在遵守财务制度、维护企业信誉的条件下对其充分加以利用，可以减少其他筹资方式的筹资数额，节约利息支出。虽然从资本成本来看，应付账款和应付票据并不发生直接的资金支出，但是会产生机会成本。更为重要的是，应付账款会影响企业的商业信誉，对企业的长期生产经营产生深远影响。

（3）提供商业信用企业的信用政策发生变化。如果其他企业放宽信用政策和收账政策，企业应付账款和应付票据的规模就会大些；反之，就会小些。

（4）企业资金的充裕程度。企业资金相对充裕，应付账款和应付票据规模会相对缩减一些；当企业资金比较紧张时，就会影响到应付账款和应付票据的清偿。

3）应交税费和应付股利

应交税费反映企业应交未交的各种税金和附加费，包括流转税、所得税和各种附加费。缴纳税费是每个企业应尽的法定义务，企业应按有关规定及时、足额缴纳。应交税费的变动与企业营业收入、利润的变动相关，分析时应注意查明企业是否有拖欠国家税款的现象。

应付股利反映企业应向投资者支付而未付的现金股利，是因企业宣告分派现金股利而形成的一项负债。支付股利需要大量现金，企业应在股利支付日之前做好支付准备。应付股利金额较小，对公司的支付能力不会造成太大的压力。

上述的短期借款、应付账款、应付票据、应交税费和应付股利这些流动性负债，会给企业带来现实的偿债压力，企业需要在一定的偿付期内进行偿付。而相比较而言，预收款项、部分应付账款及其他应付款，由于某些因素的影响，不必当期偿付，或者不必用现金偿付，它们实际上并不构成企业短期付款的压力，属于非强制性债务。

4）其他应付款

与其他应收款类似，其他应付款也属于往来类别的科目。但是，其他应付款并不直接与生产经营行为相关，因而规模通常较小，变动幅度有限。其他应付款分析的重点是：①其他应付款规模与变动是否正常；②是否存在企业长期占用关联方企业资金的现象。分析时应结合财务报表附注提供的资料进行。

5）长期借款

长期借款是指企业向银行或其他金融机构借入的期限在一年以上的各项借款。和短期借款类似，有一定数额的长期借款，表明企业获得了金融机构的有力支持，拥有较好的商业信用和比较稳定的融资渠道。对长期借款进行分析时应注意以下几点：

（1）与固定资产、无形资产的规模相适应。借入长期借款的目的是满足企业扩大再生产的需要。金融机构对于发放信贷通常要求有明确的用途并附带其他控制条件，因此长期借款应当与当期固定资产、无形资产等长期投资规模相适应。一般而言，长期借款应当以固定资产与无形资产之和的数额为上限；否则，企业有转移资金用途之嫌，如将长期借款用于股票或期货交易。

（2）与企业当期收益相适应。长期借款使企业在一定时期内形成了一项固定的利息费用，对此，应注重其产出是否大于投入，即资金运用收益是否高于借款利率，可利用财务杠杆进行分析。

（3）长期借款利息费用的处理。与短期借款相比，长期借款除借款期限较长外，其不同点还体现在对借款利息费用的处理上。企业会计准则规定，长期借款的利息费用应当按照权责发生制原则的要求，按期预提计入所购建资产的成本（即予以资本化）或直接计入当期损益（即予以费用化）。由于长期借款利息费用数额较大，直接影响资产账面价值和当期损益的高低，因此必须关注财务报表附注中关于借款费用的会计政策，分析长期借款利息费用会计处理的合理性。

4.5.3 主要所有者权益项目分析

1）实收资本

实收资本是指投资者按照企业章程或合同、协议的约定实际投入企业的资本。企业资本的来源及运用受企业组织形式、相关法律的约束较多，分析实收资本的规模时应注意以下问题：

（1）实收资本的总额。企业进行生产经营必须具备一定的物质基础，而报表上的实收资本揭示了一个企业生产经营的物质基础。一般来说，资本总额越大，企业的物质基础就越雄厚，经济实力就越强。

（2）股东权益内部的股东持股构成状况与企业未来发展的适应性。在对公司进行分析时，要了解公司控股股东的情况及公司所属子公司情况，了解控股股东的控股比率、公司对控股股东的重要性、控股股东所拥有的其他资产及控股股东的财务状况等。按照企业股权持有者对企业的影响程度，一般可以将企业的股东分为控制性股东、重大影响性股东和非重大影响性股东三类。控制性股东有权决定一个企业的财务和经营政策；重大影响性股东则对一个企业的财务和经营决策有参与决策的权利。因此，控制性股东、重大影响性股东决定了企业未来的发展方向。在对企业股东权益进行分析时，必须关注企业的控制性股东、重大影响性股东的背景状况：谁在控制（或重大影响）着某一特定企业；控制（或重大影响）某一特定企业的股东有没有能力将企业引向光明的未来，关键是要有战略眼光。

2）未分配利润

未分配利润是指企业实现的净利润经过弥补亏损、提取盈余公积和向投资者分配利润后留存在企业的历年的结存利润。未分配利润通常用于留待以后年度向投资者进行分配。由于未分配利润相对于盈余公积而言，属于未确定用途的留存收益，企业在使用未分配利润方面有较大的自主权，受国家法律和法规的限制比较少。分析未分配利润时应注意以下几点：

（1）动态性。未分配利润是一个变量，可能是正数（未分配的利润），也可能是负数（未弥补的亏损），可将该项目的期末数与期初数配比，以观察其变动曲线和发展趋势。在考虑了历年的股利分配政策之后，其规模大小受某一年度特殊原因而导致的收益异常波动的影响相对较小，因而其大体可以反映出一个企业长期以来盈利能力的基本水平。

（2）现金股利分析。企业现金股利分配政策既可以在一定程度上反映企业利润的质量，也可以在一定程度上反映管理层对企业未来的信心。利润质量不好、利润支付能力较差以及对未来盈利能力信息不足的企业，难以考虑支付大规模的现金股利。但近年来我国上市公司出现了大规模分配现金股利的现象，主要目的是迎合中国证监会有关上市公司再融资的要求。支付大规模现金股利的企业，其利润质量并不一定高。

（3）股票股利分析。股票股利并不会引起企业资产、负债和所有者权益中任何一项的总额发生变动，只是引起所有者权益内部有关项目金额和所有者权益的内部结构发生变化，即留存收益的金额减少，股本和资本公积的金额相应增加。因而，在这种股利分派形式下，股东实际上是将收益留存在企业作为对企业的再投资。值得注意的是，企业高比例派发股票股利，不但不意味着企业具有较高的盈利能力和良好的财务状况质量，反而会引起企业股本规模的过快增长，如果企业的盈利水平不能以相应速度增长，就会引起企业每股收益大幅下降，进而影响企业的市场形象和市场表现。

思考题

1.资产负债表分析的目的是什么？

2.资产负债表分析的内容是什么？

3.如何确定资产负债表中的重点项目？

4.应收账款变动的原因有哪些？

5.资产负债表结构分析主要从哪些方面进行？

6.为什么要进行资产负债表项目分析？

7.企业货币资金存量及比重是否合适应考虑哪些因素？

8.应收账款规模的合理性应如何判断？

9.商誉会对企业有什么影响？

10.对未分配利润项目进行分析时应该注意哪些问题？

章末习题

一、单项选择题

1.存货发生减值是因为（　　）。

A.采用先进先出法　　B.采用后进先出法

C.可变现净值低于账面成本　　D.可变现净值高于账面成本

2.当企业的流动资产小于流动负债，即流动负债不仅作为全部流动资产的来源，而且还将一部分流动负债用于非流动资产，这种资产与资本的对称性结构属于（　　）。

A.稳健型对称性结构　　B.中庸型对称性结构

C.风险型对称性结构　　D.保守型对称性结构

3.下列所有者权益项目中，永久性程度最高的是（　　）。

A.实收资本　　B.资本公积　　C.盈余公积　　D.未分配利润

4.资产负债表中资产项目的排列依据是（　　）。

A.依据资产的流动性　　B.依据投入顺序

C.依据永久性程度　　D.依据金额大小

5.下列项目中不属于资产负债表中的“资产”项目的是（　　）。

A.货币资金　　B.交易性金融资产

C.其他应收款　　D.应付利息

6.下列项目不属于资产负债表中的“流动负债”项目的是（　　）。

A.应付账款　　B.一年内到期的长期借款

C.应付利息　　D.专项应付款

7.在进行趋势分析时，通常采用的比较标准是（　　）。

A.计划数　　B.预定目标数

C.以往期间实际数　　D.评估标准值

8.不随产量和销售规模变动而变动的资产项目是（　　）。

A.货币资金　　B.应收账款　　C.存货　　D.固定资产

9.从企业债权者角度看，财务分析的最直接目的是了解企业的（　　）。

A.偿债能力　　B.盈利能力　　C.营运能力　　D.增长能力

10.下列各项负债中，不属于长期负债的是（　　）。

A.长期借款　　B.应付债券　　C.长期应付款　　D.递延所得税

二、多项选择题

1.资产负债表分析的目的是（　　）。

A.评价企业整体财务状况　　B.有助于评价企业的偿债能力

C.有助于分析评价企业的盈利能力　　D.预测企业财务状况的变动趋势

E.说明资产负债表的编制方法

2.所有者权益项目主要包括（　　）。

A.实收资本　　B.存货　　C.资本公积

D.盈余公积　　E.未分配利润

3.引起股东权益结构变动的情况有（　　）。

A.发行新股　　B.配股　　C.资本公积转股

D.盈余公积转股　　E.以送股进行利润分配

4.分析企业的资产结构，一般从以下哪些角度分析（　　）。

A.从固定资产和长期投资比例角度　　B.从有形资产和无形资产比例角度

C.从短期资产和中长期资产比例角度　　D.从流动资产和非流动资产比例角度

E.从流动负债和非流动负债比例角度

5.企业货币资金持有量的影响因素有（　　）。

A.资产规模与业务量　　B.所在行业特点　　C.企业融资能力

D.企业战略和投资机会　　E.货币资金的构成

6.应收账款变动的原因可能有（　　）。

A.销售规模变动　　B.信用政策改变　　C.收账政策有所变化

D.关联方占用　　E.巨额冲销

7.应收账款的债务人分析包括（　　）。

A.债务人的区域性分析　　B.债务人的财务实力分析

C.债务人的集中度分析　　D.是否为关联方债务人

E.债务人的行业分析

8.一般而言，其他应收款金额特别巨大时，在分析时需要关注（　　）。

A.是否利用其他应收款进行利润操纵　　B.是否存在违规拆借资金

C.关联方其他应收款余额及账龄　　D.其他应收款包括的内容

E.会计政策变更的影响

9.对长期借款进行分析时应注意（　　）。

A.与固定资产的规模相适应　　B.与企业当期收益相适应

C.临时性占用流动资产的需求情况　　D.长期借款利息费用的处理

E.与无形资产的规模相适应

10.短期借款发生变动，可能是以下哪些方面的原因（　　）。

A.临时性占用流动资产需求发生变化　　B.为节约利息支出

C.调整负债结构　　D.调整财务风险

E.增加企业资金弹性

三、计算分析题

1.根据表4-13，对2020年、2019年G集团的合并资产负债表（简表）的整体结构进行分析，要求：（1）计算各项资产、负债、所有者权益占总资产的比重；（2）判断G集团的资产结构属于稳健型还是风险型？

表4-13　　G集团合并资产负债表（简表）　　单位：元

项目	2020年12月31日	2019年12月31日
流动资产	213 632 987 165	213 364 040 965
非流动资产	65 584 936 464	69 608 116 450
资产总计	279 217 923 628	282 972 157 415
流动负债	158 478 718 131	169 568 300 210
非流动负债	3 858 718 409	1 356 200 683
负债合计	162 337 436 540	170 924 500 892
所有者权益	116 880 487 088	112 047 656 523
负债和所有者权益总计	279 217 923 628	282 972 157 415

2.根据表4-14G集团合并资产负债表，运用Excel编制资产负债表水平分析表，并找出需要重点分析的项目。

表4-14　　G集团合并资产负债表　　单位：元

项目	2020年12月31日	2019年12月31日
流动资产：		
货币资金	136 413 143 860	125 400 715 268
交易性金融资产	370 820 500	955 208 584
衍生金融资产	285 494 154	92 392 626
应收票据		
应收账款	8 738 230 905	8 513 334 545
应收款项融资	20 973 404 595	28 226 248 997
预付款项	3 129 202 003	2 395 610 555
其他应收款（合计）	147 338 548	159 134 399
其中：应收股利		
应收利息		
其他应收款	147 338 548	159 134 399
买入返售金融资产		
存货	27 879 505 159	24 084 854 064
合同资产	78 545 526	
一年内到期的非流动资产		445 397 710
其他流动资产	15 617 301 914	23 091 144 217
流动资产合计	213 632 987 165	213 364 040 965

续表

项目	2020年12月31日	2019年12月31日
非流动资产：		
发放贷款及垫款	5 273 805 582	14 423 786 409
其他债权投资	502 202 293	296 836 282
长期应收款		
长期股权投资	8 119 841 062	7 064 186 161
其他权益工具投资	7 788 405 891	4 644 601 698
其他非流动金融资产	2 003 483 333	2 003 483 333
投资性房地产	463 420 861	498 648 692
固定资产（合计）	18 990 525 088	19 121 930 757
固定资产	18 983 485 129	19 111 024 793
固定资产清理	7 039 959	10 905 964
在建工程（合计）	4 016 082 730	2 431 051 410
在建工程	4 016 082 730	2 431 051 410
无形资产	5 878 288 763	5 305 541 099
开发支出		
商誉	201 902 704	325 919 391
长期待摊费用	8 567 924	2 718 105
递延所得税资产	11 550 292 201	12 541 085 078
其他非流动资产	788 118 031	948 328 035
非流动资产合计	65 584 936 464	69 608 116 450
资产总计	279 217 923 628	282 972 157 415
流动负债：		
短期借款	20 304 384 742	15 944 176 463
衍生金融负债		
应付票据	21 427 071 950	25 285 207 844
应付账款	31 604 659 167	41 656 815 752
预收款项		8 225 707 662
合同负债	11 678 180 425	
应付职工薪酬	3 365 355 469	3 430 968 964
应交税费	2 301 355 583	3 703 779 716
其他应付款（合计）	2 379 395 717	2 712 692 974
其中：应付利息		
应付股利	6 986 646	707 914

续表

项目	2020年12月31日	2019年12月31日
其他应付款	2 372 409 071	2 711 985 060
其他流动负债	64 382 254 284	65 181 491 855
其他金融类流动负债	1 036 060 794	3 427 458 978
流动负债合计	158 478 718 131	169 568 300 210
非流动负债：		
长期借款	1 860 713 816	46 885 883
长期应付职工薪酬	149 859 788	141 021 228
递延所得税负债	1 411 111 103	927 789 301
递延收益——非流动负债	437 033 702	240 504 270
非流动负债合计	3 858 718 409	1 356 200 683
负债合计	162 337 436 540	170 924 500 892
所有者权益（或股东权益）：		
实收资本（或股本）	6 015 730 878	6 015 730 878
资本公积	121 850 281	93 379 501
减：库存股	5 182 273 854	
其他综合收益	7 396 060 195	6 260 291 981
盈余公积	3 499 671 557	3 499 671 557
一般风险准备	497 575 772	489 855 827
未分配利润	102 841 596 378	93 794 643 539
归属于母公司所有者权益合计	115 190 211 207	110 153 573 283
少数股东权益	1 690 275 881	1 894 083 240
所有者权益合计	116 880 487 088	112 047 656 523
负债和所有者权益总计	279 217 923 628	282 972 157 415

第4章习题答案

第5章/
利润表分析

【学习目标】通过本章的学习，了解利润表分析的目的；掌握利润表分析评价的思路；明确利润的不同分类和影响利润的因素；理解并掌握利润表水平分析方法；理解并掌握利润表结构分析方法；理解并掌握利润表主要项目的内涵及变动原因。

【思政要点】利润表是企业的基本财务报表之一，反映了企业的收入、成本、费用、税收情况，揭示了企业利润的构成和实现过程，是了解企业盈利能力的重要报表。通过水平分析和结构分析，可以发现利润表中变动较大的项目，可以有针对性地对这样的项目进行分析，找出变动的原因是客观原因，还是主观人为操作；通过项目分析，可以对利润表中比较重要的项目进行分析，分析其变动的合理性和会计方法选用的恰当性，进一步强化会计信息质量的重要性，内化遵守会计职业道德的意识。

5.1 利润表分析的目的与内容

5.1.1 利润表分析的目的

利润，通常是指企业在一定会计期间收入减去费用后的净额以及直接计入当期损益的利得和损失等，是企业的财务成果或经营成果，具体包括营业利润、利润总额、净利润和综合收益等。在商品经济条件下，企业的目标可能是股东权益最大化、企业价值最大化或者其他，但其基础都是企业利润。企业生产经营过程中的各项工作，在很大程度上都会聚焦在所创造利润的多少这一结果上。

利润表是反映企业一定时期经营成果的财务报表，它反映了企业的收入、成本、费用、税收情况，揭示了企业利润的构成和实现过程。利润表是企业内外部利益相关者了解企业财务成果的主要窗口，为企业分配利润和评价企业经营管理业绩提供重要依据，也是预测企业未来利润的基础。对利润表分析主要有以下目的：

1）有助于了解企业的经营成果

经营成果是指一定时期内企业生产经营活动所创造的有效劳动成果的总和，通常在利润表中以净利润和综合收益的形式来反映。利润表反映了可以向利益相关者分配的经营成果的形成和数额，因而利润表是企业分配经营成果的基本依据。国家的税收、管理人员的奖励、员工的薪资、股东的股利、债权人的利息以及企业自身的留存收益等，这些利益关系项目的确定，均以利润表提供的数据为基础。

2）有助于了解企业的盈利能力

企业盈利能力是企业投资者和经营者都非常关心的问题。利润表不仅提供了经营成果信息，也提供了盈利能力分析所需要的收入信息和成本费用信息，这对于评价企业盈利能力是十分重要的。

3）有助于正确评价企业各方面的经营业绩

利润表中的各个项目体现了企业在生产、经营和理财等各个方面的管理效率与效益，是对企业经营业绩的直接揭示，是经营者受托责任履行情况的真实反映。由于利润受企业生产经营过程中各环节、各步骤的影响，因此，通过比较前后期利润表上各项收入、费用、成本及收益的增减变动情况，分析其增减变动的原因，可以客观评价各部门、各环节的业绩。

4）有助于及时、准确地发现企业经营管理中存在的问题

借助利润表分析，企业各环节存在的问题或缺陷都会比较容易发现，为企业进一步改善经营管理工作指明了可行的方向。这有利于企业放宽眼界，全面改善经营管理，从而促进利润持续增长。企业营业收入和成本费用状况是企业生产经营状况的直接和具体体现，因此，对营业收入的分析往往成为经营分析中的重点。

5）有助于提供有关盈利预测及经济决策的信息

可以通过分析企业的持续盈利能力，以及连续几期的盈利趋势分析，结合当前的市场趋势，对企业未来的盈利能力做出预测，并进而做出合理的经济决策。

5.1.2 利润表分析的内容

利润表分析主要包括以下内容：

1）利润表水平分析

利润表水平分析，就是指通过对企业利润表数据进行对比分析，揭示异常变动及可能存在的问题，为全面深入分析企业的利润情况奠定基础。

2）利润表结构分析

利润表的结构分析是通过计算利润表中各项目占营业收入的比重或结构，反映利润表中的项目与营业收入的关系及其变动情况，分析说明经营成果的结构及增减变动的合理程度，探索企业增加收入、降低成本费用的思路。

3）利润表趋势分析

利润表趋势分析，就是指通过对较长时期内企业净利润、利润总额、营业利润和营业毛利项目变化趋势的分析，揭示企业利润的状况、规律及特征，预测企业的未来利润状况。

由于在3.3.3趋势分析法中，已经对M集团2016—2020年的营业收入、净利润和基本每股收益指标进行过趋势分析，为了避免重复，本章不再进行利润表趋势分析。

4）利润表项目分析

利润表项目分析就是结合利润表有关附注所提供的详细信息，对企业利润表中重要项目的变动情况进行分析说明，深入揭示利润形成的主观及客观原因。具体分析内容可根据分析对象的具体情况选择利润表重要项目进行分析。

5.2 利润表水平分析

5.2.1 利润表水平分析表的编制

利润表水平分析一般将企业报告期的利润表数据与前期数据进行对比，可以了解项目增减变动额度和幅度情况，从而发现可疑点。利用利润额增减变动水平分析法，编制利润表水平分析表，可以采用增减变动额和增减变动率两种方式表示，主要分析目的在于认清利润增减变动的原因。根据表2-2相关资料，编制M集团利润表水平分析表，见表5-1。

表5-1 M集团利润表水平分析表 金额单位：元

项目	2020年	2019年	变动额	变动率
一、营业总收入	285 709 729 000	279 380 506 000	6 329 223 000	2.27%
其中：营业收入	284 221 249 000	278 216 017 000	6 005 232 000	2.16%
其他类金融业务收入	1 488 480 000	1 164 489 000	323 991 000	27.82%
二、营业总成本	258 752 437 000	251 317 888 000	7 434 549 000	2.96%
其中：营业成本	212 839 592 000	197 913 928 000	14 925 664 000	7.54%
税金及附加	1 533 646 000	1 720 616 000	−186 970 000	−10.87%
销售费用	27 522 276 000	34 611 231 000	−7 088 955 000	−20.48%
管理费用	9 264 148 000	9 531 361 000	−267 213 000	−2.80%
研发费用	10 118 667 000	9 638 137 000	480 530 000	4.99%
财务费用	−2 638 032 000	−2 231 636 000	−406 396 000	18.21%
其中：利息费用	1 305 591 000	880 703 000	424 888 000	48.24%
利息收入	3 663 028 000	3 807 136 000	−144 108 000	−3.79%
其他业务成本（金融类）	112 140 000	134 251 000	22 111 000	−16.47%
加：其他收益	1 424 090 000	1 194 665 000	229 425 000	19.20%
投资净收益	2 362 462 000	164 132 000	2 198 330 000	1 339.37%
其中：对联营企业和合营企业的投资收益	402 528 000	506 225 000	−103 697 000	−20.48%
公允价值变动净收益	1 762 950 000	1 361 163 000	401 787 000	29.52%
资产减值损失	−705 209 000	−871 909 000	166 700 000	−19.12%
信用减值损失	−247 605 000	−96 446 000	−151 159 000	156.73%
资产处置收益	−60 523 000	−131 131 000	70 608 000	−53.85%
三、营业利润	31 493 457 000	29 683 092 000	1 810 365 000	6.10%
加：营业外收入	384 986 000	613 310 000	−228 324 000	−37.23%

续表

项目	2020年	2019年	变动额	变动率
减：营业外支出	214 904 000	367 288 000	−152 384 000	−41.49%
四、利润总额	31 663 539 000	29 929 114 000	1 734 425 000	5.80%
减：所得税费用	4 156 997 000	4 651 970 000	−494 973 000	−10.64%
五、净利润	27 506 542 000	25 277 144 000	2 229 398 000	8.82%
持续经营净利润	27 506 542 000	25 277 144 000	2 229 398 000	8.82%
终止经营净利润				
减：少数股东损益	283 573 000	1 065 922 000	−782 349 000	−73.40%
归属于母公司所有者的净利润	27 222 969 000	24 211 222 000	3 011 747 000	12.44%
六、其他综合收益税后净额	−1 177 809 000	348 040 000	−1 525 849 000	−438.41%
七、综合收益总额	26 328 733 000	25 625 184 000	703 549 000	2.75%
减：归属于少数股东的综合收益总额	−56 787 000	1 130 810 000	−1 187 597 000	−105.02%
归属于母公司普通股东综合收益总额	26 385 520 000	24 494 374 000	1 891 146 000	7.72%
八、每股收益：				
基本每股收益	3.9300	3.6000	0.33	9.17%
稀释每股收益	3.9000	3.5800	0.32	8.94%

5.2.2 利润表水平变动情况分析评价

利润表水平分析应抓住几个关键利润指标的变动情况，如综合收益、净利润、利润总额、营业利润、营业毛利的变动额与变动幅度，再逐项分析导致这些利润指标变动的原因。例如，营业利润的增加可能是由于营业收入的增加，也可能是由于营业成本和费用的减少，还可能是两者共同作用的结果。对于异常的变动，需要考虑收入的增加或成本费用的减少是否由于企业正常的经营调整或采取了改善经营的措施，否则有必要考虑企业存在利润调节或操纵的可能。

1）综合收益总额分析评价

综合收益总额由净利润和其他综合收益两部分构成，其中，其他综合收益是企业根据企业会计准则的规定未在损益中确认的各项利得和损失扣除所得税影响后的净额，包括以公允价值计量且其变动计入其他综合收益的金融资产、确认按照权益法核算的在被投资单位其他综合收益中所享有的份额导致的其他资本公积的增加或减少、计入其他资本公积的现金流量套期工具利得或损失中属于有效套期的部分及其后续的转出、境外经营外币报表折算差额的增加或减少以及与计入其他综合收益项目相关的所得税影响等。

从表5-1中可以看到，M集团综合收益总额的主要组成部分是净利润，但同时也可以看到其他综合收益项目相比上期变化幅度较大，金额上减少了1 525 849 000元，下降了

438.41%，通过查阅相关报表信息，发现这一变动主要由于外币财务报表折算差额变动引起的。

2）净利润分析评价

净利润是指企业所有者最终取得的财务成果或可供企业所有者分配或使用的财务成果，是利润总额减去所得税费用后的差额。M集团2020年度实现净利润27 506 542 000元，比上年增加了2 229 398 000元，增加了8.82%，有一定幅度的增加。

3）利润总额分析评价

利润总额是反映企业除税收活动以外的其他活动财务成果的指标，它不仅包含企业的营业利润，同时也包含营业外收支。因此，利润总额的变动既可能是由营业利润的变动引起的，也可能是由营业外收支的增减导致的，或兼而有之。当利润总额的增加主要源于营业外收支的变动时，分析者有必要详细了解营业外收支变动的原因。表5-1中，M集团利润总额增加1 734 425 000元，比上期增加5.80%，主要是M集团营业利润增加导致利润总额的增加，营业利润比上年增加了1 810 365 000元，增加了6.10%。而营业外收入和营业外支出都比上一期有了明显的下降，且营业外支出的下降幅度高于营业外收入的下降幅度。

4）营业利润分析评价

营业利润是指企业营业收入与营业成本、营业税费、期间费用、资产减值损失、公允价值变动净收益、投资净收益等之间的差额。它既包括企业的主营业务利润和其他业务利润，又包括企业公允价值变动净收益和对外投资的净收益，它反映了企业正常生产经营活动的成果。表5-1中，M集团的营业利润较上年增加了1 810 365 000元，增加了6.10%。其中营业总收入增加6 329 223 000元，增幅为2.27%，营业总成本增加7 434 549 000元，增幅为2.96%，可以看出营业总收入的增幅小于营业总成本的增幅。

5）营业毛利分析评价

营业毛利是指企业营业收入和营业成本之间的差额。M集团2020年营业毛利是71 381 657 000元，2019年营业毛利是80 302 089 000元，2020年营业毛利比上年减少8 920 432 000元，降低率为11.11%，其中最重要的因素是营业成本大幅增加14 925 664 000元，增长率为7.54%，虽然营业收入增长6 005 232 000元，增长率为2.16%，对营业毛利的增长形成有利影响，但抵不过营业成本大幅增加的不利因素。

总体来看，反映企业经营成果情况的综合收益总额、净利润、利润总额和营业利润项目都有一定程度的增长，但营业毛利项目有一定程度的下降。

5.3 利润表结构分析

5.3.1 利润表结构分析表的编制

利润表的结构分析是通过计算利润表中各项目占营业总收入的比重或结构，反映利润表中各项目与营业总收入的关系及其变动情况，分析说明经营成果的结构及其增减变动的合理程度。通过各项目的比重，分析各项目在企业经营收入中的重要性。一般来说，项目比重越大，说明其重要程度越高，对总体的影响越大。将分析期各项目的比重与前期同项目的比重进行对比，研究各项目的比重变动情况，可以分析企业的经营业绩以及存在的问题。根据表2-2提供的资料，编制M集团利润表结构分析表，见表5-2。

表5-2 **M集团利润表结构分析表** 金额单位：元

项目	2020年	2019年	2020年百分比	2019年百分比	差异
一、营业总收入	285 709 729 000	279 380 506 000	100.00%	100.00%	0.00%
其中：营业收入	284 221 249 000	278 216 017 000	99.48%	99.58%	-0.10%
其他类金融业务收入	1 488 480 000	1 164 489 000	0.52%	0.42%	0.10%
二、营业总成本	258 752 437 000	251 317 888 000	90.56%	89.96%	0.61%
其中：营业成本	212 839 592 000	197 913 928 000	74.50%	70.84%	3.65%
税金及附加	1 533 646 000	1 720 616 000	0.54%	0.62%	-0.08%
销售费用	27 522 276 000	34 611 231 000	9.63%	12.39%	-2.76%
管理费用	9 264 148 000	9 531 361 000	3.24%	3.41%	-0.17%
研发费用	10 118 667 000	9 638 137 000	3.54%	3.45%	0.09%
财务费用	-2 638 032 000	-2 231 636 000	-0.92%	-0.80%	-0.12%
其中：利息费用	1 305 591 000	880 703 000	0.46%	0.32%	0.14%
利息收入	3 663 028 000	3 807 136 000	1.28%	1.36%	-0.08%
其他业务成本（金融类）	112 140 000	134 251 000	0.04%	0.05%	-0.01%
加：其他收益	1 424 090 000	1 194 665 000	0.50%	0.43%	0.07%
投资净收益	2 362 462 000	164 132 000	0.83%	0.06%	0.77%
其中：对联营企业和合营企业的投资收益	402 528 000	506 225 000	0.14%	0.18%	-0.04%
公允价值变动净收益	1 762 950 000	1 361 163 000	0.62%	0.49%	0.13%
资产减值损失	-705 209 000	-871 909 000	-0.25%	-0.31%	0.07%
信用减值损失	-247 605 000	-96 446 000	-0.09%	-0.03%	-0.05%
资产处置收益	-60 523 000	-131 131 000	-0.02%	-0.05%	0.03%
三、营业利润	31 493 457 000	29 683 092 000	11.02%	10.62%	0.40%
加：营业外收入	384 986 000	613 310 000	0.13%	0.22%	-0.08%
减：营业外支出	214 904 000	367 288 000	0.08%	0.13%	-0.06%
四、利润总额	31 663 539 000	29 929 114 000	11.08%	10.71%	0.37%
减：所得税费用	4 156 997 000	4 651 970 000	1.45%	1.67%	-0.21%
五、净利润	27 506 542 000	25 277 144 000	9.63%	9.05%	0.58%
持续经营净利润	27 506 542 000	25 277 144 000	9.63%	9.05%	0.58%
终止经营净利润					
减：少数股东损益	283 573 000	1 065 922 000	0.10%	0.38%	-0.28%
归属于母公司所有者的净利润	27 222 969 000	24 211 222 000	9.53%	8.67%	0.86%
六、其他综合收益税后净额	-1 177 809 000	348 040 000	-0.41%	0.12%	-0.54%
七、综合收益总额	26 328 733 000	25 625 184 000	9.22%	9.17%	0.04%
减：归属于少数股东的综合收益总额	-56 787 000	1 130 810 000	-0.02%	0.40%	-0.42%
归属于母公司普通股东综合收益总额	26 385 520 000	24 494 374 000	9.24%	8.77%	0.47%
八、每股收益：					
基本每股收益	3.9300	3.6000	0.00%	0.00%	0.00%
稀释每股收益	3.9000	3.5800	0.00%	0.00%	0.00%

5.3.2　利润表结构变动情况分析评价

根据表5-2M集团利润表结构分析表，从构成比重来看，营业总收入、营业总成本、营业利润、利润总额、净利润和综合收益等项目在利润表中的比重都较高。根据这些项目之间的逻辑关系以及利润表中的数据，营业利润、利润总额、净利润和综合收益的比重主要取决于营业总收入和营业总成本项目的情况。2020年M集团营业总收入285 709 729 000元，其中营业收入284 221 249 000元，占营业总收入的99.48%；2020年M集团营业总成本258 752 437 000元，占营业总收入的比重高达90.56%，其中：营业成本212 839 592 000元，占营业总收入的74.50%；销售费用27 522 276 000元，占营业总收入的9.63%；管理费用9 264 148 000元，占营业总收入的3.24%；研发费用10 118 667 000元，占营业总收入的3.54%。可以看出，M集团的成本费用比较集中，这也反映了家电制造业的行业特点。此外，投资收益2 362 462 000元，占营业总收入的0.83%，营业外收入384 986 000元，占营业总收入的0.13%，营业外支出214 904 000元，占营业总收入的0.08%，所占比例极小，这说明M集团专注主营业务的特点。

从结构变动的角度来看，2020年利润表中变动幅度最大的两个项目是营业成本和销售费用，其中：2020年营业成本占营业总收入的比重为74.50%，比2019年营业成本占营业收入比重的70.84%增长了3.65%；2020年度销售费用占营业总收入的比重9.63%，比2019年的12.39%下降了2.76%。其他项目的变动幅度较小，都在1%以内。

总体上来说，M集团的利润表结构比较稳定，在具体项目分析时可重点关注营业成本和费用各项目的具体情况。

5.4　利润表项目分析

为了更好地对利润表中企业的经营成果和形成过程进行深入分析，在进行水平分析和结构分析之后，还需要对影响重大的项目进行分析，主要包括：

5.4.1　营业收入项目分析

营业收入是指企业在销售商品、提供劳务及他人使用本企业资产等日常活动中形成的经济利益的总流入。在对企业的营业收入进行分析时，一般着重从品种构成、地区构成和客户构成等方面来进行分析。

1）品种构成分析

目前，企业大多从事多种商品或劳务的经营活动。在从事多品种经营的条件下，企业不同品种商品或劳务收入构成的信息对使用者有十分重要的意义。在企业提供的商品或劳务中，不同的商品或劳务对企业利润的贡献程度不同，占比重大的商品或劳务往往对企业的利润影响较大，需要重点对这些商品或劳务进行分析。通过对这些项目的分析，可以评价其对企业实现利润的贡献程度，可以评价的企业盈利能力，也可以通过对这些商品或劳务的未来发展趋势分析预测企业的未来盈利情况。

根据表5-3、表5-4，2020年M集团的营业收入中，主营业务收入占总营业收入的92.00%，其他业务收入只占总营业收入的8%，其中：在主营业务收入中，暖通空调占46.36%，消费电器占43.56%，机器人及自动化系统占8.26%，其他占1.83%。由此可见，

M集团产品销售收入主要集中在暖通空调和消费电器这两个类别上；相对来说，机器人及自动化系统业务收入比例还较低，并且比2019年同比减少14.30%，在一定程度上表明M集团的盈利主要来源是暖通空调和消费电器这两类，而机器人及自动化系统对利润的贡献相对较小，正在实行的产品多元化战略的效果并不是很明显。

表5-3　**M集团营业收入结构分析表**　金额单位：元

项目	2020年		2019年		同比增减
	金额	占总营业收入比重	金额	占总营业收入比重	
主营业务收入	261 474 699 000	92.00%	257 059 725 000	92.40%	1.72%
其他业务收入	22 746 550 000	8.00%	21 156 292 000	7.60%	7.52%
合计	284 221 249 000	100.00%	278 216 017 000	100.00%	2.16%

表5-4　**M集团主营业务收入产品构成表**　金额单位：元

主要产品类别	2020年		2019年		同比增减
	金额	占主营业务收入比重	金额	占主营业务收入比重	
暖通空调	121 215 043 000	46.36%	119 607 379 000	46.53%	1.34%
消费电器	113 890 764 000	43.56%	109 486 791 000	42.59%	4.02%
机器人及自动化系统	21 588 782 000	8.26%	25 191 964 000	9.80%	-14.30%
其他	4 780 110 000	1.83%	2 773 591 000	1.08%	72.34%
合计	261 474 699 000	100.00%	257 059 725 000	100.00%	1.72%

2）地区结构分析

企业的产品和劳务多数提供给不同的地区。在企业为不同地区提供商品或劳务的情况下，企业在不同地区商品或劳务的营业收入构成对信息使用者也具有一定的价值。在企业提供的商品或劳务中，不同地区的商品或劳务对于企业利润的贡献程度不同，占比重大的地区往往商品或劳务的销售对企业利润影响较大，需要重点对这些地区的商品或劳务销售进行分析。从消费者的心理与行为表现来看，不同地区的消费者对不同品牌的商品具有不同的偏好。分析不同地区的消费偏好和消费习惯的变化趋势，研究企业产品在不同地区的市场潜力，有助于预测企业业绩的持续性和未来发展趋势。

根据表5-5，M集团营业收入的主要区域构成较稳定，2020年和2019年M集团的国内和国外销售大约是6∶4，2020年国内、国外营业收入同比都有一定的增长，国内的营业收入占总营业收入的57.40%，国外的营业收入占总营业收入的42.60%，与2019年相比，国外营业收入的比重有了小幅提高。总的来看，M集团国外销售比重占40%左右，这表明M集团的国际化程度较高，产品不仅面对国内市场，而且面向国际市场。

表5-5　　M集团营业收入地区构成表　　金额单位：元

项目	2020年		2019年		同比增减
	金额	占总营业收入比重	金额	占总营业收入比重	
国内	163 139 841 000	57.40%	161 432 313 000	58.02%	1.06%
国外	121 081 408 000	42.60%	116 783 704 000	41.98%	3.68%
合计	284 221 249 000	100.00%	278 216 017 000	100.00%	2.16%

3）客户构成分析

企业的产品和劳务会提供给不同的客户。不同的企业客户构成，也会对企业的营业收入和利润等产生不同的影响。一般情况下，若其他条件相同，企业的销售客户越分散、集中率越低，说明企业产品销售（或劳务提供）的市场化程度越高，行业竞争力越强，营业收入的持续性越好。同时，企业的销售客户越分散，销售回款因个别客户的坏账所产生的波动就会越小，营业收入的回款质量也会越有保障。反之，客户的集中度高，企业对大客户的依赖程度高，客户的谈判能力强，企业利润会受到影响，坏账的风险也会提高。因此，通过分析营业收入的客户构成情况，有助于判断企业营业收入的质量和业绩波动性。

根据表5-6，M集团对前五位大客户的销售收入占比已经达到了全部销售收入的13.89%，这是一个影响重大的客户群。其中，第一大客户占比达到了8.16%，从前面应收账款的质量分析中可以看出，公司大客户的信用较好，坏账率较低，因此，维护好与原有大客户的关系，仍然是公司未来营销活动的重要内容。同时，公司也要积极开拓新的大客户，谋求更大的利润增长空间。

表5-6　　M集团营业收入前五位大客户构成表　　金额单位：元

序号	客户名称	销售额	占年度销售总额比例
1	第一名	2 319 937 194 000	8.16%
2	第二名	890 782 658 000	3.13%
3	第三名	262 677 631 000	0.92%
4	第四名	259 904 453 000	0.91%
5	第五名	214 392 273 000	0.75%
合计		3 947 694 209 000	13.89%

4）关联交易比重分析

在企业形成集团化经营的条件下，集团内各个企业之间就有可能发生关联交易。企业的产品和劳务既可能提供给无关联的第三方，也可能提供给关联方。由于关联方之间的密切联系，关联方之间的交易既有可能是企业间的正常交易，也可能为了“包装”某个企业的业绩而人为地制造一些业务。在具体分析时，要关注关联交易在所有交易中的比重，以及关联方交易过程中交易价格、交易的实现时间等方面的非市场化因素。

根据表5-7，M集团的营业收入中，2020年关联交易销售金额198 903 000元，占总营业收入的0.07%，2019年关联交易销售金额105 382 000元，占总营业收入的0.04%，关联交易在所有交易中占比重极低，M集团的营业收入质量整体较高。

表5-7　　**M集团营业收入中关联交易表**　　金额单位：元

关联方	关联交易内容	关联交易定价政策	2020年		2019年	
			金额	占总营业收入比重	金额	占总营业收入比重
广东睿住智能科技有限公司	销售商品	协议价格	198 903 000	0.07%	105 382 000	0.04%
合计	—	—	198 903 000	0.07%	105 382 000	0.04%

5）行政手段影响分析

在我国社会主义市场经济的发展过程中，部门或地区行政因素对企业营业收入的影响不容忽视。在特定行业的特定发展阶段，尤其是那些需要保护的处于发展初期的新兴行业，部门或地区的特定行政手段确实可以对其发展起到积极的促进作用。但是，处于稳定发展阶段的行业或企业，其营业收入应主要依靠市场来实现。因此，在对营业收入进行分析时，还需要考虑企业营业收入的获得是源于市场因素还是源于部门或地区行政手段，对于部门或地区行政手段对营业收入影响大的企业而言，其利润的质量较低，未来发展前景也存在较大不确定性。

5.4.2　营业成本项目分析

营业成本是指与营业收入相关的已经确定了归属期和归属对象的成本。它是影响利润的重要因素，因此对营业成本的构成及影响因素进行分析，对于信息使用者来说显得非常重要。在不同类型的企业里，营业成本有不同的表现形式。在制造业或工业企业里，营业成本表现为已销产品的生产成本；在商品流通企业里，营业成本表现为已销商品的购进成本；而在服务类企业里，营业成本则表现为所提供劳务的服务成本。在制造业企业的生产成本中主要包括原材料、人工工资和制造费用等内容。在具体分析时，可以对成本的构成及变动情况进行分析，既要考虑受市场因素影响产生的价格波动，也要考虑是否存在会计政策变更等情况。

M集团属于家用电器行业，根据表5-8，其营业成本主要包括：原材料、人工费、折旧和能源动力四个部分，其中，原材料占运营成本的比重基本稳定在85%左右，人工费、折旧和能源动力大约占15%，因此原材料是企业成本控制的重点。此外，根据2020年度和2019年度的数据，在企业营业成本中，2020年人工费、折旧和能源动力的比重有所增加，这在一定程度上可能与人工成本上涨、能源价格上涨有关系。

5.4.3　期间费用项目分析

期间费用是指不受企业产品产量或销售量增减变动影响，不能直接或间接归属于某个特定对象的各种费用。我国将期间费用分为销售费用、管理费用、研发费用和利息费用。这些费用容易确定发生期间和归属期间，但很难判别其归属对象，因而在发生的当期应从损益中扣除，在计算营业利润时是营业总收入的减项，期间费用越少，企业的利润金额就会越大。但是在分析期间费用时，不能只强调各期间费用发生的数额大小，更应该强调各项费用发生后所带来的效益，也不能片面地节约和压缩费用，从而给企业带来其他负面影响。

表5-8　　　　M集团营业成本结构分析表　　　　金额单位：元

行业分类	项目	2020年		2019年		同比增减
		金额	占营业成本比重	金额	占营业成本比重	
家用电器行业	原材料	144 479 295 000	84.47%	134 231 337 000	85.69%	7.63%
	人工费	11 066 122 000	6.47%	9 711 741 000	6.20%	13.95%
	折旧	3 009 985 000	1.76%	2 673 507 000	1.71%	12.59%
	能源动力	2 567 340 000	1.50%	2 255 630 000	1.44%	13.82%

1）销售费用项目分析

销售费用是指企业在销售商品和提供劳务的过程中所发生的费用，一般包括：应由企业负担的运输费、装卸费、包装费、保险费、销售佣金、差旅费、展览费、广告费、租赁费（不包括融资租赁费用）、销售人员的薪酬以及专设销售机构的经常性费用等。

从销售费用的基本构成来看，有的与企业的业务活动规模有关，如运输费、装卸费、整理费、包装费、保险费、销售佣金、差旅费、展览费等；有的与企业从事销售活动人员的待遇有关，如营销人员的薪酬；有的与企业的未来发展、开拓市场、扩大企业品牌的知名度等有关，如广告费、促销费。

在对销售费用进行分析时，应注意：（1）可以将销售费用率与同行业、本企业前后期间的水平进行比较，分析销售费用的支出有效性；（2）分析与企业营销策略有关的项目对企业长期销售能力的改善的贡献；（3）分析销售费用波动的原因。

2020年度，M集团销售费用主要为维修费、宣传促销费、职工薪酬费用、租赁费及运输及仓储费，占销售费用总额超过70%（2019年度：超过70%）。根据表5-9，M集团销售费用2020年为27 522 276 000元，占营业总收入比重9.63%，比2019年同比减少了20.48%，销售费用的波动较大。根据2020年报数据，销售收入波动的主要原因是执行新收入准则，约8 928 186 000元的销售费用重分类至营业成本和营业收入。

表5-9　　　　M集团销售费用分析表　　　　金额单位：元

项目	2020年		2019年		同比增减
	金额	占营业总收入比重	金额	占营业总收入比重	
销售费用	27 522 276 000	9.63%	34 611 231 000	12.39%	−20.48%

2）管理费用项目分析

管理费用是企业行政管理部门为了管理和组织企业生产经营活动而发生的各项费用支出，包括的具体项目有：企业董事会和行政管理部门在企业经营管理中发生的，或者应当由企业统一负担的公司经费、工会经费、待业保险费、劳动保险费、董事会费、聘请中介机构费、咨询费、诉讼费、业务招待费、办公费、差旅费、邮电费、绿化费、管理人员工资及福利费等。

管理费用的项目比较庞杂，对其进行分析的难度较大。总体而言，有些项目的支出规模与企业规模有关，对其实施有效控制可以促进企业管理效率提高；而对有些项目的控制或压缩反而对企业的长远发展产生不利影响，不宜盲目降低规模。一般情况下，在企业的规模、组织结构、管理风格和管理手段等方面变化不大的情况下，企业的管理费用规模不会有太大变化。

2020年度，M集团管理费用主要为职工薪酬费用、折旧与摊销费用、技术维护费、行政办公费、租赁及物业管理费，占管理费用总额超过70%（2019年度：超过70%）。根据表5-10及相关附注信息，管理费用的具体构成并不是非常详细，由于2020年和2019年相比，管理费用变动不大，可以不进行深入的分析。

表5-10　**M集团管理费用分析表**　金额单位：元

项目	2020年		2019年		同比增减
	金额	占营业总收入比重	金额	占营业总收入比重	
管理费用	9 264 148 000	3.24%	9 531 361 000	3.41%	-2.80%

3）研发费用项目分析

研发费用是指企业与研究开发相关、直接作为费用计入利润表的相关资源消耗，包括研发人员人工费用、研发过程中直接投入的各项费用、与研发有关的固定资产折旧费、无形资产摊销费以及新产品设计费等。

从短期来看研发费用将直接减少企业当期的利润，但从长期来看研发费用对于提高企业未来竞争力具有战略意义，研发费用带来的收益具有一定的滞后性。由于企业所处的竞争环境以及企业自身经营特点的复杂性，一般难以根据研发费用的规模来判断企业的未来竞争力，但可以根据企业所处的行业来进行对比分析，以及根据研发费用投入的变动情况来反映企业对研发的重视程度，对未来收益的影响具有一定的不确定性。

2020年度，M集团的研发费用主要为职工薪酬费用、折旧与摊销费用及试制产品与材料投入，占研发费用总额超过80%（2019年度：超过80%）。根据表5-11，2020年M集团研发费用10 118 667 000元，占营业总收入比重为3.54%，比2019年有小幅增长，企业重视研发活动，研发投入增加。

表5-11　**M集团研发费用分析表**　金额单位：元

项目	2020年		2019年		同比增减
	金额	占营业总收入比重	金额	占营业总收入比重	
研发费用	10 118 667 000	3.54%	9 638 137 000	3.45%	4.99%

4）利息费用项目分析

利息费用指计入特定会计期间的企业资金的筹集和运用中发生的各项利息支出。在利润表上，在2017年年度报告以前，利息费用与利息收入一起在“财务费用”项目中反映。在2018年年度报告后，上市公司被要求除了列示财务费用外，还要将利息费用与利息收入分别列示。

一般情况下，企业贷款利息水平的高低主要取决于三个因素：贷款规模、贷款利率和贷款期限。

（1）贷款规模

企业贷款规模的降低可以使计入利润表的财务费用下降，增加企业的当期利润，但是，也需要关注贷款规模的下降是否与企业未来资金需求相适应。

（2）贷款利率

影响贷款利率的既有可控因素，也有不可控因素，在分析时要重点关注可控因素。

（3）贷款期限

企业贷款期限越长利息越多，贷款期限应该和实际需求保持一致。

5.4.4　其他收益项目分析

其他收益项目是利润表中的一个新增项目，自2017年年报开始，上市公司需要将原来与企业日常活动有关、属于企业营业外收入的政府补助归入“其他收益”项目，作为营业利润的一部分进行披露。政府补助是对上市公司进行扶持的一种直接方式，在具体分析时需要注意以下问题：

1）企业业务与政府政策的关联度

能够获得政府补助的企业，一般来说是从事政府支持的业务，这种政策环境有利于企业在特定时期快速发展。

2）企业对政策的研究能力

企业能够获得政府补助，不仅是因为企业处于政府支持的产业或从事政府支持的业务，也需要企业对政府的补助政策进行及时的研究，尤其是能够持续不断获得政府补助的企业，一般是对政府补助政策研究能力比较强的企业。

3）政府政策的阶段性

由于政府对经济政策的动态调整以及企业发展的动态变化，政府是否支付补助的政策也经常变化，因此，完全靠政府持续补助生存的企业不具有持续竞争力。

根据表5-12，M集团2020年的政府补助收入为1 424 090 000元，占营业总收入比重为0.50%，比2019年同比增长了19.20%。虽然年报附注中披露，这种政府补助与企业日常销售等经营行为密切相关，且具有一定的持续性，但政府补助收入在营业总收入中的比重较低，不影响企业营业利润的质量。

表5-12　**M集团其他收益分析表**　金额单位：元

项目	2020年		2019年		同比增减
	金额	占营业总收入比重	金额	占营业总收入比重	
其他收益					
类别：与收益相关	1 424 090 000	0.50%	1 194 665 000	0.43%	19.20%
与资产相关					

5.4.5　投资收益项目分析

投资收益是指企业对外投资所取得的收益（或发生的损失）。一般而言，投资收益是由企业拥有或控制的投资性资产所带来的收益，主要包括三个部分：（1）投资性资产的持有收益，即在其持有期间从被投资企业获取的一定形式的利润；（2）投资性资产的处置收益，即在处置投资性资产时，售价与初始取得成本之间的差额；（3）投资性资产的类别转换收益，即因持股比例的变化而导致投资性资产的类别转换，因各自核算方法不同而产生的投资收益。

无论企业持有哪种投资性资产，这部分资产并不在企业的直接控制之下，除了债权性投资能带来固定的利息收益之外，其他投资性资产给企业带来的收益大小主要取决于被投资企业的收益情况和分红政策，因而具有一定的波动性和不确定性。如果投资收益中包含的处置收益和类别转换收益规模过大，由于它们都属于“一次性”的投资收益，不具有持续性，会在相当程度上影响企业的投资收益项目质量。

根据表5-1、表5-12，M集团2020年的投资收益为2 362 462 000元，比2019年同比增长了1 339.37%，主要是由于交易性金融资产的持有收益和交易性金融资产、衍生金融资产及负债产生的处置收益的增加。投资净收益占营业总收入的比重不到1%，这表明M集团的利润主要来源于经营活动，而非投资活动。M集团投资收益结构分析见表5-13。

表5-13 **M集团投资收益结构分析** 单位：元

项目	本期发生额	上期发生额
理财产品的投资收益	0	91 359 000
交易性金融资产持有期间取得的投资收益	1 598 107 000	0
处置交易性金融资产取得的投资收益	295 802 000	0
处置衍生金融资产及负债产生的投资收益/亏损	122 576 000	−357 265 000
对联营企业的投资收益	402 528 000	506 225 000
以摊余成本计量的金融资产终止确认损益	0	−709 000
其他	−56 551 000	−75 478 000
合计	2 362 462 000	164 132 000

5.4.6 公允价值变动收益项目分析

公允价值变动收益是指以公允价值计量且其变动计入当期损益的金融资产、投资性房地产等项目的公允价值变动所形成的计入当期损益的利得（或损失）。按照现行会计准则的要求，以公允价值计量且其变动计入当期损益的金融资产、投资性房地产等项目在资产负债表上应按照公允价值列示，当这些资产的期末公允价值高于其账面价值时，差额需要确认为公允价值变动收益（或损失）。对该项目的质量分析应关注以下两点：

（1）由于引起公允价值变动收益（或损失）的以公允价值计量且其变动计入当期损益的金融资产、投资性房地产等项目期末尚作为企业的资产列示于资产负债表上，并未真正出售交割，因此这种收益（或损失）仅仅是一种未实现的收益（或损失），不会给企业带来现金流，但在一定程度上反映了这些资产项目的保值质量。

（2）在市场不活跃或非正常情况下，对于投资性房地产来说，绝对客观的公允价值难以获取，因此，该项目便不可避免地存在一定的主观因素，这样就会或多或少影响企业利润的真实性。

根据表5-1、表5-14，2020年M集团公允价值变动净收益为1 762 950 000元，其中：衍生金融资产及负债86 950 000元，其他金融资产1 676 000 000元，整体比2019年有微弱增长，这在一定程度上反映了M集团的衍生金融资产及负债、其他金融资产的保值性较好。由于公允价值变动净收益占营业总收入的比重不到1%，该项目对企业营业利润的影响较小。

表5-14　**M集团公允价值变动收益分析表**　单位：元

项目	2020年度	2019年度
衍生金融资产及负债	86 950 000	707 527 000
其他金融资产	1 676 000 000	653 636 000
合计	1 762 950 000	1 361 163 000

5.4.7　资产减值损失与信用减值损失项目分析

资产减值损失是指企业计提各种资产减值准备所形成的损失。上市公司自2018年年度报告开始，将原资产减值损失分为资产减值损失和信用减值损失分别披露。根据现行会计准则的要求，企业应当遵循谨慎性原则，在每个会计期末对其资产进行价值测试，对出现减值迹象的资产计提减值准备，并确认减值损失。

在对资产减值损失与信用减值损失进行分析时，需要注意以下问题：

（1）如果资产按照其账面价值进行披露，就表明该项资产的质量良好，实现了保值增值。如果计提了资产减值损失与信用减值损失，则反映了企业相应资产项目的贬值程度。涉及的资产主要包括各类债权、存货、固定资产、无形资产以及长期股权投资。

（2）在对各项资产进行减值测试时，关键环节是要恰当地确定各项资产的公允价值，而公允价值的确定从某种程度上说不可避免存在主观上的估计和判断，因此，资产减值损失的确认问题实际上属于会计估计问题，存在蓄意操纵利润的可能。因此，资产减值损失计提恰当与否直接影响企业利润的真实性与利润质量。

根据表5-15、表5-16，资产减值附注信息显示，M集团2020年对债权（主要是应收账款，在第4章已经述及相关信息）计提了坏账准备，整体计提比率为3.67%，属于正常计提范围。2020年各项资产减值损失计提了705 209 000元，占营业总收入的0.25%，比2019年同比减少19.12%，从整体上看资产减值损失计提的比例不算高，表明各项资产的增值保值效果较好。但同时也应看到本期的商誉没有减值，对于商誉的价值测试存在一定的主观因素。

表5-15　**M集团减值损失构成分析表**　金额单位：元

项目	2020年		2019年		同比增减
	金额	占营业总收入比重	金额	占营业总收入比重	
信用减值损失	−247 605 000	−0.09%	−96 446 000	−0.03%	156.73%
资产减值损失	−705 209 000	−0.25%	−871 909 000	−0.31%	−19.12%

表5-16　**M集团资产减值损失构成分析表**　单位：元

项目	本期发生额	上期发生额
存货跌价损失	355 695 000	311 195 000
合同资产减值损失	52 153 000	0
固定资产减值损失	54 010 000	8 466 000
无形资产减值损失	197 376 000	0
在建工程减值损失	45 975 000	0
商誉减值损失	0	552 248 000
合计	705 209 000	871 909 000

5.4.8　资产处置收益项目分析

上市公司自2017年年度报告开始，将原属于企业营业外收入的资产处置利得归入“资产处置收益”项目，并作为营业利润的一部分进行披露。对于企业的资产处置收益进行分析需要注意的是：企业可能会由于处置非流动资产而获得利润，从而改善营业利润的规模，但实际上，这种改善与企业的营业收入没有关联，并且不具有持续性。

5.4.9　营业外收入与营业外支出项目分析

营业外收入是指企业获取的与其日常生产经营活动没有直接关系的各种收入，主要包括非货币性资产交换利得、债务重组收益、盘盈利得、因债务人原因确实无法支付的应付款项、一次性的政府补助、罚款收入等。营业外支出则是指企业发生的与其日常生产经营活动没有直接关系的各项损失，主要包括盘亏损失、非常损失、罚款支出、公益性捐赠支出等。

营业外收入并不是由企业常规的经营资金耗费所产生的。营业外支出这种企业经营过程中的资金耗费通常不会带来任何经济利益，实际上是一种纯粹的“意外”损失，因此，它和营业外收入之间不存在配比关系。

由于营业外收入和营业外支出通常情况下具有偶发性或一次性的特点，因此，如果它们在企业的利润中占比过大，就会影响企业利润的持续性。

5.4.10　其他综合收益项目分析

其他综合收益是指企业根据会计准则的规定未在当期损益中确认的各项利得和损失。简单地说，其他综合收益是建立在资产负债观的基础之上，反映报告期内企业与所有者以外的其他各方之间的交易或事项所引起的净资产的变动额。它突破了传统会计利润的实现原则，在引入公允价值之后，将企业全部已确认但未实现的利得或损失也纳入利润表。其他综合收益虽然在当期属于未实现收益，既不纳入计税范围，也不会带来实际的现金流量，但是有可能在未来影响企业的经营成果，因此对信息使用者来说具有一定的预测价值。

思考题

1.利润表分析的目的是什么?
2.利润表分析的内容有哪些?
3.利润的不同分类有哪些?
4.营业收入项目可以从哪些方面进行分析?
5.期间费用项目分析包括哪些内容?
6.其他项目收益分析需要注意哪些问题?

章末习题

一、单项选择题

1.反映企业全部财务成果的指标是（　　）。
A.主营业务利润　B.营业利润　C.利润总额　D.净利润
2.企业商品经营盈利状况最终取决于（　　）。
A.主营业务利润　B.营业利润　C.利润总额　D.投资收益
3.企业将营业收入分为主营业务收入和其他业务收入的依据是（　　）。
A.经济利益流入的多少　B.收入的可持续性
C.对利润的贡献程度　D.日常活动在企业中的重要性
4.下列关于营业收入构成分析的表述错误的是（　　）。
A.营业收入的业务构成分析的目的是分析影响企业盈利水平的业务因素
B.主营业务收入的产品构成分析的目的是掌握影响企业收入水平和获利能力的产品或劳务项目因素
C.主营业务收入的地区构成分析就是分析企业产品在不同地区的市场竞争力和比较优势
D.主营业务收入的行业构成分析就是分析企业在行业内的市场竞争力
5.与获利能力分析有关的财务报表分析中，最为重要的是（　　）。
A.资产负债表分析　B.利润表分析　C.现金流量表分析　D.报表附注分析
6.下列各项不属于与经营成果直接相关的期间费用的是（　　）。
A.销售费用　B.管理费用　C.财务费用　D.制造费用
7.分析企业营业收入项目时通常不需要关注的问题是（　　）。
A.营业收入的品种构成　B.营业收入的地区构成
C.销售人员对营业收入的贡献程度　D.营业外收入
8.下列各项不属于营业利润的是（　　）。
A.公允价值变动净收益　B.营业收入
C.投资收入　D.营业外收入
9.其他收益项目是利润表中的一个新增项目，以下表述不正确的是（　　）。

A.反映政府补助　　B.反映企业业务与政府政策的关联度

C.需要注意企业对政策的研究能力　　D.反映企业的竞争力较强

10.管理费用是企业行政管理部门为了管理和组织企业生产经营活动而发生的各项费用支出，不包括（　　）。

A.工会经费　　B.办公费

C.管理人员工资及福利费　　D.研发人员的薪酬

二、多项选择题

1.下列有关营业收入理解正确的是（　　）。

A.在日常活动中形成的

B.会导致所有者权益增加

C.与所有者投资资本相关

D.营业收入是影响企业财务成果的最重要的因素

E.营业收入是企业利润形成的基础。

2.下列项目属于期间费用的有（　　）。

A.税费及附加　　B.制造费用　　C.财务费用

D.销售费用　　E.管理费用

3.下列内容中属于利润表主要反映的项目是（　　）。

A.营业总收入　　B.营业利润　　C.营业费用

D.每股收益　　E.留存收益

4.财务费用是指企业为筹集生产经营所需资金而发生的各项费用，具体包括（　　）。

A.利息支出　　B.汇兑损失　　C.手续费

D.所得税项目　　E.职工教育经费

5.下列利润来源中，数额比例大，则可以说明企业利润质量较低的科目有（　　）。

A.营业利润　　B.投资收益　　C.营业外收入

D.补贴收入　　E.公允价值变动损益

6.在下列各项中，属于利润表分析的内容有（　　）。

A.利润表水平分析　　B.利润表结构分析　　C.利润表行业分析

D.利润表项目分析　　E.利润表趋势分析

7.下列项目属于销售费用的有（　　）。

A.工会经费　　B.广告费　　C.销售佣金

D.销售人员的薪酬　　E.展览费

8.在制造业企业中，影响主营业务成本的因素有（　　）。

A.原材料成本　　B.人工成本　　C.机器折旧费用

D.能源成本　　E.税金及附加

9.以下对于研发费用的描述正确的有（　　）。

A.指企业与研究开发相关、直接作为费用计入利润表的相关资源消耗

B.从短期来看研发费用将直接减少企业当期的利润

C.从长期来看研发费用对于提高企业未来竞争力具有战略意义

D.对未来收益的影响具有一定的不确定性

E.研发费用带来的收益具有一定的滞后性

10.企业计提资产减值损失的资产有（　　）。

A.存货　B.无形资产　C.固定资产

D.在建工程　E.商誉

三、计算分析题

1.G电器2019年、2020年的合并利润表资料见表5-17。

表5-17　**G电器合并利润表**　单位：元

项目	2020年	2019年
一、营业总收入	170 497 415 702	200 508 333 611
其中：营业收入	168 199 204 405	198 153 027 540
其他类金融业务收入	2 298 211 298	2 355 306 071
二、营业总成本	146 260 681 865	170 723 573 765
其中：营业成本	124 229 033 681	143 499 372 581
税金及附加	964 600 694	1 542 983 749
销售费用	13 043 241 798	18 309 812 188
管理费用	3 603 782 804	3 795 645 600
研发费用	6 052 563 108	5 891 219 716
财务费用	−1 937 504 660	−2 426 643 430
其中：利息费用	1 088 369 395	1 598 276 259
利息收入	3 708 312 903	3 698 387 243
其他业务成本（金融类）	304 964 441	111 183 361
加：其他收益	1 164 120 111	936 148 645
投资净收益	713 010 072	−226 634 781
其中：对联营企业和合营企业的投资收益	35 314 343	−20 983 249
公允价值变动净收益	200 153 472	228 264 068
资产减值损失	−466 270 322	−842 893 300
信用减值损失	192 824 693	−279 448 586
资产处置收益	2 945 975	4 911 230
三、营业利润	26 043 517 838	29 605 107 122
加：营业外收入	287 160 722	345 706 663
减：营业外支出	21 741 131	598 106 557
四、利润总额	26 308 937 429	29 352 707 229
减：所得税费用	4 029 695 234	4 525 463 625
五、净利润	22 279 242 195	24 827 243 604
持续经营净利润	22 279 523 504	24 827 761 617
终止经营净利润	−281 308	−518 014
减：少数股东损益	104 134 058	130 602 235
归属于母公司所有者的净利润	22 175 108 137	24 696 641 369
六、其他综合收益税后净额	1 135 981 684	6 880 143 079
七、综合收益总额	23 415 223 879	31 707 386 683
减：归属于少数股东的综合收益总额	104 347 528	130 206 820
归属于母公司普通股东综合收益总额	23 310 876 352	31 577 179 863
八、每股收益：		
基本每股收益	3.71	4.11
稀释每股收益	3.70	4.11

要求：（1）运用Excel编制G电器合并利润水平分析表（计算结果保留小数点后两位）；（2）对G电器合并利润表水平分析表进行简要分析评价。

2.G电器2016—2020年营业毛利、营业利润、利润总额、净利润和综合收益的数据见表5-18。

表5-18　　G电器2016—2020年度合并利润相关资料　　单位：万元

项目	2020年	2019年	2018年	2017年	2016年
营业毛利	4 397 017	5 465 366	5 988 901	4 872 354	3 541 692
营业利润	2 604 352	2 960 511	3 099 688	2 612 667	1 745 570
利润总额	2 630 894	2 935 270	3 127 351	2 661 718	1 853 119
净利润	2 227 924	2 482 724	2 637 903	2 250 860	1 552 463
综合收益	23 41 522	3 170 739	2 592 176	12 572	1 547 017

要求：（1）编制趋势分析表；

（2）进行趋势分析；

（3）用Excel绘制趋势分析图。

第5章习题答案

第6章/
现金流量表分析

【学习目标】通过本章的学习，了解现金流量表的相关概念和基本结构；了解现金流量表分析的目的；掌握现金流量表分析评价的思路；理解并掌握现金流量表水平分析方法；理解并掌握现金流量表结构分析方法；理解并掌握现金流量表主要项目的内涵及变动原因。

【思政要点】现金流量表是企业的基本财务报表之一，反映了企业一定时期内企业经营活动、投资活动和筹资活动对其现金及现金等价物所产生影响的财务报表，是对资产负债表和利润表所提供信息的补充。通过水平分析和结构分析，可以发现现金流量表中变动较大的项目，可以有针对性地对这样项目进行分析，找出变动的原因是客观原因，还是主观的人为操作；通过项目分析，可以对现金流量表中比较重要的项目进行分析，分析其变动的合理性和会计方法选用的恰当性，进一步强化会计信息质量的重要性，内化遵守会计职业道德的意识。

6.1 现金流量表分析概述

现金流量表是反映一定时期内企业经营活动、投资活动和筹资活动对其现金及现金等价物所产生影响的财务报表。现金流量表提供的信息是对资产负债表和利润表所提供信息的补充。现金流量中的现金是一个广义的概念，它包括现金和现金等价物。

6.1.1 现金流量表相关概念及含义

1）现金

现金流量表中的现金指的是企业的库存现金以及可以随时用于支付的银行存款，不能随时用于支取的现金除外。其他货币资金中的银行承兑汇票开票保证金、借款质押保证金、金融机构存放在中央银行款项中的法定存款准备金，以及受当地外汇管制或其他立法的限制而无法正常使用的外币，属于不能随时用于支出的现金，不包含在内。

2）现金等价物

现金等价物是指企业持有期限短、流动性强、易于转换为已知金额现金、价值变动风险很小的投资。期限短一般是指从购买日起三个月内到期，如可在证券市场上流通的三个月内到期的债券投资等。现金等价物虽然不是现金，但因其随时可以变现，支付能力与现金相似，可视同现金。权益性投资变现的金额通常不确定，因而不属于现金。

3）现金流量

现金流量是一段时期内企业现金和现金等价物流入和流出的数量，如企业销售商品、提供劳务、出售固定资产、向银行借款等取得现金，形成企业的现金流入；购买原材料、接受劳务、购建固定资产、对外投资、偿还债务等支付现金，形成企业的现金流出。企业从银行提取现金、用现金购买短期的国库券等现金和现金等价物之间的转换不属于现金流量。现金流量根据企业经济活动的性质，通常可分为经营活动现金流量、投资活动现金流量和筹资活动现金流量三个部分，每类活动又分为各具体项目，这些项目从不同角度反映企业业务活动的现金流入与流出。现金流量信息能够表明企业经营状况是否良好、资金是否紧张以及企业偿付能力大小等，从而为投资者、债权人、企业管理者提供非常有用的信息。

6.1.2 现金流量表分析的目的

编制现金流量表的目的是向报表使用者提供企业一定会计期间内现金和现金等价物流入和流出的信息，以便报表使用者了解和评价企业获取现金和现金等价物的能力，并据以评估并预测企业未来取得净现金流入的能力、未来偿还负债及支付股利的能力等。对于现金流量表的分析主要有以下目的：

1）从动态上了解企业现金变动情况和变动原因

企业的生产经营活动离不开现金，现金是企业的“血液”，缺少现金，轻则影响企业生产经营，重则导致企业破产。通过对经营现金流量、投资现金流量和筹资现金流量的揭示，可以了解企业现金及现金等价物增减变动的情况，并明确企业当期现金增减的具体原因及合理性，为改善企业资金管理指明方向。

2）有助于判断企业获取现金的能力

由于现金流量表中“经营活动产生的现金流量”代表企业在经营活动中运用经济资源创造现金流量的能力，“投资活动产生的现金流量”代表企业通过外部投资导致现金流量变化的能力，“筹资活动产生的现金流量”代表企业从外部筹资获得现金流量的能力，因此通过现金流量表及其补充资料的信息，可以分析企业获取现金的能力，为预测企业未来现金流量提供有价值的信息。

3）有助于判断企业偿还债务的能力

评价企业偿债能力的大小除了企业盈利的因素外，另外一个重要因素就是现金。因为企业的债务往往需要用现金来偿还，企业能否获取足够的现金是偿还债务的前提。通过现金流量分析可以评价公司是否有足够的现金偿还债务。

4）有助于评价企业盈利质量

利润是按权责发生制计算的，用于反映当期的财务成果，利润不代表真正实现的收益，账面上的利润不一定能满足企业的资金需要，因此，盈利的企业仍然有可能发生财务危机，高质量盈利必须有相应的现金流入做保证。通过分析净收益相关现金流量的差异及其产生的原因，可以评价企业的盈利质量。

5）有助于判断和评价企业发展态势

企业发展的不同时期对现金的需求不同，通过分析企业现金流量来源与用途的数量变动可以判断企业处于什么阶段及状态如何，从而评价企业的未来发展趋势。

6.1.3　现金流量表分析的内容

现金流量表分析主要包括以下内容：

1）现金流量表水平分析

现金流量表的水平分析即通过对现金流量表的每个项目前后期的增减变动来观察企业现金流的变化情况，对异常变动的原因和后果进行分析。

2）现金流量表结构分析

现金流量表的结构分析是指在现金流量表有关数据基础上，分析现金流入、现金流出的构成和现金余额的形成原因。现金流量表结构分析还可以分成现金流入结构分析和现金流出结构分析。

3）现金流量表趋势分析

现金流量表趋势分析，就是根据企业连续几期的现金流量数据的对比，发现现金流量发展变化特征，以及由此所体现出来的企业经营、投资和筹资活动的特点。由于篇幅所限，且不是具体分析的重点，在本章案例中没有进行现金流量表趋势分析。

4）现金流量表项目分析

现金流量表项目分析就是指在现金流量表全面分析的基础上，对现金流量表中的经营活动现金流量、投资活动现金流量、筹资活动现金流量等项目进行具体分析。

6.2　现金流量表水平分析

6.2.1　现金流量表水平分析表的编制

现金流量表水平分析又称现金流量表的横向比较，通常是将企业现金流量表的实际数与基期数进行对比，计算每一项现金流量项目的增减变动金额和幅度，据以判断企业现金流量的变化情况，观察企业现金流量的变动规律和发展趋势，并通过各项目的增减变化分析其存在的问题，从而进行相应决策的过程。根据表2-3提供的资料，编制M集团现金流量表水平分析表，见表6-1。

6.2.2　现金流量表变动情况的分析评价

1）2020年现金流量表整体分析

M集团2020年现金及现金等价物净增加额为-6 893 252 000元，其中，经营活动产生现金流量净额29 557 117 000元，投资活动产生现金流量净额-35 310 663 000元，筹资活动产生现金流量净额-756 295 000元。

（1）经营活动现金流量主要是销售商品、提供劳务收到现金240 052 501 000元，购买商品、接受劳务支付现金139 660 744 000元。

（2）投资活动现金流量主要是收回投资收到的现金141 821 724 000元，投资支付的现金176 621 347 000元。

（3）筹资活动现金流量主要是发行债券收到的现金33 998 238 000元，取得借款收到的现金18 070 961 000元，筹资活动现金流出差额（特殊报表科目）31 000 000 000元。

表 6-1　　　　**M集团现金流量表水平分析表**　　　　金额单位：元

项目	2020年	2019年	变动额	变动率
一、经营活动产生的现金流量：				
销售商品、提供劳务收到的现金	240 052 501 000	238 815 589 000	1 236 912 000	0.52%
收到的税费返还	6 574 762 000	6 271 733 000	303 029 000	4.83%
收到其他与经营活动有关的现金	4 950 874 000	5 008 821 000	-57 947 000	-1.16%
经营活动现金流入（金融类）	1 406 909 000	1 334 012 000	72 897 000	5.46%
经营活动现金流入差额（特殊报表科目）		693 023 000	-693 023 000	-100.00%
经营活动现金流入小计	252 985 046 000	252 123 178 000	861 868 000	0.34%
购买商品、接受劳务支付的现金	139 660 744 000	130 099 497 000	9 561 247 000	7.35%
支付给职工以及为职工支付的现金	28 460 318 000	26 851 139 000	1 609 179 000	5.99%
支付的各项税费	13 407 607 000	14 897 513 000	-1 489 906 000	-10.00%
支付其他与经营活动有关的现金	34 433 194 000	41 131 761 000	-6 698 567 000	-16.29%
经营活动现金流出（金融类）	7 466 066 000	453 110 000	7 012 956 000	1 547.74%
经营活动现金流出差额（特殊报表科目）		99 754 000	-99 754 000	-100.00%
经营活动现金流出小计	223 427 929 000	213 532 774 000	9 895 155 000	4.63%
经营活动产生的现金流量净额	29 557 117 000	38 590 404 000	-9 033 287 000	-23.41%
二、投资活动产生的现金流量：				
收回投资收到的现金	141 821 724 000	84 852 601 000	56 969 123 000	67.14%
取得投资收益收到的现金	4 874 990 000	4 026 590 000	848 400 000	21.07%
处置固定资产、无形资产和其他长期资产收回的现金净额	273 544 000	125 419 000	148 125 000	118.10%
处置子公司及其他营业单位收到的现金净额	42 398 000		42 398 000	
投资活动现金流入小计	147 012 656 000	89 004 610 000	58 008 046 000	65.17%
购建固定资产、无形资产和其他长期资产支付的现金	4 656 582 000	3 451 856 000	1 204 726 000	34.90%
投资支付的现金	176 621 347 000	108 457 398 000	68 163 949 000	62.85%
取得子公司及其他营业单位支付的现金净额	1 045 390 000	203 057 000	842 333 000	414.83%
投资活动现金流出小计	182 323 319 000	112 112 311 000	70 211 008 000	62.63%
投资活动产生的现金流量净额	-35 310 663 000	-23 107 701 000	-12 202 962 000	52.81%
三、筹资活动产生的现金流量：				
吸收投资收到的现金	2 657 489 000	2 897 917 000	-240 428 000	-8.30%
其中：子公司吸收少数股东投资收到的现金	114 933 000	120 427 000	-5 494 000	-4.56%
取得借款收到的现金	18 070 961 000	17 117 677 000	953 284 000	5.57%
收到其他与筹资活动有关的现金	22 725 000		22 725 000	
发行债券收到的现金	33 998 238 000		33 998 238 000	
筹资活动现金流入小计	54 749 413 000	20 015 594 000	34 733 819 000	173.53%
偿还债务支付的现金	8 354 338 000	8 643 875 000	-289 537 000	-3.35%
分配股利、利润或偿付利息支付的现金	12 822 636 000	11 055 769 000	1 766 867 000	15.98%
其中：子公司支付给少数股东的股利、利润	425 461 000	1 651 504 000	-1 226 043 000	-74.24%
支付其他与筹资活动有关的现金	3 328 734 000	3 589 551 000	-260 817 000	-7.27%
筹资活动现金流出差额（特殊报表科目）	31 000 000 000		31 000 000 000	
筹资活动现金流出小计	55 505 708 000	23 289 195 000	32 216 513 000	138.33%
筹资活动产生的现金流量净额	-756 295 000	-3 273 601 000	2 517 306 000	-76.90%
四、汇率变动对现金的影响	-383 411 000	280 376 000	-663 787 000	-236.75%
五、现金及现金等价物净增加额	-6 893 252 000	12 489 478 000	-19 382 730 000	-155.19%
加：期初现金及现金等价物余额	30 441 760 000	17 952 282 000	12 489 478 000	69.57%
六、期末现金及现金等价物余额	23 548 508 000	30 441 760 000	-6 893 252 000	-22.64%

一般情况下，在企业三类活动引起的现金流量中，经营活动现金流量的稳定性和再生性较好，应占较大比例。如果经营活动的现金流入量大于现金流出量，即经营活动的现金流量

净额大于0，反映企业经营活动的现金流量自我适应能力较强，通过经营活动收取的现金，不仅能够弥补经营的付现成本，而且剩余部分还可以用于再投资或偿债。如果经营活动现金流入量小于现金流出量，即经营活动现金流量净额小于0，说明经营活动的现金流量自我适应能力较差，经营现金流入量不仅不能支持投资或偿债的资金需要，而且经营活动还在“蚕食”企业的现金存量，如果这种状况一直持续，将要借助于收回投资或举借新债取得现金才能维持正常的经营。形成这种情况的主要原因可能是销货款的回笼不及时，或存货大量积压无法变现，当然，也可能是企业处于初创期或季节性销售等原因导致。

2）2020年现金流量表对比分析

2020年现金及现金等价物净增加额比2019年减少了19 382 730 000元，降低幅度是155.19%。其中，经营活动产生现金流量净额比2019年减少了9 033 287 000元，降低了23.41%；投资活动产生现金流量净额增加了12 202 962 000元，增加了52.81%，筹资活动产生现金流量净额比2019年减少了2 517 306 000元，降低率为76.90%。

（1）经营活动现金净流量出现了一定程度的下降主要是由于经营活动现金流入量的增加低于经营活动现金流出量的增加。经营活动现金流出量的增加主要因为：购买商品、接受劳务支付的现金增加了9 561 247 000元，增长率为7.35%；支付给职工以及为职工支付的现金增加了1 609 179 000元，增长率为5.99%。根据利润表信息，2020年营业成本增长率为7.54%，与上面两项现金流量增长比率比较接近。这在一定程度上说明了经营活动现金流量增加可能是由于付现营业成本增加所引起的。经营活动现金流入量增加的原因：销售商品、提供劳务收到的现金增加1 236 912 000元，增长率为0.52%；收到的税费返还的现金增加了303 029 000元，增长率为4.83%。

（2）投资活动现金净流量增加的主要原因是投资活动流入的现金增加额低于投资活动流出的现金增加额。投资活动流出的现金增加额主要包括：投资支付的现金增加了68 163 949 000元，比上年增长了62.85%；购建固定资产、无形资产和其他长期资产支付的现金增加了1 204 726 000元，比上年增长了34.90%。投资活动现金流入量的增加主要来自：收回投资收到的现金增加了56 969 123 000元，增长率为67.14%；取得投资收益收到的现金增加了848 400 000元，增长率为21.07%。

（3）筹资活动现金净流出量减少的主要原因是筹资活动现金流入的增加额大于筹资活动现金流出增加额。筹资活动现金流入的增加主要包括：取得借款收到的现金增加953 284 000元，增长了5.57%；发行债券收到的现金增加了33 998 238 000元。筹资活动现金流出的增加主要包括：分配股利、利润或偿付利息支付的现金增加了1 766 867 000元，增长幅度15.98%；筹资活动现金流出差额（特殊报表科目）增加了31 000 000 000元。

6.3 现金流量表结构分析

6.3.1 现金流量表结构分析表的编制

现金流量表结构分析，目的在于揭示现金流入量和现金流出量的结构情况，从而抓住企业现金流量管理的重点。现金流量表结构分析表，在编制时也按照现金流入结构和现金流出结构分别列示。根据表2-3提供的资料，编制M集团现金流量表结构分析表，见表6-2。

表6-2　　M集团现金流量表结构分析表　　金额单位：元

项目	2020年	2019年	变动额			变动率		
			2020年流入	2019年流入	差异	2020年流出	2019年流出	差异
一、经营活动产生的现金流量：								
销售商品、提供劳务收到的现金	240 052 501 000	238 815 589 000	52.79%	66.13%	-13.34%			
收到的税费返还	6 574 762 000	6 271 733 000	1.45%	1.74%	-0.29%			
收到其他与经营活动有关的现金	4 950 874 000	5 008 821 000	1.09%	1.39%	-0.30%			
经营活动现金流入（金融类）	1 406 909 000	1 334 012 000	0.31%	0.37%	-0.06%			
经营活动现金流入差额（特殊报表科目）		693 023 000	0.00%	0.19%	-0.19%			
经营活动现金流入小计	252 985 046 000	252 123 178 000	55.63%	69.81%	-14.18%			
购买商品、接受劳务支付的现金	139 660 744 000	130 099 497 000				30.28%	37.28%	-7.01%
支付给职工以及为职工支付的现金	28 460 318 000	26 851 139 000				6.17%	7.70%	-1.53%
支付的各项税费	13 407 607 000	14 897 513 000				2.91%	4.27%	-1.36%
支付其他与经营活动有关的现金	34 433 194 000	41 131 761 000				7.47%	11.79%	-4.32%
经营活动现金流出（金融类）	7 466 066 000	453 110 000				1.62%	0.13%	1.49%
经营活动现金流出差额（特殊报表科目）		99 754 000				0.00%	0.03%	-0.03%
经营活动现金流出小计	223 427 929 000	213 532 774 000				48.44%	61.20%	-12.76%
经营活动产生的现金流量净额	29 557 117 000	38 590 404 000				6.41%	11.06%	-4.65%
二、投资活动产生的现金流量：								
收回投资收到的现金	141 821 724 000	84 852 601 000	31.19%	23.50%	7.69%			
取得投资收益收到的现金	4 874 990 000	4 026 590 000	1.07%	1.11%	-0.04%			
处置固定资产、无形资产和其他长期资产收回的现金净额	273 544 000	125 419 000	0.06%	0.03%	0.03%			
处置子公司及其他营业单位收到的现金净额	42 398 000		0.01%	0.00%	0.01%			
投资活动现金流入小计	147 012 656 000	89 004 610 000	32.33%	24.65%	7.68%			
购建固定资产、无形资产和其他长期资产支付的现金	4 656 582 000	3 451 856 000				1.01%	0.99%	0.02%

续表

项目	2020年	2019年	变动额			变动率		
			2020年流入	2019年流入	差异	2020年流出	2019年流出	差异
投资支付的现金	176 621 347 000	108 457 398 000				38.29%	31.08%	7.21%
取得子公司及其他营业单位支付的现金净额	1 045 390 000	203 057 000				0.23%	0.06%	0.17%
投资活动现金流出小计	182 323 319 000	112 112 311 000				39.53%	32.13%	7.40%
投资活动产生的现金流量净额	−35 310 663 000	−23 107 701 000				−7.66%	−6.62%	−1.03%
三、筹资活动产生的现金流量：								
吸收投资收到的现金	2 657 489 000	2 897 917 000	0.58%	0.80%	−0.22%			
其中：子公司吸收少数股东投资收到的现金	114 933 000	120 427 000	0.03%	0.03%	−0.01%			
取得借款收到的现金	18 070 961 000	17 117 677 000	3.97%	4.74%	−0.77%			
收到其他与筹资活动有关的现金	22 725 000		0.00%	0.00%	0.00%			
发行债券收到的现金	33 998 238 000		7.48%	0.00%	7.48%			
筹资活动现金流入小计	54 749 413 000	20 015 594 000	12.04%	5.54%	6.50%			
偿还债务支付的现金	8 354 338 000	8 643 875 000				1.81%	2.48%	−0.67%
分配股利、利润或偿付利息支付的现金	12 822 636 000	11 055 769 000				2.78%	3.17%	−0.39%
其中：子公司支付给少数股东的股利、利润	425 461 000	1 651 504 000				0.09%	0.47%	−0.38%
支付其他与筹资活动有关的现金	3 328 734 000	3 589 551 000				0.72%	1.03%	−0.31%
筹资活动现金流出差额（特殊报表科目）	31 000 000 000					6.72%	0.00%	6.72%
筹资活动现金流出小计	55 505 708 000	23 289 195 000				12.03%	6.67%	5.36%
筹资活动产生的现金流量净额	−756 295 000	−3 273 601 000				−0.16%	−0.94%	0.77%
四、汇率变动对现金及现金等价物的影响	−383 411 000	280 376 000						
五、现金及现金等价物净增加额	−6 893 252 000	12 489 478 000						
加：期初现金及现金等价物余额	30 441 760 000	17 952 282 000						
六、期末现金及现金等价物余额	23 548 508 000	30 441 760 000						

6.3.2　现金流量表结构变动情况的分析评价

1）现金流入结构分析

现金流入结构是反映企业经营活动的现金流入量、投资活动的现金流入量和筹资活动的现金流入量分别占现金总流入量的比重。现金流入结构分析可以明确企业的现金究竟来自何方，增加现金流入应在哪些方面采取措施等。

M集团2020年现金流入总量为454 747 115 000元，其中经营活动现金流入量、投资活动现金流入量和筹资活动现金流入量所占比重分别为55.63%、32.33%和12.04%，可见企业的现金流入量主要是由经营活动产生的。经营活动的现金流入量中销售商品、提供劳务收到的现金，投资活动的现金流入量中收回投资收到的现金，筹资活动的现金流入量中发行债券所收到的现金分别占各类现金流入量的较大比重。

总体来说，企业的现金流入量中，经营活动的现金流入量应当占较高比例，特别是其销售商品、提供劳务收到的现金应明显高于其他业务活动流入的现金。但是对于不同性质的企业，这个比例也可能有较大的差异。对于单一经营、较少进行对外投资、筹资政策保守、较少举债经营的企业，该比例可能尤其高。

2）现金流出结构分析

现金流出结构是反映企业经营活动的现金流出量、投资活动的现金流出量和筹资活动的现金流出量分别在全部现金流出量中所占的比重。现金流出结构可以表明企业的现金究竟流向何方，要节约开支应从哪些方面入手等。

M集团2020年现金流出总量为461 256 956 000元，其中经营活动现金流出量、投资活动现金流出量和筹资活动现金流出量所占比重分别为48.44%、39.53%和12.03%。可见，在现金流出总量中经营活动现金流出量所占的比重最大，投资活动现金流出量所占比重次之。

在经营活动现金流出量当中购买商品、接受劳务支付的现金占30.28%，比重最大，支付给职工以及为职工支付的现金和支付的其他与经营活动有关的现金项目占全部现金流出量的比重分别为6.17%和7.47%，是现金流出的主要项目。投资活动的现金流出量主要用于投资支付的现金，占全部现金流出量的比重为38.29%。筹资活动的现金流出量主要是筹资活动现金流出差额（特殊报表科目），占全部现金流出量的比重为6.72%。

在一般情况下，购买商品、接受劳务支付的现金往往要占到较大的比重，投资活动和筹资活动的现金流出比重则因企业的投资政策、筹资政策和状况不同而存在很大的差异。

6.4　现金流量表项目分析

通过现金流量表水平分析和结构分析，较容易发现现金流量表中前后期变动大的项目，以及现金流量表中比重比较大的项目，为了更深入地对现金流量表进行分析，还需要对现金流量表的构成项目进行分析。

6.4.1　经营活动现金流量分析

1）销售商品、提供劳务收到的现金

该项目反映企业本期销售商品、提供劳务收到的现金，以及前期销售商品、提供劳务本期收到的现金（包括销售收入和应向购买者收取的增值税销项税额）和本期预收的款项，减去本期销售本期退回的商品和前期销售本期退回的商品支付的现金。

此项目是企业现金流入的主要来源，通常具有数额大、所占比例高的特点。其与利润表中的营业收入项目相对比，可以判断企业销售收现情况。计算销售收现率指标时需要注意，销售商品、提供劳务收到的现金项目当中包含了向购买者收取的增值税销项税额，而营业收入项目当中却不包含销项税额，所以建议参考报表附注当中所披露的税率进行调整。一般而言，较高的收现率表明企业产品定位正确，适销对路，并已形成卖方市场的良好经营环境。M集团2020年销售商品、提供劳务收到的现金项目金额为240 052 501 000元，营业收入为284 221 249 000元，与按13%的增值税税率调整后营业收入的金额321 170 011 370元对比，计算出来的销售收现率为74.74%。考虑到企业出口业务会享受退税政策，实际平均增值税税率会低于13%，可以认为企业的销售收现情况良好。

2）收到的税费返还

该项目反映企业收到返还的增值税、所得税、消费税、关税和教育费附加等各种税费。可结合相关项目信息对该项目进行分析。此项目通常数额不大，对经营活动现金流入量影响也不大。M集团2020年收到的税费返还金额为6 574 762 000元，占现金流入总量的比重为1.45%。

3）收到其他与经营活动有关的现金

该项目反映企业收到的捐赠收入、罚款收入、经营租赁收到的租金、流动资产损失中由个人赔偿的现金收入等其他与经营活动有关的现金流入金额，金额较大的应当单独列示。该项目可结合利润表的“营业外收入”“其他业务收入”“财务费用”等项目分析。此项目具有不稳定性，数额不应过多。M集团2020年收到的其他与经营活动有关的现金为4 950 874 000元，占现金流入总量的比例为1.09%，根据附注资料显示，主要是收到其他收益1 522 883 000元，其他业务收入2 450 466 000元。

4）购买商品、接受劳务支付的现金

该项目反映企业本期购买商品、接受劳务实际支付的现金（包括增值税进项税额）以及本期支付前期购买商品、接受劳务的未付款项和本期预付款项。本期发生的购货退回收到的现金应从本项目内扣除。

此项目应是企业现金流出的主要方向，通常具有数额大、所占比重大的特点。将其与资产负债表的“应付账款”、“应付票据”和“预付款项”等项目相比较，可以判断企业购买商品付现率的情况，借此可以了解企业资金的紧张程度或企业的商业信用情况，从而可以更加清楚地认识到企业目前所面临的财务状况如何。M集团2020年为购买商品、接受劳务支付的现金为139 660 744 000元，占现金流出总量的比重为30.28%。

5）支付给职工以及为职工支付的现金

该项目反映企业本期实际支付给职工的工资、奖金、各种津贴和补贴等职工薪酬，但是应由在建工程、无形资产负担的职工薪酬以及支付给离退休人员的职工薪酬除外。二者分别在“购建固定资产、无形资产和其他长期资产支付的现金”和“支付其他与经营活动有关的现金”项目反映。此项目能够反映出企业的人力成本水平。M集团2020年支付给职工以及为职工支付的现金为28 460 318 000元，占现金流出总量的比重为6.17%。

6）支付的各项税费

该项目反映企业本期发生并支付的、本期支付以前各期发生的以及预交的教育费附加、资源税、印花税、房产税、土地增值税、车船税等税费，计入固定资产价值、实际支付的耕地占用税、本期退回的增值税和所得税等税费除外。此项目会随着企业销售规模的变化而变动。M集团2020年支付的各项税费金额为13 407 607 000元，占现金流出总量的比重为2.91%。

7）支付其他与经营活动有关的现金

该项目反映企业支付的罚款支出，支付的差旅费、业务招待费、保险费，经营租赁支付的现金等其他与经营活动有关的现金流出，金额较大的应当单独列示。该项目主要与利润表的“销售费用”及“管理费用”等项目相对应，可结合相关信息进行分析。M集团2020年支付的其他与经营活动有关的现金为34 433 194 000元，占现金流出总量的比重为7.47%。根据利润表信息，当年销售费用、管理费用和研发费用三个项目的合计金额为46 905 091 000元，与该项目产生差异的原因主要是支付给职工以及为职工支付的现金还有折旧费用未含在支付其他与经营活动有关的现金当中。

6.4.2 投资活动现金流量分析

1）收回投资收到的现金

该项目反映企业出售、转让或到期收回除现金等价物以外的交易性金融资产、长期股权投资而收到的现金，以及收回长期债权投资本金而收到的现金，但长期债权投资收回的利息除外。该项目可结合资产负债表的“交易性金融资产”、“债权投资”、“长期股权投资”和“投资性房地产”等项目的减少额，以及利润表的“投资收益”项目进行分析。如果因盈利出售投资性资产，说明前期投资活动取得了收益。但是，此项目也不能绝对地追求较大发生额。投资扩张是企业未来创造利润的增长点，缩小投资可能意味着企业在规避投资风险、投资战略改变或企业存在资金紧张的问题。M集团2020年收回投资收到的现金为141 821 724 000元，占现金流入总量的比重为31.19%，公司当年大规模收回投资。

2）取得投资收益收到的现金

该项目反映企业因股权性投资而分得的现金股利，从子公司、联营企业或合营企业分回利润而收到的现金，以及因债权性投资而取得的现金利息收入，但股票股利除外。此项目存在发生额说明企业进入投资回收期。该项目金额同利润表当中的“投资收益”项目进行对比分析，可以考察投资收益的收现状况，同资产负债表当中的投资资产金额进行对比分析，可以考察投资资产的现金回报情况。M集团2020年取得投资收益收到的现金为4 874 990 000元，占现金流入总量的比重为1.07%。M集团2020年确认投资收益金额为12 578 455 000元，投资收益的现金回收率为38.76%。

3）处置固定资产、无形资产和其他长期资产收回的现金净额

该项目反映企业出售、报废固定资产、无形资产和其他长期资产所取得的现金（包括因资产毁损而收到的保险赔偿收入），减去为处置这些资产而支付的有关费用后的净额，但现金净额为负数的除外。该项目可与资产负债表中的“固定资产”、“在建工程”和“无形资产”等项目的减少额进行比较分析。此项目一般金额不大，如果数额较大，就表明企业

产业、产品结构将有所调整，或者表明企业未来的生产能力将受到严重的影响，已经陷入深度的债务危机之中，靠出售设备来维持经营。M集团2020年由于处置固定资产、无形资产和其他长期资产收回的现金净额为273 544 000元，占现金流入总量的比重为0.06%。

4）处置子公司及其他营业单位收到的现金净额

该项目反映企业处置子公司及其他营业单位所取得的现金减去相关处置费用后的净额。处置子公司及其他营业单位属于公司的重大影响事项，公司一般会单独发布公告或者在年度报告中予以详细说明，可结合相关信息判断该事项对企业未来经营发展会产生何种影响。M集团2020年处置子公司及其他营业单位收到的现金净额为42 398 000元，占现金流入总量的比重为0.01%。

5）购建固定资产、无形资产和其他长期资产支付的现金

该项目反映企业购买、建造固定资产，取得无形资产和其他长期资产所支付的现金及增值税税款，支付的应由在建工程和无形资产负担的职工薪酬现金支出，但为购建固定资产而发生的借款利息资本化部分、融资租入固定资产所支付的租赁费除外。该项目可与资产负债表中的“固定资产”、“在建工程”和“无形资产”等项目的增加额相比较分析。此项目表明企业扩大再生产能力的强弱，通过它可以了解企业未来的经营方向和获利能力，揭示企业未来经营方式和经营战略的发展变化。M集团2020年由于购建固定资产、无形资产和其他长期资产支付的现金金额为4 656 582 000元，占现金流出总量的比重为1.01%。可见公司生产规模扩大幅度不大，生产能力提高不多。

6）投资支付的现金

该项目反映企业取得的除现金等价物以外的权益性投资和债权性投资所支付的现金以及支付的佣金、手续费等附加费用。该项目可结合资产负债表的“交易性金融资产”、“债权投资”、“长期股权投资”和“投资性房地产”等项目的增加幅度进行分析。此项目表明企业参与资本市场运作、实施股权及债权投资能力的强弱，通过它可分析投资方向与企业的战略目标是否一致。M集团2020年投资支付的现金金额为176 621 347 000元，占现金流出总量的比重为38.29%，增强了资本市场的参与程度。

7）取得子公司及其他营业单位支付的现金净额

该项目反映企业购买子公司及其他营业单位购买出价中以现金支付的部分，减去子公司或其他营业单位持有的现金和现金等价物后的净额。购买子公司及其他营业单位属于公司的重大影响事项，公司一般会单独发布公告或者在年度报告中予以详细说明，可结合相关信息判断该事项对企业未来经营发展会产生何种影响。

8）收到其他与投资活动有关的现金、支付其他与投资活动有关的现金

该项目反映企业除上述1）至7）项目外收到或支付的其他与投资活动有关的现金流入或流出，金额较大的应当单独列示。

6.4.3 筹资活动现金流量分析

1）吸收投资收到的现金

该项目反映企业以发行股票、债券等方式筹集资金实际收到的款项，减去直接支付给金融企业的佣金、手续费、宣传费、咨询费、印刷费等发行费用后的净额。此项目反映企业通过资本市场筹资能力的强弱。该项目如有发生额，则数额一般较大，可结合资产负债

表中的“股本”和“应付债券”等项目的增加额进行分析。M集团2020年吸收投资收到的现金为2 657 489 000元，占现金流入总量的0.58%，企业通过资本市场筹集资金的比重较小。

2）取得借款收到的现金

该项目反映企业举借各种短期、长期借款而收到的现金。该项目可结合资产负债表中的“短期借款”和“长期借款”等项目进行分析。此项目数额的大小，反映企业通过银行筹集资金能力的强弱，在一定程度上代表了企业商业信用的高低。M集团2020年取得借款收到的现金为18 070 961 000元，占现金流入总量的3.97%，借款是公司当年所采取的重要筹资方式。

3）发行债券收到的现金

该项目反映企业通过发行债券而收到的现金。该项目可结合资产负债表中的“应付债券”项目进行分析。此项目数额的大小，反映企业通过发行债券筹集资金能力的强弱。M集团2020年发行债券收到的现金为33 998 238 000元，占现金流入总量的7.48%，发行债券是公司当年所采取的重要筹资方式。

4）偿还债务支付的现金

该项目反映企业以现金偿还债务的本金，可结合资产负债表中的“短期借款”、“长期借款”和“应付债券”项目的减少额进行分析。此项目有助于分析企业资金周转是否已经达到良性循环状态。M集团2020年偿还债务支付的现金为8 354 338 000元，占现金流出总量的比重是1.81%。

5）分配股利、利润或偿付利息支付的现金

该项目反映企业实际支付的现金股利，支付给其他投资单位的利润或用现金支付的借款利息、债券利息。该项目可结合利润表的“财务费用”和所有者权益变动表的“利润分配”项目进行分析，还需要考虑利息资本化的影响。利润的分配情况可以反映企业现金的充裕程度。M集团2020年该项目的现金流出额为12 822 636 000元，占现金流出总量的比重为2.78%。

6）收到其他与筹资活动有关的现金、支付其他与筹资活动有关的现金

该项目反映企业除上述1）至5）项目外，收到或支付的其他与筹资活动有关的现金流入或流出，包括以发行股票、债券等方式筹集资金而由企业直接支付的审计和咨询等费用、为购建固定资产而发生的借款利息资本化部分、融资租入固定资产所支付的租赁费、以分期付款方式购建固定资产以后各期支付的现金等。该项目一般数额较小，如果数额较大，则应注意分析其合理性。

筹资活动净现金流量分析应与企业理财政策以及前两项业务活动引起的现金流量方向结合起来。如果筹资活动现金流出量远远大于现金流入量的话，就有可能是企业执行了高股利分配政策，或者是已经进入债务偿还期；在这种情况下，如果经营活动现金流量也是负的话，企业就可能出现较大的资金缺口，有可能是企业前期经营不善导致。如果企业筹资活动的现金流入量明显大于现金流出量，就说明企业吸收资本或举债的步伐加快；同时，如果投资活动的净现金流出量也非常明显的话，则意味着企业加快了投资和经营扩张的步伐，这可能意味着企业有了新的获利增长点；再结合经营活动的净现金流量，如果经

营活动的净现金流出量明显的话，则说明吸收资本或举债的资金部分补充了经营上的资金短缺。

6.4.4 汇率变动对现金及现金等价物的影响分析

汇率变动对现金及现金等价物的影响反映了下列项目的差额：

（1）企业外币现金流量及境外子公司的现金流量折算为记账本位币时，所采用的现金流量发生日的即期汇率或按照系统合理的方法确定的、与现金流量发生日即期汇率近似的汇率折算的金额。

（2）“现金及现金等价物净增加额”项目当中外币现金净增加额按期末汇率折算的金额。此项目如果数额较大，就需要借助财务报表附注的相关内容分析其原因及合理性。M集团2020年期末持有约46 370 383 000元外币，汇率变动对现金及现金等价物的影响金额为-383 411 000元。

6.4.5 现金及现金等价物分析

（1）“现金及现金等价物的净增加额”项日金额等于“经营活动产生的现金流量净额”、“投资活动产生的现金流量净额”和“筹资活动产生的现金流量净额”三者的代数和，再调整外币现金资产汇率变动影响金额。M集团2020年经营活动、投资活动和筹资活动产生的现金流量净额分别为29 557 117 000元，-35 310 663 000元和-756 295 000元，汇率变动的影响金额为-383 411 000元，当年“现金及现金等价物的净增加额”为-6 893 252 000元。

（2）“期初现金及现金等价物余额”项目可结合资产负债表“货币资金”项目期初余额进行分析。M集团2020年年初货币资金余额为70 916 841 000元，其中包含使用权受限制的资产40 475 081 000元，不存在现金等价物，所以“期初现金及现金等价物余额”为30 441 760 000元。

（3）“期末现金及现金等价物余额”项目可结合资产负债表“货币资金”项目期末余额进行分析。M集团2020年年末货币资金余额为81 210 482 000元，其中包含使用权受限制的资产57 661 974 000元，不存在现金等价物，所以“期末现金及现金等价物余额”为23 548 508 000元。

思考题

1.现金流量表中现金及现金等价物指的是什么？

2.现金流量表分析的目的是什么？

3.现金流量表分析的内容是什么？

4.现金流量表的编制基础是什么？

5.现金流量表的分类以及包含的项目有哪些？

6.现金流量表结构分析的意义何在？

7.投资活动现金流量分析的主要内容是什么？

8.筹资活动现金流量分析的主要内容是什么？

章末习题

一、单项选择题

1.企业处于高速成长阶段时，投资活动现金流量往往是（　　）。

A.流入量大于流出量　　B.流出量大于流入量

C.不减少现金费用　　D.非流动资产增加

2.根据《企业会计准则第31号——现金流量表》的规定，支付的现金股利归属于（　　）现金流量。

A.经营活动　　B.筹资活动　　C.投资活动　　D.销售活动

3.下列财务活动中不属于企业筹资活动的是（　　）。

A.发行债券　　B.分配股利　　C.吸收权益性投资　　D.购建固定资产

4.下列选项中，不属于现金及现金等价物的是（　　）。

A.三个月内到期的债券　　B.库存现金

C.银行活期存款　　D.银行定期存款

5.现金流量表的编制基础是（　　）。

A.权责发生制　　B.应计制　　C.永续盘存制　　D.收付实现制

6.下列业务中不影响现金流量的是（　　）。

A.收回以前年度核销的坏账　　B.商业汇票贴现

C.预提银行借款利息　　D.收到银行存款利息

7.实收资本的增加将使（　　）。

A.经营活动现金净流量增加　　B.筹资活动现金净流量增加

C.投资活动现金净流量增加　　D.投资活动现金净流量减少

8.“支付给职工以及为职工支付的现金”属于（　　）。

A.筹资活动产生的现金流出　　B.经营活动产生的现金流入

C.投资活动产生的现金流出　　D.经营活动产生的现金流出

9.反映净收益质量的主要标志是（　　）。

A.经营活动现金流量　　B.投资活动现金流量

C.筹资活动现金流量　　D.现金及现金等价物净增加额

10.企业偿还的长期借款利息，在编制现金流量表时，应作为（　　）填列。

A.偿还债务支付的现金

B.分配股利、利润或偿付利息支付的现金

C.支付其他与投资活动有关的现金

D.吸收投资收到的现金

二、多项选择题

1.现金流量表的“现金”可能包括的内容有（　　）。

A.库存现金　　B.银行存款　　C.短期证券

D.发行债券　　E.发行股票

2.属于筹资活动现金流量的项目有（　　）。
A.短期借款增加　　B.吸收投资收到的现金
C.增加长期投资　　D.偿还长期债券
E.取得债券利息收入收到的现金
3.下列活动中，属于经营活动产生的现金流量有（　　）。
A.销售商品收到的现金　　B.分配股利支出的现金
C.提供劳务收到的现金　　D.出售设备收到的现金
E.缴纳税款支出的银行存款
4.属于筹资活动现金流量的项目有（　　）。
A.短期借款的增加　　B.支付给职工的现金　　C.或有收益
D.分配股利所支付的现金　　E.取得债券利息收入
5.下列项目中，属于现金流入项目的有（　　）。
A.收到的税费返还　　B.回收垫支的流动资金
C.建设投资　　D.固定资产残值变现收入
E.营业收入
6.下列选项中，可能导致资产负债表“货币资金”项目期末余额，不等于现金流量表“现金及现金等价物”期末余额的有（　　）。
A.以交易为目的的股票投资　　B.银行定期存款
C.三个月内到期的短期债券投资　　D.申请开立银行承兑汇票时支付的保证金
E.银行活期存款
7.下列选项中，可能导致净利润和经营活动净现金流量不一致的有（　　）。
A.不减少现金的经营性费用　　B.付现经营性费用
C.非现金流动资产的减少　　D.从银行提取备用金
E.现金投资收益
8.下列选项中，可能导致“营业收入”和“销售商品、提供劳务收到的现金”两个项目不一致的有（　　）。
A.应付账款增加　　B.应收账款增加　　C.应付票据增加
D.应收票据增加　　E.预收账款增加
9.下列属于筹资活动产生的现金流量的是（　　）。
A.融资租赁固定资产支付的租金　　B.分配股利或利润支付的租金
C.购建固定资产发生的借款利息　　D.减少注册资本所付出的现金
E.偿还长期借款的现金流出
10. 下列事项中不影响现金流量变动的是（　　）。
A.接受投资转入固定资产　　B.收回对外投出的固定资产
C.以银行存款偿还到期短期借款　　D.在建工程完工转入固定资产
E.贴现商业汇票
三、计算分析题
G电器2019年和2020年度合并现金流量表资料见表6-3，请用Excel编制现金流入结构分析表，并对现金流入结构进行分析。

表6-3　　**G电器合并现金流量表**　　单位：元

项目	2020年	2019年
一、经营活动产生的现金流量：		
销售商品、提供劳务收到的现金	155 890 384 314	166 387 697 954
收到的税费返还	2 484 293 128	1 854 373 548
收到其他与经营活动有关的现金	4 698 328 013	2 796 063 838
经营活动现金流入（金融类）	819 758 866	4 157 787 974
经营活动现金流入小计	163 892 764 321	175 195 923 314
购买商品、接受劳务支付的现金	121 793 121 344	94 214 771 390
支付给职工以及为职工支付的现金	8 901 277 137	8 831 213 736
支付的各项税费	8 184 052 901	15 128 311 797
支付其他与经营活动有关的现金	15 530 492 100	21 526 452 793
经营活动现金流出（金融类）	-9 754 816 469	7 601 459 505
经营活动现金流出小计	144 654 127 012	147 302 209 221
经营活动产生的现金流量净额	19 238 637 309	27 893 714 094
二、投资活动产生的现金流量：		
收回投资收到的现金	9 520 639 757	3 130 974 036
取得投资收益收到的现金	305 411 730	426 919 989
处置固定资产、无形资产和其他长期资产收回的现金净额	6 631 830	9 614 514
收到其他与投资活动有关的现金	4 322 649 440	4 878 025 331
投资活动现金流入小计	14 155 332 758	8 445 533 871
购建固定资产、无形资产和其他长期资产支付的现金	4 528 646 805	4 713 187 966
投资支付的现金	3 561 055 957	7 192 756 039
取得子公司及其他营业单位支付的现金净额	425 875 377	774 183 781
支付其他与投资活动有关的现金	5 542 024 469	7 040 454 685
投资活动现金流出小计	14 057 602 607	19 720 582 472
投资活动产生的现金流量净额	97 730 150	-11 275 048 601
三、筹资活动产生的现金流量：		
吸收投资收到的现金	14 670 000	326 850 000

续表

项目	2020年	2019年
其中：子公司吸收少数股东投资收到的现金	14 670 000	326 850 000
取得借款收到的现金	37 599 791 535	21 268 257 924
收到其他与筹资活动有关的现金		
筹资活动现金流入小计	37 614 461 535	21 595 107 924
偿还债务支付的现金	29 475 431 120	27 657 703 656
分配股利、利润或偿付利息支付的现金	14 236 014 440	13 159 380 388
其中：子公司支付给少数股东的股利、利润	411 607 065	
支付其他与筹资活动有关的现金	15 014 513 474	
筹资活动现金流出小计	58 725 959 033	40 817 084 045
筹资活动产生的现金流量净额	−21 111 497 498	−19 221 976 121
四、汇率变动对现金及现金等价物的影响	−372 392 144	203 761 625
五、现金及现金等价物净增加额	−2 147 522 183	−2 399 549 003
加：期初现金及现金等价物余额	26 372 571 821	28 772 120 824
六、期末现金及现金等价物余额	24 225 049 638	26 372 571 821

第6章习题答案

第7章/企业偿债能力分析

【学习目标】通过本章的学习，了解偿债能力分析的定义和内容；掌握长期偿债能力和短期偿债能力指标的计算方法；理解各偿债能力指标计算中的数据选择；理解各偿债能力指标分析的影响因素；运用偿债能力分析指标判断偿债能力。

【思政要点】偿债能力是企业经营者、投资人及债权人等各利益相关者都十分关心的重要问题，本章从偿债能力分析的指标入手，介绍了这些指标的含义、公式和具体运用。在熟练掌握这些内容的基础上，具体分析时还需要格外注意：不能只简单套用公式，僵化地、教条地看问题，还需要结合企业的资产估值、潜在债务、外部的宏观环境、行业环境和外部支持等因素综合考虑，辩证地、动态地、全面地进行偿债能力分析。

7.1 偿债能力分析的概念与内容

7.1.1 偿债能力分析的概念

偿债能力是企业偿还到期债务本息的能力。企业负债按偿还期限的长短，可分为流动负债和非流动负债两大类。其中，体现企业偿还流动负债能力的是短期偿债能力分析，体现企业偿还非流动负债能力的是长期偿债能力分析。偿债能力是企业经营者、投资人及债权人等各个利益相关者都十分关心的重要问题。在使用财务指标进行分析的同时，对涉及偿债能力的其他因素也必须加以考虑。

7.1.2 偿债能力分析的内容

偿债能力分析主要包括以下两方面的内容：

1）短期偿债能力分析

首先需要明确影响短期偿债能力的因素，在此基础上通过对反映短期偿债能力的主要指标进行分析，了解企业短期偿债能力的高低及变化情况，揭示企业的财务状况和风险程度。

2）长期偿债能力分析

在明确影响长期偿债能力因素的基础上，结合长期负债的特点对企业长期偿债能力指标进行分析，了解企业长期偿债能力的高低及变动情况，揭示企业整体财务状况和债务负担及偿债能力的保障程度。

7.2 短期偿债能力分析

短期偿债能力是指企业偿还流动负债的能力，通常也称为支付能力，主要是通过流动资产的变现来偿还到期的短期债务。短期偿债能力分析关注即将到期债务的归还能力，因此其相关指标是银行和供应商最为关注的。根据对偿债资金来源的不同假设，短期偿债能力可分为静态偿债能力和动态偿债能力：

（1）静态偿债能力是指企业资产负债表上体现的企业使用经济资源存量偿还现有负债的能力。衡量企业静态偿债能力的指标主要包括流动比率、速动比率和现金比率。这些比率越大，对债权人越有利；但从资产利用效率的角度分析，比率越大，同时意味着流动资产占用的高成本的长期资金越多，或者流动资产存在冗余现象，股东承担的融资费用和资产效率损失越大。因此，这些比率多少比较恰当，债权人和股东会有不同的看法。

（2）动态偿债能力是指企业利润表和现金流量表上体现的企业使用财务资源流量偿还现有债务的能力。企业动态偿债能力指标主要包括现金流量比率（经营活动净现金比率）和到期债务本息偿付比率。动态偿债能力指标将企业经营活动现金净流量与期末债务本息进行比较，数值越大，企业安全系数越高。而且，企业运营取得的资金越多，企业经营的质量也就越高。无论是债权人还是股东，都希望此类比率数值越高越好。

7.2.1 流动比率

流动比率（current ratio）是指企业流动资产与流动负债的比值，反映在某一分析时点上企业流动资产覆盖流动负债的程度，具体公式如下：

$$\text{流动比率} = \frac{\text{流动资产}}{\text{流动负债}}$$

该比率认为，由于流动资产与流动负债在期间上具有一致性，因此流动资产变现后能够直接构成偿还流动负债的资金来源。流动资产越多，偿还流动负债就越有保障。流动比率指标越高，表示企业的偿债能力越强，企业所面临的短期流动风险越小，债权人安全程度越高。一般认为，流动比率应该达到2以上，但这只是个经验值，行业不同、企业战略不同、所处的发展阶段不同会使这一比值存在较大差异。

在具体利用这一指标进行分析时还需要注意以下问题：

（1）关注流动资产的变现能力。即便拥有相同的流动比率，在不同的环境中，不同企业或不同时期流动资产的变现性也会导致实际偿债能力的不同。现金是否储备充足、存货价值中是否剔除了跌价贬值金额、应收账款和其他应收款是否能够按预期金额回收等都会影响流动比率所反映的偿债能力。因此，流动比率仅是一个较为粗略地评价企业短期偿债能力的比率。

（2）结合动态偿债能力的相关指标分析。对于持续经营的企业，其流动负债的偿还并非完全依靠流动资产变现的现金，而是依靠流动资产循环使用产生持续不断的现金流量进行偿还的。流动资产价值高的企业，其偿债能力不一定高于资产利用效率高的企业。

7.2.2 速动比率

速动比率（quick ratio）又称酸性试验比率，是指企业速动资产与流动负债的比值，体现了企业变现能力强的资产覆盖流动负债的程度。该指标是从流动比率演化而来的，流动资产中剔除了变现能力差的项目，具体计算公式如下：

$$速动比率=\frac{速动资产}{流动负债}=\frac{流动资产-存货}{流动负债}$$

速动资产由现金和能够迅速转化成现金的流动性资产构成，后者包括货币资金、交易性金融资产、应收账款和应收票据等金融资产。在实践中一般是简单地将存货从流动资产中剔除而得到速动资产。企业存货变现过程需要经过一个销售环节，这个环节中存在的变数非常多，包括存货品质如何、计价是否准确、销售是否顺畅等，因此，存货不是速动资产。速动比率比流动比率更强调企业的即时变现能力。西方经验通常认为速动比率的最佳值为1，在这种情况下，即使所有的流动负债要求同时偿还，也有足够的资产维持企业正常的生产经营。判断速动比率是否恰当，需要考虑企业的行业特征、战略意图、资产特点以及资产周转性等因素。例如，某些企业由于销售模式特点，导致其仅有很少的应收账款，速动比率显得非常低，却不能轻易得出偿债能力存在问题的结论。

这一比率也用来衡量企业的短期偿债能力，一般而言，比率越高，流动负债的偿还能力越强。但过高的速动比率会影响公司的盈利能力，货币资金的相对闲置会使公司丧失许多能够获利的投资机会，所以，对速动比率必须辩证地分析，进行风险和收益的权衡。

在具体利用这一指标进行分析时还需要注意以下问题：

（1）关注速动资产的变现能力。与流动比率类似，速动比率计算中使用的速动资产并不一定具有良好的变现能力，比如应收账款和应收票据、其他应收款存在坏账的可能性，银行存款存在冻结情况等。如果企业没有充分估计这类损失或变现受限情况，计算使用的速动资产就可能并不速动，特别是当速动资产中含有大量的不良应收账款时，必然会削弱企业的短期偿债能力。

（2）结合动态偿债能力的相关指标分析。与流动比率分析类似，速动比率的分析也需要结合动态偿债能力的相关指标进行分析，关注企业所在行业和执行战略的影响。速动比率只是揭示了速动资产与流动负债的关系，是一个静态指标。作为反映资产流动性的指标，速动比率只是说明了在某一时点用于偿还流动负债的速动资产，并不能说明未来现金流入的多少，而未来现金流入是反映流动性的最佳指标。

7.2.3 现金比率

现金比率（cash ratio）是指企业现金类资产与流动负债的比率。企业现金类资产包括货币资金、交易性金融资产等能够立即用于还债的资产，具体公式如下：

$$现金比率=\frac{现金类资产}{流动负债}$$

现金比率比速动比率更稳健地反映了企业即时偿还流动负债的能力。该比率未考虑企业具备变现能力的其他流动资产，因此，该比率是考察企业立即变现能力的指标。

现金比率可以准确地反映企业的直接偿付能力，当企业面临支付工资日或大宗进货日等需要大量现金时，这一指标更能显示出其重要性。由于现金比率没有考虑企业流动资产中的存货和应收账款，所以，对于应收账款和存货变现存在问题的企业，该指标尤为重要。

现金比率高说明企业即刻变现能力强。但如果这个指标很高，也未必是好事。它可能反映出该企业没能充分利用现金资源，没有把现金投入经营以赚取更多的利润。因此，在对这个指标下结论之前，应充分了解企业情况。企业保持合理的现金比率是很必要的，一般认为这一比率应在0.20左右，在这一水平上，企业的直接支付能力不会有太大的问题。

7.2.4　现金流量比率

经营活动净现金比率（operating cash flow ratio），也称为现金流量比率或现金流动负债比率，是指企业一定时期内经营活动现金流量净额与平均流动负债的比率。现金流量比率值越高，说明企业偿还短期债务的能力越强，具体公式如下：

$$经营活动净现金比率=\frac{经营活动现金净流量}{平均流动负债}$$

与静态偿债能力指标不同，经营活动净现金比率从企业经营创造现金流量的角度分析企业偿还流动负债的能力，用它与流动负债相比，显示企业进行流动资产投资后，用剩余现金流偿还短期债务的能力，考虑了企业资金周转的速度和实际的变现能力，更贴近企业在持续经营过程中偿债的实际情况。

一般而言，该比率越高，企业偿还流动负债的能力就越强；该比率越低，企业偿还流动负债的能力就越弱。一方面，即使是企业的流动负债，也一般都会有具体的偿还期限，并非需要马上偿还；另一方面，企业偿还到期债务所需现金不一定必须要由自身的经营活动来偿还，比如可以动用现金存量或者借新债还旧债。因此，这一指标衡量企业的短期偿债能力也不是非常恰当。

7.2.5　到期债务本息偿付比率

到期债务本息偿付比率是指企业的经营活动现金流量净额对本期到期债务和利息支出的现金满足程度。用公式表示为：

$$到期债务本息偿付比率=\frac{经营活动现金净流量}{本期到期债务+利息支出}$$

其中，本期到期债务包括了本期到期的长期债务和本期应付票据，利息支出是企业本期实际需要支付的利息。到期债务本息偿付比率越大，表明企业偿付到期债务的能力越强；到期债务本息偿付比率小于1，则表明企业经营活动产生的现金不足以偿付到期债务本息，企业必须依靠投资活动和筹资活动的现金流入才能足额偿还债务。

与上一指标存在相似问题，即便企业经营活动创造的现金流量净额不足，也可能有其他渠道取得偿还到期债务本息所需要的现金，因此这一指标也是相对保守地衡量企业的偿债能力。

7.2.6　M集团短期偿债能力分析

根据M集团的合并报表资料，可以对短期偿债能力指标进行计算，具体见表7-1。

根据表7-1，2020年M集团流动比率和速动比率均出现不同程度的下降，下降幅度分别为12.67%和10.94%，表明该企业短期偿债能力有所降低。就M集团流动比率变动的原因进行分析，结合表4-1就会发现，尽管该公司本年流动资产增长了11.63%，但由于流动负债增长了27.60%，其增长速度大于流动资产的增长速度，所以导致期末流动比率低于期初数。对于速动比率的分析类比流动比率，需要重点关注流动负债增长的合理性和必要性。2020年M集团现金比率有所上升，表明该企业直接支付能力有所提升，但并不能

表7-1　　M集团短期偿债能力指标　　金额单位：元

财务比率	2020年12月31日			2019年12月31日		
	分子	分母	指标值	分子	分母	指标值
流动比率	241 655 325 000	184 150 502 000	1.31	216 482 692 000	144 318 484 000	1.50
速动比率	210 578 796 000	184 150 502 000	1.14	184 039 293 000	144 318 484 000	1.28
现金比率	109 450 083 000	184 150 502 000	0.59	72 004 192 000	144 318 484 000	0.50
经营活动净现金比率	29 557 117 000	164 234 493 000	0.18	38 590 404 000	137 274 786 000	0.28
到期债务本息偿付比率	29 557 117 000	34 665 288 000	0.85	38 590 404 000	25 474 335 000	1.51

完全依赖现金比率来评判M集团偿债能力的改善与否。此外，2020年M集团经营活动净现金比率、到期债务本息偿付比率也比2019年出现了较大幅度的下降，2020年M集团的短期偿债能力比2019年有所减弱。

2020年M集团短期偿债能力的指标中，流动比率和到期债务本息偿付比率低于经验标准，速动比率和现金比率高于经验值，在具体分析时还需要考虑行业竞争对手及行业标准，对企业的短期偿债能力指标做进一步分析。

7.3 长期偿债能力分析

长期偿债能力既可以指企业偿付长期债务的能力，也可以指企业在较长时期内偿还债务的一种能力。长期偿债能力分析通常使用资产负债表上的资本结构数据构造财务比率，反映企业使用现有资源偿还长期债务的能力。与流动比率等静态短期偿债能力指标类似，这类使用资产负债表数据计算的偿债指标，从另一个角度来看也是反映企业资本结构的指标；采用利润表或现金流量表数据构造的长期偿债能力指标，则比较单纯地反映企业在长期内满足债务支付的能力。

7.3.1 资产负债率

资产负债率（asset-liability ratio）是指企业全部负债与全部资产的比值，是体现企业长期偿债能力的一个重要指标，具体公式如下：

$$资产负债率 = \frac{负债总额}{资产总额} \times 100\%$$

该比率是对企业总体负债状况的一种度量，反映了企业在较长时期内偿还债务的能力。分子中的负债既包括企业的非流动负债，也包括企业的流动负债。包括流动负债的理由是，尽管企业流动负债中的单个负债都是在短期内归还，但是从流动负债整体看，通过不断借贷进行更新的流动负债，实际上是企业长期存在的负债。

该比率更多的是从债权人的角度理解企业的长期偿债能力，它考虑贷款是否有足够的资产做抵押，或在清算时是否能够得到足够的资产保证（债权人在清算时有优先权）。该指标值越小，债权人的债权就越有保障。一般认为，债权人投入企业的资金应不高于企业所有者投入的资金，即企业自有资金应高于负债资金。若负债资金高于自有资金，则意味着收益固定的债权人承担了较大的企业经营风险，而所有者却承担着相对较少的企业经营风险。资产负债率为50%较为合适。当资产负债率超过100%，则表明企业资不抵债，濒临破产的边缘。但是，由于行业特征不同，导致企业存在资产结构差异、营业杠杆差异等，从而使得不同行业的企业该指标差异较大，如白酒行业与钢铁行业在固定资产比重方面差异巨大，导致两者具有不同的资产负债率。企业选择战略的差异、企业的发展阶段等，也会导致资产负债率差异。因此，运用该指标评价企业的偿债能力，需要了解企业相关的行业背景。

事实上，从不同角度评估资产负债率，对企业长期偿债能力的认识是不完全一致的。对于债权人来讲，企业的资产负债率越低，其投资的风险越小，权益越能得到保障。对企业所有者和经营者来讲，资产负债率则并非越低越好。资产负债率太低，说明企业负债规模过小，经营理念保守；相反，在经营状况良好的前提下，企业资产负债率高，有利于通过负债扩大经营规模以及利用财务杠杆的效应获得更大收益。

7.3.2　资产金融性负债率

资产金融性负债率也可以称为资产有息负债率，反映的是企业直接从银行等金融机构取得的借款等有息负债与资产总额之间的对比关系，是用来评价企业偿债能力的一个非常实用的指标。由于负债按照取得的途径来分，至少包括经营性负债和金融性负债两种，其中经营性负债是企业在经营过程中基于企业议价能力形成的，如应付票据、应付账款、预收账款、其他应付款等，在我国当前的市场经济环境下，大多数经营性负债是无成本的，对企业来说并不构成固定的成本压力。而金融性负债则是企业直接从银行等金融机构取得的有息负债，如短期借款、长期借款、一年内到期的非流动负债、长期应付款等，它们往往有固定的利息和确定的还款日，因此，企业的偿债压力相对较大。通过资产金融性负债率指标的计算，可以了解企业实际的偿付压力，进一步揭示企业真实的偿债能力。计算公式为：

$$\text{资产金融性负债率} = \frac{\text{金融性负债总额}}{\text{资产总额}} \times 100\%$$

7.3.3　股东权益乘数

股东权益乘数又称股东权益比率，是股东权益总额与资产总额之比，表明公司全部资产中有多少是由所有者投资所形成的。其计算公式如下：

$$\text{股东权益乘数} = \frac{\text{股东权益总额}}{\text{资产总额}} \times 100\% = 1 - \text{资产负债率}$$

这是公司长期偿债能力保证程度的重要指标，该指标越高，说明公司资产中由所有者投资所形成的资产越多，偿还债务的保证程度越高。从“股东权益比率=1-资产负债率”来看，该指标越大，资产负债率越小，公司的财务风险就越小；反之，公司的财务风险越大。债权人将其资金借给股东权益比率较高的公司，由于有较多的公司自有资产做偿债保证，债权人全额收回债权就不会有问题，即使公司清算时资产不能按账面价值收回，债权人也不会有太大损失。由此可见，股东权益比率高低能够说明公司对债权人的保护程度。如果公司处于清算状态，该指标对偿债能力的保证程度就显得更重要。

股东权益比率的倒数称作权益乘数，即公司的资产总额是股东权益的多少倍。其计算公式如下：

$$权益乘数 = \frac{资产总额}{股东权益总额} = 1 \div (1 - 资产负债率)$$

权益乘数是对资产负债率的必要补充。权益乘数主要反映了全部资产与股东权益的倍数关系。运用权益乘数指标分析公司长期偿债能力时，应注意以下几点：

（1）权益乘数与资产负债率都是用于衡量长期偿债能力的，两个指标可以互相补充。资产负债率分析中应注意的问题，在权益乘数分析中也应引起注意。

（2）权益乘数与资产负债率是有区别的。其区别是反映长期偿债能力的侧重点不同。权益乘数侧重于揭示资产总额与股东权益的倍数关系，倍数越大，说明公司资产对负债的依赖程度越高，风险越大；资产负债率侧重于揭示总资本中有多少是靠负债取得的，说明债权人权益的保障程度。

研究长期偿债能力，除了掌握上述衡量指标，还应该了解这些指标项目的具体构成，因为各项目的构成不同，长期偿债能力的质量也会有差异。

7.3.4 产权比率

产权比率也称净资产负债率、负债权益比率，是企业负债总额与所有者权益总额的比率。它可用计算公式表示为：

$$产权比率 = \frac{负债总额}{股东权益总额} \times 100\%$$

产权比率反映企业在面临清算时所有者权益对债权人的保障程度，是衡量企业长期偿债能力的重要指标。与资产负债率类似，对于债权人来讲，企业的净资产负债率越低，其投资的风险越小，权益越能得到保障；对企业所有者和经营者来讲，净资产负债率高，有利于通过负债扩大经营规模及利用财务杠杆效应取得更大收益。一般而言，企业产权比率为100%较为适当。

运用产权比率衡量公司长期偿债能力时，还应注意以下几点：

（1）资产负债率是反映公司债务负担的指标，股东权益比率是反映偿债保证程度的指标，产权比率是反映债务负担与偿债保证程度相对关系的指标，三个指标都用于衡量公司的长期偿债能力，具有共同的经济意义，可以互相补充。因此，对产权比率的分析可以参考对其他两个指标的分析。资产负债率分析中应注意的问题，在产权比率分析中也应引起注意。

（2）产权比率反映的偿债能力是以净资产为物质保障的。但是，净资产中的某些项目，如无形资产、递延所得税资产、长期待摊费用等，其价值具有极大的不确定性，且不易形成支付能力，因此，在使用产权比率时，必须结合有形净值负债率指标做进一步分析。该指标实际上是一个更保守的产权比率，其计算公式为：

$$有形净值负债率 = \frac{负债总额}{净资产 - 无形资产} \times 100\%$$

有形净值负债率是公司负债总额占有形资产净值的百分比。有形净值是净资产减去无形资产后的净值。之所以进一步考察负债与有形资产的比例关系，是因为无形资产的价值具有很大的不确定性，往往不能用于偿债。因此，在公司陷入财务危机或面临清算等特殊情况下，运用该指标更能反映债权人利益的保障程度，比率越低，保障程度越高，公司有效偿债能力越强；反之，公司有效偿债能力越弱。有形净值负债率指标的分析与产权比率分析相同，该指标也应维持在100%，即负债总额与有形资产净值应维持1∶1的比例。

7.3.5　已获利息倍数

已获利息倍数又称利息保障倍数，是企业息税前利润与企业全年利息费用的比率。它反映了企业经营活动所获得的收益是企业所需支付利息费用的多少倍。企业以息税前利润偿还利息费用的能力大小，是衡量长期偿债能力的重要指标。它可用计算公式表示为：

$$已获利息倍数=\frac{利润总额+利息支出}{利息支出}$$

该比率认为，息税前利润是企业资本保全后为所有投资者创造的利润，只要企业的息税前利润大于0，就说明企业已用营业收入支付所有已耗费的本金支出，包括对债权人债务本金的保证，因此超额部分可偿付本金之外的投资回报。支付所得税和股东红利之前，所有的息税前利润都可优先支付债权人利息。息税前利润超过利息费用的倍数越大，说明债权人获得利息的保证程度越高，企业的偿债能力越强。

该比率必须具有预测力才能用于评价企业的偿债能力，因此，分子中的息税前利润最好采用营业利润，不包括利润表中的营业外收支等偶然性利得损失，即息税前利润=营业利润+利息费用。

从稳健角度出发，利用利息保障倍数分析企业偿付其利息费用的能力，应选择若干年中最低的指标值作为最基本的偿付利息能力指标。因为在借入资金等额的前提下，每年的利息支出额相等。以最低年度的数据为依据，可以了解企业最低偿付利息的能力。由于利息保障倍数不是一个定数，只能根据企业的实际情况并结合同行业平均水平进行确定。但实际上，企业偿还利息的能力至少在短时间内主要取决于企业的现金支付能力，而与利息保障倍数无关。因此，我们认为，利息保障倍数的作用在于从股东的角度评价企业当前的借款政策是否有利，并不能真正反映企业的偿债能力。

考虑到企业中除了利息费用之外，还有一些固定支出，即无论企业是否盈利都会发生的支出，如租赁费、为了保证到期偿还债务而设立的偿债基金要求每年提取的费用、优先股股利等，我们在结合企业盈利情况进行企业的偿债能力分析时，可以在计算利息保障倍数的基础上，进一步计算固定支出保障倍数，更广泛、更综合地考察企业对这些固定支出的偿付能力。计算公式为：

$$固定支出保障倍数=\frac{息税前利润}{固定支出费用}$$

7.3.6　M集团长期偿债能力分析

根据M集团的合并报表资料，可以对长期偿债能力指标进行计算，具体见表7-2。

根据表7-2，2020年度M集团资产负债率为65.53%，较2019年资产负债率增加了1.13%，表明该企业债务负担略有增加。按照经验值分析，M集团资产负债率尚处于适宜的范围内，无论是企业本身，还是投资者或债权人，均可以接受这一数值，长期偿债能力风险不大。至于M集团资产负债率的行业水平，还需要结合同行业对比公司做进一步分析。

表7-2　　M集团长期偿债能力指标　　金额单位：元

财务比率	2020年12月31日			2019年12月31日		
	分子	分母	指标值	分子	分母	指标值
资产负债率	236 145 503 000	360 382 603 000	65.53%	194 459 322 000	301 955 419 000	64.40%
资产金融性负债率	59 094 657 000	360 382 603 000	16.40%	48 493 978 000	301 955 419 000	16.06%
有形净值负债率	236 145 503 000	79 257 489 000	2.98	194 459 322 000	63 804 853 000	3.05
已获利息倍数	32 969 130 000	1 305 591 000	25.25	30 809 817 000	880 703 000	34.98

注：（1）利息支出按照财务费用中利息费用计算。（2）由于资产负债率、股权权益乘数、产权比率这三个指标存在内在的一致性，在具体分析时，只选取了资产负债率指标。

2020年M集团有形净值负债率和已获利息倍数较2019年出现下降，说明该企业长期偿债能力存在一定程度的下降，其中，2020年已获利息倍数为25.25，相比上期减少9.73，下降幅度为27.82%，表明公司支付利息的保证程度有一定幅度的下降。通过分析资产负债表中长短期借款等发现，与上期相比，本期都有所增加（表4-1），利润表中利息支出的大幅增加（表5-2），导致企业对利息的偿还能力出现下降。对于利息支出增加的深层次原因，还需要结合其他资料进一步分析。

7.4　企业偿债能力的影响因素

对于企业的偿债能力的分析，偿债能力指标可以提供一个很好的分析基础，但是不能仅停留于指标的高低上，还需要关注影响企业的偿债能力的一些重要因素。

7.4.1　资产估值与偿债能力

由于会计政策的局限性，一些资产的实际价值与账面价值存在差异，从而使得企业实际的偿债能力会与这些指标显示的偿债能力存在出入。根据会计准则的规定，应针对企业存货、固定资产等资产预计可能发生的减值计提资产减值准备，但并不要求其对价格的上涨进行账面价值调整，如果企业持有资产价格已经上涨并超过账面价值，那么其拥有资产的实际价值就高于账面价值。此外，企业的应收票据及应收账款、存货、固定资产等也会因为会计政策的选择产生账面价值高估或者低估的问题。因此，充分了解这些资产的实际价值与账面价值之间的差异，对于正确分析企业的偿债能力非常重要。

7.4.2　潜在债务或潜在偿债能力的影响

企业财务报表中的数据揭示了企业账面上的资产和债务，然而，由于会计确认计量的原因，企业还可能存在无法反映在报表栏目上的资产和负债，也就是表外资产和表外负债。表外资产会提升企业的偿债能力，表外负债则会加大企业债务的负担。因此，基于企业财务报表数据进行的偿债能力分析，需要充分考虑这些表外资产和表外负债的影响，对相关结论做进一步分析和调整。

1）或有负债

或有负债是指企业由于过去的交易或事项形成的潜在义务，其存在须通过未来不确定事项的发生或不发生予以证实。由于或有负债未来发生的可能性不能确定，因此不能将其列入企业报表的负债项目。但是，当未来出现导致或有负债事项发生的时候，或有负债就可能变成企业真实的债务负担，因此分析者应该随时关注。比如，企业作为其他企业的大额债务担保人时，担保企业的债权人应该特别关注该项债务担保将来发生的可能性，因为当被担保企业出现偿债困难的状况时，担保企业的担保责任就可能变成真实的债务。同样的情况还有诸如因企业卷入诉讼而产生的未决赔偿义务等，若企业存在尚未判决的诉讼案件、原告提出有赔偿要求的待决事项时，如果企业胜诉，将不负有任何责任；但企业败诉，则负有支付原告提出的赔偿要求的责任。因此，一旦有待决的对方提出的索赔事项时，企业即应视为一项或有负债。

2）表外负债

表外负债是指未在目标企业资产负债表上体现但实际上要承担的义务。表外负债是与表内负债相对应的一个概念，它主要是指那些已经成为或有可能成为公司的负债，但按照现行的会计准则和制度规定以及受其他因素的影响而未能在公司资产负债表中得到反映的负债，比如企业的经营租赁、衍生金融工具引发的金融负债等。按照会计准则，企业的经营租赁费用列入当期的损益，企业未来需要支付的租金不确认为负债。当企业的租赁规模较大、租赁期较长，甚至有一些企业有意将属于融资租赁的业务划分为经营租赁业务时，就会产生相当大的一部分表外负债，增加企业的债务负担，在分析企业的偿债能力的时候对于这类经营租赁的影响要特别关注。

7.4.3　企业外部环境条件对偿债能力的影响

企业的偿债能力还受到企业外部的一些环境条件的影响，具体包括：

1）宏观环境及其变化对偿债能力的影响

企业面对的宏观环境包括国家经济运行状况、融资环境和融资制度的状况及其变化，宏观经济形势和经济运行周期对本行业的潜在影响等，这些宏观环境的状况及其变化往往会对企业未来偿债现金流的生成和变化造成潜在的影响。比如，国家宏观经济调控通常会直接或间接改变企业所在的融资市场状况，进而导致企业融资难易程度发生改变，最终影响企业的资金运转和未来的偿债现金流情况。

2）行业环境及其变化对偿债能力的影响

企业所在行业的生存环境及其改变会对企业的产品定价、原材料成本等产生影响，从而影响企业未来产生现金流的稳定性。比如，国家对某个行业的政策扶植，一方面可能会使企业得到一系列的税收优惠、财政补贴等，从而增强产品定价的竞争力；另一方面，国家政策的扶植可能会吸引更多的投资和人员进入行业，导致该行业企业数量剧增，加剧产品竞争，在产品差异化不明显的情况下，产品价格可能急剧下降，企业很可能陷入“价格战”的不利局面。可见，分析企业所在行业的竞争变化以及企业在其中的竞争地位，对于预测企业未来用于偿债的现金流走势、分析企业的长期偿债能力是非常重要的。

3）企业外部支持对偿债能力的影响

企业外部可能给予企业的偿债支持也对偿债能力产生影响。比如，企业在大股东的投资布局中所占的地位。虽然大股东不一定会给投资公司提供债务担保，但是当投资公司在大股东的投资布局中占有重要地位的时候，大股东无疑会从资金的供给等方面带给投资公司可能的偿债保证。

此外，企业与政府的关系、企业与银行的关系同样会影响到企业在面临债务问题时是否能得到必要的偿债保证。如果企业与政府或者银行存在密切、良好的合作关系，对于提升企业的偿债能力是至关重要的。

思考题

1.偿债能力分析包括哪些内容？

2.在使用流动比率指标时需要注意哪些问题？

3.在使用速动比率指标时需要注意哪些问题？

4.如何分析企业的短期偿债能力？

5.流动比率、速动比率、现金比率之间存在什么关系？

6.如何分析企业的长期偿债能力？

7.资产负债率、股东权益乘数和产权比率之间存在什么关系？

8.影响企业偿债能力的影响因素应该从哪些方面进行分析？

章末习题

一、单项选择题

1.企业流动比率的经验值为（　　）。

A.1　　B.2　　C.0.2　　D.0.5

2.如果流动比率大于1，则下列结论成立的是（　　）。

A.速动比率大于1　　B.现金比率大于1

C.流动资产大于流动负债　　D.短期偿债能力绝对有保障

3.企业速动比率的经验值为（　　）。

A.1　　B.2　　C.0.2　　D.0.5

4.某企业年初流动比率为2.2，速动比率为1；年末流动比率为2.4，速动比率为0.9，发生这种情况的原因可能是（　　）。

A.存货增加　　B.应收账款增加　　C.应付账款增加　　D.预收账款增加

5.下列关于现金流量比率的描述不正确的有（　　）。

A.是指企业一定时期内经营活动现金流量净额与流动负债的比率

B.该比率越高，企业偿还流动负债的能力就越强

C.该比率越高，企业偿还流动负债的能力就越弱

D.该指标衡量企业的短期偿债能力也不是非常恰当

6.影响企业短期偿债能力的最根本的原因是（　　）。

A.企业的经营业绩　　B.企业的融资能力

C.企业的权益结构　　D.企业的资产结构

7.运用资产负债表可计算的比率有（　　）。

A.应收账款周转率　　B.总资产报酬率　　C.利息保障倍数　　D.现金比率

8.下列项目中，不属于速动资产的项目是（　　）。

A.应收账款　　B.存货　　C.其他货币资金　　D.交易性金融资产

9.与资产负债率指标之和等于1的指标是（　　）。

A.流动比率　　B.股东权益乘数　　C.产权比率　　D.资产非流动负债率

10.下列项目中，属于从动态方面反映企业短期偿债能力的指标是（　　）。

A.流动比率　　B.现金比率

C.速动比率　　D.到期债务本息偿付比率

二、多项选择题

1.下列项目中，不属于速动资产的有（　　）。

A.现金　　B.应收账款　　C.其他应收款

D.固定资产　　E.存货

2.下列各项指标中，反映长期偿债能力的指标有（　　）。

A.流动比率　　B.速动比率　　C.资产负债率

D.股东权益乘数　　E.已获利息倍数

3.计算速动资产时，把存货从流动资产中扣除的原因有（　　）。

A.存货的变现速度慢　　B.存货的变现价值具有较大的确定性

C.存货受到市场价格的影响大　　D.有些存货可能已经报废

E.存货的数量不易确定

4.资产金融性负债率是一个反映企业长期偿债能力的新指标，其中金融性负债是指企业直接从银行等金融机构取得的有息负债，主要包括（　　）。

A.应付票据　　B.短期借款

C.长期借款　　D.一年内到期的非流动负债

E.长期应付款

5.下列指标可用于分析短期偿债能力的有（　　）。

A.速动比率　　B.流动比率　　C.现金比率

D.到期债务本息偿付比率　　E.现金流量比率

6.下列各项指标中，可用于衡量企业长期偿债能力的有（　　）。

A.已获利息倍数　　B.产权比率　　C.应付账款周转率

D.资产负债率　　E.到期债务本息偿付比率

7.下列各项中，属于影响权益乘数的因素有（　　）。

A.资产总额　　B.无形资产　　C.待摊费用

D.股东权益　　E.负债总额

8.某企业流动比率为2，以下业务会使该比率下降的有（　　）。

A.收回应收账款　　B.赊购商品与材料

C.偿还应付账款　　D.从银行取得短期借款已入账

E.赊销商品

9.对于企业的偿债能力的分析，不能仅停留于指标的高低上，还需要关注（　　）。

A.资产估值　　B.表外负债　　C.宏观经济形势

D.经济运行周期　　　　　　　E.融资环境

10.对企业偿债能力产生影响的外部环境有（　　）。

A.宏观环境　　　　　　　　B.行业环境　　　　　　　　C.企业外部支持

D.企业与政府的关系　　　　E.或有负债

三、计算分析题

1.已知2018年年末流动负债金额为157 686 125 988元，请根据第4章、第5章和第6章练习题中G电器的报表资料来填列下列数据（见表7-3）。

表7-3　　　　　　　　　　**G集团合并报表相关数据**　　　　　　　　　　单位：元

项目	2020年	2019年	项目	2020年	2019年
货币资金			短期借款		
交易性金融资产			一年内到期的非流动负债		
现金类资产			流动负债		
存货			平均流动负债		
速动资产			长期借款		
流动资产			长期应付款		
无形资产			金融性负债总额		
资产总额			负债总额		
利润总额			股东权益额		
经营活动现金净流量			有形净值		

2.请根据表7-3的数据计算G集团下列短期偿债能力指标（见表7-4），并结合M集团的相关指标对G集团的短期偿债能力进行简要分析。

表7-4　　　　　　　　　　**G集团短期偿债能力指标**

财务比率	2020年			2019年		
	分子	分母	指标值	分子	分母	指标值
流动比率						
速动比率						
现金比率						
经营活动净现金比率						

3.请根据表7-3的数据计算G集团下列长期偿债能力指标（见表7-5），并结合M集团的相关指标对G集团的长期偿债能力进行简要分析。

表7-5　　　　　　　　　**G集团长期偿债能力指标**

财务比率	2020年12月31日			2019年12月31日		
	分子	分母	指标值	分子	分母	指标值
资产负债率						
资产金融性负债率						
有形净值负债率						

第7章习题答案

第8章/
企业营运能力分析

【学习目标】通过本章的学习，了解营运能力分析的概念和意义；掌握营运能力分析指标的计算方法；理解各个营运能力指标计算中的数据选择；理解各个营运能力指标分析的影响因素；运用营运能力分析指标判断营运能力。

【思政要点】营运能力是指企业基于外部市场环境的约束，通过内部人力资源和生产资料的配置组合而产生的资产营运效率。营运能力分析是企业经营者、投资人及债权人等各利益相关者都十分关心的问题，本章从营运能力分析的指标入手，介绍了这些指标的含义、公式和具体运用。在熟练掌握这些内容的基础上，具体分析时还需要格外注意：不能只简单套用公式，不能僵化地、教条地看问题，还需要结合企业所处行业环境及经营背景、企业经营周期、企业资产构成及其质量、企业资产管理水平与企业财务政策等因素综合考虑，辩证地、动态地、全面地进行营运能力分析。

8.1 营运能力分析的概念和内容

8.1.1 营运能力分析的概念

营运能力是指企业基于外部市场环境的约束，通过内部人力资源和生产资料的配置组合而产生的资产营运效率。营运能力分析主要是指通过将各类型的资产与所带来的经营规模（营业收入或营业成本）进行计算与分析，从而评价企业的营运能力，为企业提高经济效益指明方向。

营运能力不仅反映企业资产营运的效率，还有助于发现企业运营中存在的问题，为企业提高经济效益指明方向，同时也是评价管理者业绩的重要依据，是分析盈利能力的基础与有益补充。因此，进行营运能力分析十分必要。

8.1.2 营运能力分析的内容

企业各类型资产按照流动性的差异可以分为流动资产和非流动资产，因此在对营运能力进行分析时，也可以按照这一思路来进行，主要包括以下三方面内容：

1）流动资产营运能力分析

企业的流动资产是企业从事日常经营活动的重要资产组成部分，流动资产营运能力的高低反映流动资产的使用效率情况，直接影响着企业的经营成果。在对流动资产营运能力进行分析时，可以对应收账款、存货、经营性资产和流动资产这几个方面的周转能力进行分析。

2）非流动资产营运能力分析

企业的非流动资产对于企业的长期经营状况有着重要的影响，非流动资产的营运能力分析也非常重要，在具体分析时主要是对固定资产的营运能力进行分析。

3）总资产营运能力分析

总资产营运能力反映了企业总体资产的运营效率，主要通过总资产周转能力指标来反映。

8.2 流动资产营运能力分析

衡量企业资产的营运能力的指标，可以采用两种不同的形式，即周转率或周转期。周转率，即每种资产在一年内从发生到收回循环往复的次数，也称周转次数；周转期，即每种资产从发生到收回的天数。对流动资产营运能力的分析主要通过应收账款周转率、存货周转率、流动资产周转率、经营性资产周转率等指标来进行。

8.2.1 应收账款周转能力

应收账款周转率（accounts receivable turnover）也称应收账款周转次数，是指企业一定时期商品赊销收入净额与应收账款平均余额的比率，具体公式如下：

$$应收账款周转率(周转次数)=\frac{赊销净额}{应收账款平均余额}$$

其中：

赊销净额=销售收入-现销收入

应收账款平均余额=（期初应收账款+期末应收账款）÷2

通常企业的销售方式可以分为赊销和现销两种，应收账款是在赊销过程中产生的，因此，从理论上来说计算应收账款周转率时，分子应该采用赊销净额。但是在实践中，通常只有内部人员才能得到赊销净额，外部报表使用者很难获得这个数据，所以常用营业收入代替赊销净额来计算这个比率。在用营业收入代替赊销净额时，相当于将现销视为回收期为零的应收账款。如果企业销售中赊销比例较小，计算得到的周转率就会相对较大，从而高估了企业的应收账款周转率，在一定程度上使得指标解释力不足。

这里的应收账款一般是指企业提取坏账准备之前的“原值”金额，且假设企业应收票据规模不大。应收账款的平均余额是应收账款年初和年末的平均额。但是，如果企业的经营具有明显的季节性或周期性，使用年初和年末的平均额显然无法代表企业全年实际情况时，最好将四个季度报表中的应收账款金额进行平均。

除了应收账款周转率，应收账款周转期是反映应收账款营运能力的另一种表达方式，比应收账款周转率更容易理解，具体公式是：

$$应收账款周转期(周转天数)=\frac{应收账款平均余额}{平均日赊销额}\times 360$$

或

$$应收账款周转期(周转天数)=\frac{360}{应收账款周转率}$$

一般情况下，应收账款周转率越高、应收账款周转期越短，说明企业的应收账款管理越好；而应收账款周转率越低、应收账款周转期越长，说明企业的应收账款管理不佳。如果企业应收账款周转率过低、周转期过长，则需要引起重视，并进一步分析原因，是存在虚假销售情况，还是被迫放宽应收账款政策，甚至是欠款客户出现问题使应收账款回收困难等情况。

此外，在具体分析时还需要注意以下两点：

（1）企业应收账款周转率、周转期除了与企业的营运能力有关外，还与企业的营销政策和产品市场定位有关。如果企业因为采用现销策略而使得应收账款周转能力指标表现得更为优异，这不一定能说明企业的应收账款管理能力强，但是却能说明该企业的产品可能优于其他企业的产品。因此，在分析和解释应收账款周转率和周转期指标时，要注意结合企业的营销战略和产品特点。

（2）应收账款周转率的高低和周转期的长短，还与企业的应收账款政策有关。比如，企业制定的应收账款回收期为30天，则超过30天的应收账款周转期表示企业的应收账款管理存在不足，存在客户拖欠应收账款的现象；反之，则说明应收账款管理较好。

8.2.2 存货周转能力

企业存货资金的使用效率可以用存货周转率（也叫存货周转次数）（inventory turnover）指标进行分析，具体公式如下：

$$存货周转率(周转次数)=\frac{营业成本}{存货平均余额}$$

存货周转期从另一个角度揭示了存货的使用效率和管理能力，具体公式如下：

$$存货周转期(周转天数)=\frac{存货平均余额}{营业成本}\times 360$$

或

$$存货周转期(周转天数)=\frac{360}{存货周转率}$$

其中：

存货平均余额=（期初存货+期末存货）÷2

这里的存货一般是指企业计提存货跌价准备之前的账面余额，而非存货净额，这主要是由于存货余额代表企业对存货的投资额，而计提的存货跌价准备考虑的是存货投资可能的损失，并不代表企业因此可以减少支撑既定业务量而必需的存货投资。在实践中，由于我国目前企业财务报表项目中列示的是存货净额，存货原值的获取需要参考报表附注信息，为了简便起见，当企业存货跌价准备计提金额不大，或者前后期计提比例没有发生明显改变的情况下，通常直接使用资产负债表中存货项目的数据。

存货周转率和周转期通常用营业成本来计算，而不采用营业收入指标。这是因为存货在企业运营中直接转化为企业的营业成本，是通过营业成本的回收完成存货投资的形态转化的，采用营业成本计算的存货周转率和周转期指标更能反映存货管理的水平。

存货周转率越高，存货周转天数也就越少，说明企业支撑一定业务量使用的存货资金越少，回收资金的速度越快，投资效率越高。但是，存货过少的话，也容易产生缺货成本。存货周转率过低，则说明企业可能存在产成品积压或原材料变质等现象，也可能是企业为了应对原材料涨价或预计的销售突增而有意增加了存货投资，具体原因，需要根据企业的其他信息进一步分析和查找。

此外，从企业的层面来看，应收账款周转率和存货周转率之间存在着“此消彼长”的关系。一方面，企业为加强应收账款管理，通常会出台各种商业信用政策，限制赊销对象范围，提升赊销对象的信用档次，以减少坏账发生的频率和规模，这在一定程度上会影响市场对产品的消费需求，从而导致存货周转率降低；另一方面，企业出于单纯追求提高存货周转率的考虑，也有可能通过放宽信用政策来刺激市场需求，这在增加销售规模、提高存货周转率的同时，也会增加坏账发生的可能性，进而降低应收账款周转率。因此，企业在经营管理过程中，应该充分考虑到两者的关系并加以权衡，强调企业资金整体运用效率的提升，追求企业营业周期的缩短（注：营业周期=应收账款周转天数+存货周转天数）。

8.2.3　流动资产周转能力

流动资产中，除了应收账款和存货以外，其他流动资产项目也非常重要，其他应收款、预付账款等的资金占用越多，企业资产的运营效率就越低，然而这些流动资产项目与业务量的因果关系并不十分紧密，没有对应的专门周转能力指标，这时需要综合考虑所有流动资产的管理效率，可以用流动资产周转率（current asset turnover）指标来考察，或者可以通过流动资产周转期指标来体现，具体计算公式如下：

$$\text{流动资产周转率(周转次数)}=\frac{\text{营业收入}}{\text{流动资产平均余额}}$$

$$\text{流动资产周转期(周转天数)}=\frac{\text{流动资产平均余额}}{\text{营业收入}}\times 360$$

或

$$\text{流动资产周转期(周转天数)}=\frac{360}{\text{流动资产周转率}}$$

其中：

流动资产平均余额=（期初流动资产+期末流动资产）÷2

营业收入是利润表上的营业收入，既包括现金收入，也包括赊销收入。流动资产周转率和周转期的计算期间通常是一年。同样，流动资产平均余额需要考虑是否存在季节性差异。

通常情况下，企业的流动资产周转率越高，说明其流动资产利用效率越高，单位流动资产创造营业收入的能力越强，支撑产生单位营业收入占用的流动资产投资越少；反之，流动资产周转率越低，说明其流动资产利用效率越低。

在进行流动资产周转率分析时应注意：要实现流动资产周转率指标的良性变动，应以营业收入增幅高于流动资产增幅做保证。对于企业来说，一方面可以加强管理，充分利用流动资产，如降低成本、调动暂时闲置的货币资金用于短期投资创造收益等；另一方面也可以采取措施扩大销售，从而提高流动资产的综合使用效率。

8.2.4　经营性资产周转能力

企业的流动资产按照目的不同可以分为经营性资产和投资性资产。企业的营业收入是企业自身经营活动中通过对经营性资产的综合运用带来的结果，不只是应收账款和存货两者运营的结果，也不是所有流动资产运营的结果。因此，无论是单纯地计算应收账款周转率、存货周转率，还是综合计算流动资产周转率，都没有很好反映产生营业收入的那部分资产的运营情况。在前面三个指标的基础上，可以增加一个新的改良指标，即经营性资产周转率，用营业收入除以经营性资产平均余额得到，具体计算公式如下：

$$经营性资产周转率(周转次数)=\frac{营业收入}{经营性资产平均余额}$$

$$经营性资产周转期(周转天数)=\frac{经营性资产平均余额}{营业收入}\times 360$$

或

$$经营性资产周转期(周转天数)=\frac{360}{经营性资产周转率}$$

其中：

经营性资产平均余额=（期初经营性资产+期末经营性资产）÷2

营业收入是利润表上的营业收入，既包括现金收入，也包括赊销收入；经营性资产可以用流动资产余额减去非经营用的金融资产，如交易性金融资产、投资证券的保证金，以及与之相关的应收股利、应收利息等。

经营性资产周转率和周转期的计算期间通常是一年。经营性资产的平均余额同样需要考虑是否存在季节性差异。

通常情况下，企业的经营性资产周转率越高，说明其经营性资产利用效率越高，单位经营性资产创造营业收入的能力越强，支撑产生单位营业收入占用的经营性资产投资越少；反之，经营性资产周转率越低，说明其经营性资产利用效率越低。

8.3 非流动资产和总资产营运能力分析

企业经营活动使用的资产既有流动资产，也有固定资产、无形资产等非流动资产。这些资产的使用效率同样影响着企业的营运能力。非流动资产营运能力分析指标通常只计算周转率，不再计算周转期。

8.3.1 固定资产周转率

对于传统制造业企业而言，固定资产通常体现了企业的生产经营规模和技术装备水平，是企业在生产经营中生产产品和带来营业收入的主要手段，因此，可以通过考察固定资产周转率来从另一个角度揭示企业资金的利用效率。固定资产周转率（fixed assets turnover）是衡量企业固定资产使用效率的指标，具体公式如下：

$$固定资产周转率(周转次数)=\frac{营业收入}{平均固定资产原值}$$

其中：

平均固定资产原值=（期初固定资产原值+期末固定资产原值）÷2

营业收入是利润表上的营业收入项目。

通常而言，固定资产周转率越高，说明企业固定资产的利用率越高，企业的冗余资产越少；固定资产周转率过低，可能是因为企业的销售情况较差，也可能意味着企业存在低效利用甚至闲置的固定资产。

具体分析时还需要注意以下问题：

（1）关注行业特点。不同行业的固定资产周转率会存在差别，通常资本密集型行业固定资产周转率较低，而劳动力密集型行业固定资产周转率较高。

（2）关注行业周期的影响。一般而言，固定资产短时间内相对稳定，行业周期性强的企业，不同时期的固定资产周转率会有较大的差异。当行业周期处于上行阶段时，由于营业收入的快速增长，固定资产周转率提高；反之，当行业周期处于下行阶段时，因营业收入的快速下滑，固定资产周转率降低。

（3）关注大额投资的影响。一些企业在经营扩张过程中，可能会一次性巨额投入固定资产，但短期内产能并不能马上释放，会出现固定资产周转率异常低的情况，分析时要考虑这些特殊因素。

8.3.2 全部资产营运能力

全部资产营运能力分析是对企业全部资产使用效率的总体评价，用总资产周转率指标来表示。总资产周转率是对企业资产总体的使用效率进行评价的指标，具体公式如下：

$$总资产周转率(周转次数)=\frac{营业收入}{平均资产总额}$$

其中：

平均资产总额=（期初总资产+期末总资产）÷2

这个指标可以粗略地计量企业资产创造收入的能力，反映企业管理层管理企业资产运营的能力。但是资产的组成很复杂，这个指标只是一种粗略的描述，还要考虑企业资产的具体构成情况，才能做出合理细致的评价。如前所述，在企业对外投资规模较大时，平均总资产应该剔除并不引起营业收入增加的各项投资性资产，或者直接采用经营性资产周转率取代总资产周转率更合适。

一般而言，总资产周转率越高，说明企业资产总体的使用效率越高；反之，则说明企业资产总体的使用效率越低。

8.3.3 M集团营运能力分析

根据M集团的合并报表资料，可以对营运能力指标进行计算，具体见表8-1。

表8-1 **M集团营运能力指标** 金额单位：元

指标	2020年			2019年		
	分子	分母	指标值（次）	分子	分母	指标值（次）
应收账款周转率	284 221 249 000	20 821 091 000	13.65	278 216 017 000	19 026 996 500	14.62
存货周转率	212 839 592 000	31 759 964 000	6.70	197 913 928 000	31 044 208 500	6.38
流动资产周转率	284 221 249 000	229 069 008 500	1.24	278 216 017 000	199 586 065 000	1.39
固定资产周转率	284 221 249 000	21 951 948 000	12.95	278 216 017 000	22 050 947 000	12.62
总资产周转率	284 221 249 000	331 169 011 000	0.86	278 216 017 000	282 828 283 500	0.98

根据表8-1，2020年M集团应收账款周转率、流动资产周转率、总资产周转率略低于

2019年度的指标值，而存货周转率和固定资产周转率略高于2019年度的指标值，整体来看这些指标的变动不大，说明这两个年度的资产营运能力相对稳定。2020年M集团应收账款周转率为13.65次、存货周转率为6.70次、流动资产周转率为1.24次、固定资产周转率为12.95次、总资产周转率为0.86次，这些数值的高低情况还需要与行业数据或者类似企业进行对比。

8.4 影响企业营运能力的因素分析

对于企业营运能力的分析，营运能力指标可以提供一个很好的分析基础，但是不能仅停留于指标的高低上，还需要关注影响企业营运能力的一些重要因素，这些因素主要有：

1）企业所处行业环境及经营背景

企业所处行业环境及经营背景不同，则企业资产营运能力不同。不同的行业其资产占用情况不尽相同，如制造业企业因其行业特点可能要占用大量的原材料、在产品、产成品、机器、设备、厂房等，其资产占用量越大，资产周转相对越慢；在服务行业，尤其是劳动密集型或技术密集型的服务业，企业除了人力资源及无形资源等，其他资产相对较少，因此这类行业的总资产占用非常少，其资产周转相对就较快。

企业的经营背景不同，其资产周转也会呈现不同趋势，越是落后、传统的经营和管理，其资产周转可能相对越慢；相反，在现代经营和管理背景下，各种先进的技术手段和理念的运用，可有效地提高营运能力，加速资产周转。

2）企业经营周期

经营周期长短不同，会导致企业具有不同的营运能力。经营周期，即营业周期，它是指从取得存货开始到销售存货并收回现金为止的一个时间周期。如上所述，经营周期可由应收账款周转天数和存货周转天数之和简化计算得到。经营周期长短对企业资产运行效率和效果具有重要影响，经营周期越短，资产的流动性越高，在同样时期内实现的销售次数越多，销售收入的累积额就会越大，资产周转相对越快；反之，经营周期越长，资产的流动性越低，在同样时期内实现的销售次数越少，销售收入的累积额相对较少。

3）企业资产构成及质量

企业资产构成及质量不同，也将导致其具有的营运能力不尽相同。企业资产可按变现速度及价值转移形式不同，分为流动资产和非流动资产两大类。流动资产是指变现速度较快、价值一次性转移的资产，是企业可以在一年或者超过一年的一个营业周期内变现或者运用的资产。非流动资产则是指变现速度慢、价值分次或多次转移的资产，是不能在一年或者超过一年的一个营业周期内变现或者耗用的资产。流动资产的数量和质量通常决定着企业变现能力的强弱，而非流动资产的数量和质量则通常决定着企业的生产经营能力和未来发展能力。在企业资产保有总量一定的情况下，非流动资产所占的比重越大，企业所实现的周转价值越小，资产的周转速度也就越慢；反之，资产的周转速度越快。

4）资产管理水平

由于资产管理水平不同，会产生较大的资产构成和资产质量差异，将导致完全不同的资产周转率。资产管理水平越高，资产结构合理性和资产质量越好，资产周转率越高；反之，资产结构合理性和资产质量越差，资产周转率越低。

综上所述，营运能力受诸多因素的影响。对于企业管理者来说，可以通过加大资产管理力度，合理安排资产结构，不断提高资产质量，来提高营运能力，加速资产周转；对于其他信息使用者来说，在分析时应注意不同行业环境、不同经营性质和经营背景的企业、不同资产构成和管理水平等方面的差异，应将这些差异综合考虑之后才能得到较客观的分析结论。

思考题

1.什么是营运能力分析？

2.营运能力分析的内容是什么？

3.营运能力分析包括哪些方面？

4.流动资产营运能力分析包括哪些内容？

5.应收账款周转率和存货周转率之间有什么关系？

6.影响企业营运能力的因素有哪些？

章末习题

一、单项选择题

1.从资产流动性方面反映总资产效率的指标是（　　）。

A.总资产产值率　　B.总资产收入率　　C.总资产周转率　　D.产品销售率

2.在实际应用过程中，通常用（　　）与应收账款平均余额的比率作为应收账款周转率。

A.赊销净额　　B.销售收入　　C.现销收入　　D.营业收入

3.公司应收账款周转率的下降可能是其（　　）引起的。

A.放宽了信用政策

B.加快了收账速度

C.赊销收入增长的速度快于应收账款的增长速度

D.回收了以前期间大量的应收账款

4.下列关于企业存货周转率的说法中不正确的是（　　）。

A.也叫存货周转次数

B.存货周转率与应收账款周转率没有联系

C.存货周转期=360/存货周转率

D.存货周转率越高，存货周转天数也就越少

5.在对流动资产的运营效率进行分析时，以下哪种资产项目与业务量的因果关系并不十分紧密，没有对应的专门周转能力指标（　　）。

A.存货　　B.其他应收款　　C.经营性资产　　D.应收账款

6.流动资产占总资产的比重是影响（　　）指标变动的重要因素。

A.总资产周转率　B.总资产产值率　C.总资产收入率　D.总资产报酬率

7.企业营运能力主要是指企业营运资产的（　　）。

A.结构和分布　B.效率和效益　C.产出与耗费　D.积累与分配

8.下列项目中，（　　）不会直接增加企业的营业收入，多数情况下也不对营业收入的取得发生直接作用。

A.存货　B.交易性金融资产　C.固定资产　D.应收账款

9.固定资产周转率（fixed assets turnover）是衡量企业固定资产使用效率的指标，通常是用（　　）除以平均固定资产原值得到的。

A.营业收入　B.营业成本　C.赊销收入　D.现销收入

10.决定流动资产周转率的因素有（　　）。

A.存货平均余额　B.营业收入　C.应收账款　D.营业成本

二、多项选择题

1.反映企业营运能力的指标有（　　）。

A.固定资产周转率　B.经营性资产周转率　C.流动资产周转率

D.存货周转率　E.应收账款周转率

2.反映流动资产周转速度的指标有（　　）。

A.应收账款周转期　B.固定资产周转率　C.总资产周转率

D.存货周转率　E.流动资产周转率

3.影响存货周转率的因素有（　　）。

A.材料周转率　B.在产品周转率　C.总产值生产费

D.产品生产成本　E.产成品周转率

4.应收账款周转率越高越好，因为它表明（　　）。

A.收款迅速　B.减少坏账损失　C.资产流动性高

D.营业收入增加　E.利润增加

5.存货周转率偏低的原因可能是（　　）。

A.应收账款增加　B.降价销售　C.产品滞销

D.销售政策发生变化　E.大量赊销

6.影响企业营运能力的因素有（　　）。

A.企业资产构成及其质量　B.企业所处行业环境

C.企业管理水平　D.企业经营周期

E.企业财务政策

7.营运能力分析的意义有（　　）。

A.可以判断和评价企业资产的营运效率

B.可以促进企业资产利用效率的提高

C.是评价企业管理者业绩的重要依据

D.是分析盈利能力的基础与有益补充

E.是分析发展能力的基础与有益补充

8.应收账款周转率分析应考虑的问题有（　　）。

A.企业营销政策　　B.经营活动季节性特征带来的影响

C.应收账款政策　　D.产品市场定位

E.营业成本

9.一般来说，（　　）指标越高，代表的周转能力越强。

A.应收账款周转率　　B.存货周转率　　C.应收账款周转期

D.固定资产周转率　　E.存货周转期

10.在对固定资产周转率进行分析时，还需要注意以下问题（　　）。

A.行业特点　　B.行业周期　　C.大额投资

D.产品市场定位　　E.销售的季节性

三、计算分析题

1.请根据第4章和第5章练习题中G电器的报表资料计算填列下列数据（见表8-2）。

表8-2　　**G电器合并报表相关数据**　　金额单位：元

项目	2020年	2019年
营业收入		
应收账款平均余额		
营业成本		
存货平均余额		
流动资产平均余额		
平均固定资产原值		
资产平均总额		

2.请根据表8-2的数据计算G集团下列营运能力指标（见表8-3），并结合M集团的相关指标对G集团的营运能力进行对比分析。

表8-3　　**G集团营运能力指标**　　金额单位：元

指标	2020年			2019年		
	分子	分母	指标值（次）	分子	分母	指标值（次）
应收账款周转率						
存货周转率						
流动资产周转率						
固定资产周转率						
总资产周转率						

第8章习题答案

第9章/
企业盈利能力分析

【学习目标】通过本章的学习，掌握盈利能力分析指标的计算方法；理解各个盈利能力指标计算中的数据选择；理解各个盈利能力指标分析的影响因素；运用盈利能力分析指标判断企业的盈利能力。

【思政要点】盈利能力是指企业在一定时期内运用其所支配的经济资源开展经营活动并从中赚取利润的能力，对企业的生存和发展至关重要。本章从盈利能力分析的指标入手，介绍了这些指标的含义、公式和具体运用。在熟练掌握这些内容的基础上，具体分析时还需要格外注意：不能只简单套用公式，僵化地、教条地看问题，还需要结合企业所处行业特点、企业战略与行业竞争程度等因素综合考虑，辩证地、动态地、全面地进行营运能力分析。

9.1 盈利能力分析的概念和内容

9.1.1 盈利能力分析的概念

盈利能力是指企业在一定时期内运用其所支配的经济资源开展经营活动并从中赚取利润的能力。企业的经营活动是否具有较强的盈利能力，对企业生存和发展至关重要。

盈利能力分析就是通过一定的分析方法，判断企业能获取多少利润的能力。企业的盈利能力分析具有重要意义，通过盈利能力分析，可以判断和评价企业获取利润的能力，有助于判断和评价企业的偿债能力，可以作为评价企业管理者业绩的重要依据，也有助于对未来盈利能力的预测，因此盈利能力分析无论对于企业的投资者、债权人，还是企业管理者、员工等利益相关者来说都至关重要。

9.1.2 盈利能力分析的内容

对于企业盈利能力的分析，主要可以分为以下三个方面：

1）企业业务盈利能力分析

企业业务盈利能力分析是分析企业在经营活动中创造收益的能力，通常用各类销售利润率指标和成本费用率指标来衡量。

2）企业资产盈利能力分析

资产盈利能力分析是分析企业资产产生收益的能力，根据资产产生利润的不同层次的因果关系，通常用总资产报酬率和净资产收益率指标来衡量。

3）企业市场盈利能力分析

企业市场盈利能力分析是分析上市公司创造收益的能力，通常使用每股收益、每股净资产、市盈率、市净率和股利支付率等指标来衡量。

9.2 企业业务盈利能力分析

对于企业业务盈利能力分析，主要通过销售利润率和成本费用率等指标来衡量。

销售利润率是指利润同销售收入的比率，由于利润可以具体细分为：营业毛利、营业利润、利润总额和净利润四个层次，从理论上讲，在计算利润率时可以分别用营业毛利、营业利润、利润总额和净利润与销售收入相比，在实践中，通常用营业毛利、营业利润和净利润与销售收入相比，这样可以得出三个层次的利润率指标，即：销售毛利率、营业利润率（也称销售利润率，本书为了避免与前面广义的销售利润率混淆，用营业利润率表示）和销售净利率三个指标。其中，销售毛利率和销售净利率指标用得比较多，营业利润率用得相对较少，除此之外，也有使用核心利润率指标作为改良指标。

9.2.1 销售毛利率

销售毛利率是指销售毛利额同销售收入净额的比率，反映的是企业的初始获利空间，具体公式如下：

$$销售毛利率 = \frac{销售毛利}{营业收入} \times 100\%$$

销售毛利 = 营业收入 − 营业成本

销售毛利率高，说明单位产品获利能力强；销售毛利率低，说明单位产品获利能力弱。在具体分析时还需要注意以下几点：

（1）关注产品的行业特点。不同行业的产品具有不同的销售毛利率。通常存在较高行业壁垒的行业，一般企业很难进入，销售毛利率较高；而行业壁垒低的行业，竞争较为激烈，销售毛利率较低。

（2）关注企业的战略。不同的企业战略定位，销售毛利率也不同。选择低成本战略的企业，在销售中采取薄利多销的策略，销售毛利率一般较低；选择“高举高打”式差异化战略的企业，产品定价较高，销售毛利率一般也比较高。

（3）关注企业在行业中所处的竞争地位。一般处于市场主导者竞争地位的企业，市场占有率高，销售毛利率也越高，而处于市场跟随者竞争地位的企业，销售毛利率相对较低。

9.2.2 营业利润率

营业利润率反映的是在不考虑所得税政策和偶然因素影响的情况下，企业通过经营活动为股东创造收益的能力，具体公式如下：

$$营业利润率 = \frac{营业利润}{营业收入} \times 100\%$$

营业利润=营业总收入−营业总成本

营业利润不包括营业外收支，强调企业持续的收益，体现了其对企业持续业务获利能力的关注。

一般来说，企业的营业利润率高，说明企业的产品或服务获得营业利润的能力强，企业的成本费用控制得比较好；企业的营业利润率低，说明企业的产品或服务获得营业利润的能力弱，企业成本费用控制得差。在具体分析时，不仅要考虑指标的高低，还需要关注企业业务和战略的变化情况。企业成本费用增加，有可能是成本费用管理出现问题，也有可能是企业的经营战略或策略发生改变，要注意辨析。比如企业研发费用增加，在当期会导致营业利润率下降，而在未来有助于产品竞争力的提高和营业收入的增长。

9.2.3 销售净利率

销售净利率是指企业一定期间的净利润同销售收入（营业收入）的比率，反映企业销售获得净利润的水平，具体计算公式如下：

$$\text{销售净利率} = \frac{\text{净利润}}{\text{营业收入}} \times 100\%$$

通常而言，销售净利率高，说明企业的产品或服务获得净利润的能力强，企业总的成本费用控制有效；销售利润率低，表明企业的产品或服务获得净利润的能力弱，企业总的成本费用控制不佳。该比率也用来衡量企业总的经营管理水平。

在具体分析时还需要注意以下几点：

（1）关注企业的产品特点、企业战略与行业竞争程度。与销售毛利率和营业利润率指标类似，该比率同样在一定程度上受产品特征、行业竞争程度和企业战略等因素的影响。

（2）关注营业外收支的影响。当企业的净利润中自身经营活动带来的核心利润比较大的情况下，计算此比率才有较大意义。

该比率的分子净利润包括偶然性或不具可持续性的损益，如果要更准确地判断企业经营活动创造可持续利润的能力，可将这些损益从分子中剔除，这样的话就会产生一个新的指标，即核心利润率。

9.2.4 核心利润率

核心利润率是指企业一定期间的核心利润同销售收入（营业收入）的比率，能更客观地评价管理层在经营活动中的效率和管理能力。其计算公式为：

$$\text{核心利润率} = \frac{\text{核心利润}}{\text{营业收入}} \times 100\%$$

核心利润是指营业利润中扣除其他收益、公允价值变动收益、投资收益、资产处置收益、汇兑收益等与营业收入无直接关系的项目，只保留企业开展经营活动所取得的经营成果。

通常而言，核心利润率高，说明企业开展经营活动带来利润的能力强；核心利润率低，说明企业在经营活动中未能创造出足够多的营业收入或没有成功地控制成本。核心利润率的高低与企业的毛利率有着直接的关系，在很大程度上取决于企业所处的行业和竞争地位，当然也会在很大程度上受企业对管理费用、销售费用、研发费用和财务费用等各项费用控制能力的影响。

9.2.5 成本费用利润率

成本费用利润率是企业一定期间的利润与成本费用的比率，表明每付出1元成本费用可获得多少利润，体现了经营耗费所带来的经营成果。成本费用利润率的计算公式如下：

$$成本费用利润率 = \frac{利润}{成本费用} \times 100\%$$

其中，利润可以选择营业利润、利润总额和净利润，成本费用可以选择营业成本、营业费用、营业费用与营业外支出的加总。因此，反映成本费用利润率的指标有许多形式，目前常用的形式有营业成本利润率、营业费用利润率和全部支出利润率等。

1）营业成本利润率

营业成本利润率是指营业利润与营业成本的比率。其计算公式为：

$$营业成本利润率 = \frac{营业利润}{营业成本} \times 100\%$$

2）营业费用利润率

营业费用利润率是指营业利润与营业费用的比率。营业费用包括营业成本、税金及附加、期间费用和资产减值损失。期间费用主要包括管理费用、销售费用和财务费用等，其计算公式为：

$$营业费用利润率 = \frac{营业利润}{营业费用} \times 100\%$$

3）全部支出利润率

该指标可分为全部支出总利润率和全部支出净利润率两种形式。其计算公式分别为：

$$全部支出总利润率 = \frac{利润总额}{营业费用 + 营业外支出} \times 100\%$$

$$全部支出净利润率 = \frac{净利润}{营业费用 + 营业外支出} \times 100\%$$

以上各种利润率指标反映了公司投入产出水平，即公司生产投入与产出的效率，体现了利润是以降低成本及费用为基础的。这些指标的数值越高，表明生产和销售产品的每1元成本费用取得的利润越多，劳动投入的效益越高；反之，则说明每投入1元成本费用实现的利润越少，劳动投入的效益越低。所以，成本费用利润率是综合反映公司成本效益的重要指标，具体在使用时，可以用一个指标，也可以用多个指标。

9.3 企业资产盈利能力分析

资产盈利能力是企业资产产生收益的能力。根据资产产生利润的不同层次的因果关系，资产盈利能力指标可以分为：总资产报酬率和净资产收益率。

9.3.1 总资产报酬率

总资产报酬率又称总资产收益率，是指企业一定时期内获得的报酬总额与平均资产总额的比率，是财务报表分析中传统、经典的财务指标之一，即人们在分析企业业绩时经常会提到的ROA，反映了企业利用全部资源所创造的全部经济效益。具体计算公式如下：

$$总资产报酬率 = \frac{息税前利润}{平均总资产} \times 100\%$$

$$= \frac{利润总额 + 利息费用}{平均总资产} \times 100\%$$

平均总资产 = (期初资产总额 + 期末资产总额) ÷ 2

其中，利息费用是指企业在生产经营过程中实际支出的借款利息和债券利息，包括计入财务费用的利息费用和计入固定资产原值的利息费用。该指标的分子使用息税前利润，目的在于排除利息费用和纳税因素的影响，更准确地衡量管理层利用企业现有资源创造价值的能力。

该指标越高，说明管理层利用现有资源创造价值的能力越强；该指标越低，说明管理层利用现有资源创造价值的能力越低。此外，为了进一步分析总资产报酬率产生和变化的具体原因，还可以对总资产报酬率进行分解，可以分解为总资产周转率和息税前利润率，具体公式如下：

$$总资产报酬率 = \frac{息税前利润}{平均总资产} \times 100\%$$

$$= \frac{营业收入}{平均总资产} \times \frac{息税前利润}{营业收入} \times 100\%$$

$$= 总资产周转率 \times 息税前利润率$$

其中，总资产周转率代表了企业总资产的运营效率，息税前利润率一定程度上代表了产品或服务获利的能力。因此，对于总资产报酬率的分析，可以从这两方面来入手进行分析。

9.3.2 净资产收益率

净资产收益率又称所有者权益报酬率或权益报酬率，是指企业一定时期内的净利润与平均净资产的比率。该比率反映了投资者投入企业的自有资本获取净收益的能力，反映了投入资本及其积累与报酬的关系，是评价企业资本经营效率的核心指标，是财务报表分析中另一个传统、经典的财务指标，即投资者评价企业业绩时通常提及的ROE，具体计算公式如下：

$$净资产收益率 = \frac{净利润}{平均净资产} \times 100\%$$

平均净资产 = (期初所有者权益 + 期末所有者权益) ÷ 2

一般来说，净资产收益率高，资本运营效益好，投资者和债权人权益受保障的程度也高；净资产收益率低，资本运营效益差，投资者和债权人权益受保障的程度也低。

著名的财务综合分析方法——杜邦分析法通过财务指标的内在联系，系统、综合地分析企业的盈利水平，具有很鲜明的层次结构，是典型的利用财务指标之间的关系对企业财务绩效进行综合分析的方法。其基本思想是将企业净资产收益率逐级分解为销售净利率、总资产周转率和权益乘数这三个指标的乘积，这三个指标分别体现了企业的获利能力、营运能力和偿债能力，通过对企业净资产收益率的分解，有助于深入分析企业的经营业绩。按照杜邦财务分析体系，净资产收益率可做如下分解：

$$净资产收益率 = \frac{净利润}{平均净资产} \times 100\%$$

$$= \frac{净利润}{营业收入} \times \frac{营业收入}{平均总资产} \times \frac{平均总资产}{平均净资产} \times 100\%$$

$$= 销售净利率 \times 总资产周转率 \times 权益乘数$$

杜邦分析法有助于信息使用者更加清晰地看到净资产收益率的决定因素，以及销售净利率与总资产周转率、权益乘数之间的相互关联关系，也给管理层提供了一张明晰的考察公司资产管理效率和是否最大化股东投资回报的路线图。

9.3.3　M集团业务和资产盈利能力分析

根据M集团的合并财务报表资料，可以对业务和资产盈利能力指标进行计算，具体见表9-1。

表9-1　**M集团业务和资产盈利能力指标**　金额单位：元

指标	2020年			2019年		
	分子	分母	指标值	分子	分母	指标值
销售毛利率	71 381 657 000	284 221 249 000	25.11%	80 302 089 000	278 216 017 000	28.86%
营业利润率	31 493 457 000	284 221 249 000	11.08%	29 683 092 000	278 216 017 000	10.67%
销售净利率	27 506 542 000	284 221 249 000	9.68%	25 277 144 000	278 216 017 000	9.09%
核心利润率	26 554 764 000	284 221 249 000	9.34%	27 556 393 000	278 216 017 000	9.90%
营业成本利润率	31 493 457 000	212 839 592 000	14.80%	29 683 092 000	197 913 928 000	15.00%
净资产收益率	27 506 542 000	115 866 598 500	23.74%	25 277 144 000	99 975 307 000	25.28%

根据表9-1，2020年M集团的销售毛利率、核心利润率和营业成本利润率略低于2019年的指标值，而营业利润率和销售净利率略高于2019年的指标值，以上指标属于反映企业业务盈利能力不同口径的指标，整体来看企业的业务盈利能力变化不大；2020年M集团的净资产收益率稍低于2019年，净资产的盈利能力稍微减弱。如果想了解M集团在行业中的业务和资产盈利能力状况，还需要结合行业标准来进行深入分析。

9.4　上市公司盈利能力分析

在对上市公司的盈利能力进行分析时，除了可以使用前面的两大类指标之外，还可以使用一些比较特殊的指标，这些指标大致包括每股收益、每股净资产、市盈率、市净率和股利支付率等。严格来说，除每股收益外，每股净资产、市盈率、市净率和股利支付率等并不直接表明投资的盈利能力，但受到企业盈利能力的影响，因此是投资者分析企业盈利能力的依据，也是在证券市场中进行企业估值的重要工具。

9.4.1　每股收益

每股收益是指每股发行在外的普通股所能享有的净利润，反映了企业平均每股普通股获得的收益，是衡量上市公司盈利能力的重要指标，具体公式如下：

$$基本每股收益=\frac{可供普通股股东分配的净利润}{发行在外的普通股加权平均数}$$

可供普通股股东分配的净利润=净利润-优先股股利

其中，公式中分母采用加权平均数，是因为会计期内普通股的数量会有增减变动，为了计算更准确、合理，采用发行在外的普通股加权平均数。

这个指标是普通股股东最关心的指标之一。一般来说，在利润质量较好的情况下，每股收益越高，表明股东的投资收益越好，股东获取较高股利的可能性就越大；每股收益越低，表明股东的投资收益越差，股东获取较高股利的可能性就越小。

9.4.2 每股净资产

每股净资产（net assets value per share，NAVPS）指标反映投资者持有的每股股份在企业中对应的净资产或股东权益的金额。企业的净资产由股东投入和利润累积形成，所以通常也将该指标列入有关盈利分析指标的类别。该指标的一般计算公式为：

$$每股净资产 = \frac{期末股东权益 - 优先股权益}{期末发行在外的普通股股数}$$

如果企业没有增发普通股，则每股净资产反映了企业通过累积利润扩大企业股东权益的规模。每股净资产越高，企业累积利润越多，股东权益规模越大。

9.4.3 市盈率

市盈率也称价格收益比，是普通股每股市价与普通股每股收益的比值，它反映了投资者对每股收益所愿支付的价格，可以用来判断本企业股票与其他企业股票相比的潜在价值，是上市公司市场表现中最重要的指标之一，也是与每股收益一样受到投资者普遍关注的指标，具体公式如下：

$$市盈率 = \frac{每股市价}{每股收益}$$

式中，普通股每股市价通常采用年度平均价格，即全年每日收盘价的算术平均数。为简单起见，并增强其适时性，亦可采用报告日前一日的现时股价。市盈率是投资者用于衡量某种股票投资价值和投资风险的常用指标。

市盈率把股价和利润联系起来，反映了企业的近期表现。如果股价上升，但利润没有变化，甚至下降，则市盈率将会上升。

一般来说，在同时流通的各公司股票中，某一股票的市盈率越低，则其投资价值越高，投资风险越小，但是也有可能说明该公司发展前景欠佳，缺乏对投资者的吸引力；反之，市盈率越高，说明该公司发展前景良好，投资者普遍持乐观态度，愿意承受较大的投资风险。

在具体分析时，需要注意以下问题：

（1）当公司总资产报酬率很低时，每股收益可能接近于零，以每股收益为分母的市盈率很高，但这并不意味着该公司具有良好的盈利能力和发展前景。

（2）股票价格波动受到多种因素的影响，当股票价格与公司盈利水平脱节时，使得市盈率难以真正达到评价企业盈利能力的目的。

（3）不能用于不同行业公司的比较。由于市盈率与企业的增长率有关，不同行业的增长率不同，充满扩展机会的新兴行业市盈率普遍较高，而成熟工业企业的市盈率普遍较低，这并不说明后者的股票没有投资价值。

（4）受会计政策的影响。市盈率高低受净利润的影响，而净利润受可选择的会计政策的影响，从而使公司间的比较受到限制。

9.4.4 市净率

市净率是普通股股票每股市价与每股净资产的比率，计算公式如下：

$$市净率 = \frac{每股市价}{每股净资产}$$

市净率反映了股价相当于每股净资产的倍数。每股净资产在理论上提供了股票的最低价值。如果公司的股票价格低于净资产的成本，成本又接近变现价值，说明公司已无存在价值，清算是股东最好的选择。把每股净资产和每股市价联系起来，可以说明市场对公司资产质量的评价。

指标分析要点如下：

（1）影响市净率的根本因素。影响企业市净率高低的根本因素，是投资者所判断的企业超过当前账面价值为投资者创造超额利润的能力。当预期未来股东权益报酬率只能等于股东的必要报酬率时，股票市净率为1；当预期未来股东权益报酬率超过股东必要报酬率越多时，企业的利润增长率越高，则股票的市净率高于1并且值越大；反之，当预期未来股东权益报酬率低于股东必要报酬率时，股票市净率小于1。

（2）市净率的相对性。在市场上，如果影响一个企业的市净率的根本因素没有改变，市净率却变得过高或过低，则说明市场对该企业的估值可能偏高或偏低。投资者可以根据相同行业不同企业的市净率高低来判断其中的某只股票价格是否被高估或低估。

同样，市场的非理性因素也会造成企业股票市价的过高或者过低，分析者选取比较对象进行比较时，要考虑市场的状况，不能简单地得出股票价值被低估或高估的结论。

9.4.5　股利支付率

股利支付率亦称股利发放率，是普通股每股股利与每股收益的比值，反映普通股股东从每股的全部获利中分到多少。其计算公式如下：

$$\begin{aligned}股利发放率 &= \frac{每股股利}{每股收益} \times 100\% \\ &= \frac{每股市价}{每股收益} \times \frac{每股股利}{每股市价} \times 100\% \\ &= 市盈率 \times 股利报偿率\end{aligned}$$

式中，每股股利是指实际发放给普通股股东的股利总额与流通股股数的比值。股利发放率反映了公司的股利分配政策和支付股利的能力，其高低要根据公司对资金需要量的具体情况而定，没有一个固定的衡量标准。

从以上公式可以看出，股利发放率主要取决于市盈率和股利报偿率。一般来说，长期投资者比较注重市盈率，短期投资者则比较注重股利报偿率。股利报偿率，亦称股利与市价比率，是公司发放的每股股利与股票市场价格之比。在市盈率一定的情况下，股利报偿率越高，股利发放率越高；反之，股利发放率越低。

思考题

1.什么是盈利能力分析？

2.盈利能力分析的意义？

3.盈利能力分析的指标可以分为哪几类？

4.衡量企业业务盈利能力的指标有哪些？

5.衡量企业资产盈利能力的指标有哪些？

6.衡量上市公司盈利能力的指标有哪些？

7.为什么说净资产收益率是反映企业盈利能力的核心指标？请具体分析。

8.对市盈率指标进行分析时需要注意哪些问题？

章末习题

一、单项选择题

1.销售毛利率是指（　　）同营业收入的比率，反映的是企业的初始获利空间。

A.营业收入减去营业成本后的差额　　B.营业利润

C.利润总额　　D.净利润

2.对于企业业务盈利能力分析，主要通过销售利润率和（　　）等指标。

A.总资产报酬率　　B.成本费用率　　C.净资产报酬率　　D.每股收益

3.（　　）是指企业一定时期内获得的报酬总额与平均资产总额的比率，是财务报表中最为传统也最为经典的财务指标之一。

A.总资产报酬率　　B.成本费用率　　C.净资产报酬率　　D.每股收益

4.最为著名的综合分析方法——杜邦分析法就是从（　　）出发，将上述的指标分解为三个指标的乘积。

A.总资产报酬率　　B.成本费用率　　C.净资产报酬率　　D.每股收益

5.总资产报酬率是指（　　）与平均总资产之间的比率。

A.利润总额　　B.息税前利润　　C.净利润　　D.息前利润

6.（　　）是反映盈利能力的核心指标。

A.总资产报酬率　　B.股利发放率　　C.总资产周转率　　D.净资产收益率

7.（　　）指标越高，说明企业资产的运用效率越好，也意味着企业的资产盈利能力越强。

A.总资产周转率　　B.存货周转率　　C总资产报酬率　　D.应收账款周转率

8.股利支付率的计算公式是（　　）。

A.每股股利/每股市价　　B.每股股利/每股收益

C.每股股利/每股账面价值　　D.每股股利/每股金额

9.（　　）是指股东权益总额减去优先股权益后的余额与发行在外的普通股股数的比值。

A.每股收益　　B.每股股利　　C.每股金额　　D.每股净资产

10.（　　）是普通股股利与每股收益的比值，反映普通股股东从每股的全部获利中分到多少。

A.每股收益　　B.普通股权益报酬率

C.市盈率　　D.股利支付率

二、多项选择题

1.对于企业资产盈利能力分析，主要通过（　　）等指标。

A.总资产报酬率　　B.成本费用率

C.净资产报酬率　　D.每股收益

2.反映企业盈利能力的指标有（　　）。

A.营业利润　　B.总资产收益率　　C.净资产收益率

D.成本利润率　　E.净利润

3.影响总资产报酬率的因素有（　　）。

A.资本结构　　B.销售利润率　　C.产品成本

D.销售息税前利润率　　E.总资产周转率

4.反映上市公司盈利能力的指标有（　　）。

A.每股收益　　B.每股净资产　　C.股利支付率

D.总资产报酬率　　E.市盈率

5.反映销售利润率的指标主要有（　　）等。

A.营业利润率　　B.销售毛利率　　C.营业成本利润率

D.销售净利率　　E.核心利润率

6.反映成本利润率的指标主要有（　　）等。

A.营业成本利润率　　B.营业费用利润率　　C.全部总利润率

D.全部支出净利润率　　E.销售毛利率

7.营业成本费用总额包括（　　）。

A.营业成本　　B.税金及附加　　C.期间费用

D.资产减值损失　　E.营业外收入

8.核心利润是指营业利润中扣除（　　）项目，只保留企业开展经营活动所谋求的经营成果。

A.其他收益　　B.公允价值变动收益　　C.投资收益

D.资产处置收益　　E.营业外收入

9.通常而言，销售净利率高，说明企业的产品或服务获得净利润的能力越强，企业总的成本费用控制有效，但在具体分析时还需要注意（　　）。

A.企业的产品特点　　B.企业战略与行业竞争程度

C.投资收益　　D.营业外收支的影响

E.资产减值情况

10.净资产收益率可以分解为（　　）。

A.总资产报酬率　　B.销售净利率　　C.权益乘数

D.总资产周转率　　E.所得税税率

三、计算分析题

1.已知2018年12月31日所有者权益金额为92 714 711 727元，请根据第四章和第五章练习题中G电器的合并报表资料来计算填列下列数据（见表9-2）。

表9-2　　**G电器合并报表数据**　　单位：元

项目	2020年12月31日	2019年12月31日
营业收入		
营业成本		
销售毛利		
营业利润		
核心利润		
净利润		
平均净资产		

2.根据表9-2的数据计算G集团的业务和资产盈利能力指标（见表9-3），将计算出来的这两期的指标进行对比，并与2020年M集团的指标进行对比，分析2020年G集团的业务和资产盈利能力。

表9-3　　**G集团业务和资产盈利能力指标**　　金额单位：元

指标	2020年			2019年		
	分子	分母	指标值	分子	分母	指标值
销售毛利率						
营业利润率						
销售净利率						
核心利润率						
营业成本利润率						
净资产收益率						

3.某公司2019年度、2020年度有关资料见表9-4。

表9-4　　**数据资料表**　　金额单位：元

项 目	2020年	2019年
净利润	250 000	200 000
优先股股息	25 000	25 000
普通股股利	200 000	150 000
普通股权益平均额	1 800 000	1 600 000
发行在外的普通股平均数（股）	1 000 000	800 000
每股市价	4.5	4

要求：根据所给资料计算该公司2020年度和2019年度的每股收益、每股净资产、市净率、股利支付率和市盈率等指标。

第9章习题答案

第10章/ 企业发展能力分析

【学习目标】通过本章的学习，掌握发展能力分析指标的计算方法；理解各个发展能力指标计算中的数据选择；理解各个发展能力指标分析的影响因素；运用发展能力分析指标判断企业的发展能力。

【思政要点】发展能力通常是指企业未来生产经营活动的发展趋势和发展潜能。本章从发展能力分析的指标入手，介绍了这些指标的含义、公式和具体运用。在熟练掌握这些内容的基础上，具体分析时还需要格外注意：不能只简单套用公式，僵化地、教条地看问题，还需要结合企业所处行业特点、企业战略与行业竞争程度等因素综合考虑，辩证地、动态地、全面地进行发展能力分析。

10.1 企业发展能力分析的概念和内容

10.1.1 企业发展能力分析的概念

企业发展能力通常是指企业未来生产经营活动的发展趋势和发展潜能，也可以称为增长能力。从形成看，企业的发展能力主要是通过自身的生产经营活动，不断扩大积累而形成的，主要依托于不断增长的销售收入、不断增加的资金投入和不断创造的利润等。从结果看，一个发展能力强的企业，能够不断为股东创造财富，能够不断增加企业价值。企业发展能力分析就是对企业的销售、利润、资产和股东权益的增长和发展进行分析，通过分析评价企业的成长性，发现影响企业未来发展的关键因素、企业为股东创造价值的程度和判断企业未来的盈利能力。

10.1.2 企业发展能力分析的内容

企业发展能力的大小是一个相对概念，仅仅利用增长额只能说明企业某一方面的增减额度，不能反映变化的幅度，不便于不同规模的企业进行比较，也不能反映企业的发展能力，因此，在实践中通常使用增长率来进行企业发展能力分析。企业发展能力分析可以分为以下两方面内容：

1）企业单项发展能力的分析

企业价值要获得增长，就必须依赖销售收入、利润、资产和所有者权益等方面的不断增长，可以分别对这几方面的增长率进行分析，具体的指标有销售增长率、利润增长率、资产增长率和股东权益增长率。

2）企业综合发展能力的分析

企业要获得可持续发展，就必须在所有者权益、收益、销售收入和资产等方面谋求协调发展。通过对销售增长率、利润增长率、资产增长率和股东权益增长率指标进行相互比较与全面分析，综合判断企业的整体发展能力。

10.2 企业单项发展能力分析

10.2.1 销售增长率

1）销售增长率的内涵与计算

销售增长率是企业本年销售收入增长额同上年销售收入总额之比。本年销售收入增长额为本年销售收入减去上年销售收入的差额，它是分析企业成长状况和发展能力的基本指标。市场是企业生存和发展的空间，销售增长是企业增长的源泉。一个企业的销售情况越好，说明其在市场中所占份额越大，企业生存和发展的市场空间也越大，因此可以用销售增长率来反映企业在销售方面的增长能力。其计算公式如下：

$$销售增长率=\frac{本期营业收入增加额}{上期营业收入}\times 100\%$$

该公式反映的是企业某个时期整体销售增长情况。销售增长率为正数，说明企业本期销售规模扩大，销售增长率越高，说明企业营业收入增长得越快，市场越有利；销售增长率为负数，则说明企业销售规模缩小，销售增长率越低，说明市场越不利。

2）销售增长率分析

在利用销售增长率来分析企业在销售方面的增长能力时，应该注意以下几个方面：

（1）要判断企业在销售方面是否具有良好的成长性，必须分析销售增长是否具有效益性。如果销售收入的增长主要依赖资产的相应增长，也就是销售增长率低于资产增长率，则说明企业在销售方面可持续增长能力不强。通常情况下，企业的销售增长率应高于其资产增长率，只有在这种条件下，才能说明企业在销售方面具有良好的成长性。

（2）要全面、正确地分析和判断企业营业收入的增长趋势和增长水平，必须对企业不同时期的销售增长率加以比较和分析，剔除一些偶然的和非正常的影响因素，从而反映出企业实际的销售增长能力。

（3）判断企业收入增长率的合理性。一方面，应该将其与企业成本增长率和费用增长率进行对比分析。正常情况下，企业的收入增长率应该大于企业的成本增长率和费用增长率。另一方面，应该将其与应收账款增长率和存货增长率进行对比分析。

（4）可以利用某种产品销售增长率指标来观察企业的产品结构，进而分析企业的成长性。其计算公式如下：

$$某种产品销售增长率=\frac{该种产品本期营业收入增加额}{该种产品上期营业收入总额}\times 100\%$$

根据产品生命周期理论，每种产品的生命周期一般可以划分为四个阶段：在投放期，由于产品研究开发成功，刚刚投入生产，因此该阶段的产品销售规模较小，产品销售增长率较低。在成长期，由于产品市场不断拓展，销售量迅速增加，因此该阶段的产品销售增长较快，即该种产品销售增长率较高。在成熟期，由于市场已经基本饱和，销售量趋于稳定，因此该阶段的产品销售将不再有大幅增长。在衰退期，由于该产品的市场开始萎缩，因此该阶段的产品销售增长速度放慢甚至出现负增长，甚至表现为负数。根据这一原理，借助某种产品销售增长率指标，大致可以分析企业生产经营的产品所处的生命周期阶段。

（5）要分析销售增长的来源。仅仅根据财务报表的数字并不能清晰地认识销售增长的来源，只有分析销售增长的来源，才能判定企业是否具有销售方面的发展能力。另外，收入的质量也值得关注，有些收入造成的坏账准备数额较大，这种收入并没有给企业带来发展的动力。

分析销售增长率的意义在于，销售增长率不仅是分析企业发展能力的重要比率，也是进行预测分析时的关键参考数据。对于某种产品销售增长率的分析，并结合企业所处经济环境的定性分析，将有助于修正预测的营业收入，使结果可能接近企业的实际发展情况。

10.2.2 利润增长率

由于一个企业的价值主要取决于其盈利及增长能力，所以企业的收益增长是反映企业增长能力的重要方面。由于收益可表现为息税前利润、营业利润、利润总额、净利润等多种指标，因此相应的利润增长率也具有不同的表现形式。在实际中，通常使用营业利润增长率、净利润增长率这两种比率。

1）营业利润增长率

营业利润增长率是本期营业利润增加额与上期营业利润之比，其计算公式如下：

$$\text{营业利润增长率}=\frac{\text{本期营业利润增加额}}{\text{上期营业利润}}\times 100\%$$

该公式反映的是企业营业利润增长情况。营业利润增长率为正数，说明企业本期营业利润增加，营业利润增长率越大，说明企业收益增长得越多；营业利润增长率为负数，则说明企业本期营业利润减少，收益降低。

2）净利润增长率

由于净利润是企业经营业绩的综合评价结果，因此净利润的增长是企业成长性的基本表现。净利润增长率是本期净利润增加额与上期净利润之比，其计算公式如下：

$$\text{净利润增长率}=\frac{\text{本期净利润增加额}}{\text{上期净利润}}\times 100\%$$

该公式反映的是企业净利润增长情况。净利润增长率为正数，说明企业本期净利润增加，净利润增长率越大，说明企业收益增长得越多；净利润增长率为负数，则说明企业本期净利润减少，收益降低。

3）利润增长率分析

在进行利润增长率分析时，应首先关注利润增长的来源。从利润表来看，利润增长大致来源于三个方面：一是企业正常经营活动带来的利润增长，这种增长代表企业的发展能力具有可持续性。二是不构成企业日常经营活动的投资活动产生的收益，应对这部分收益带来的营业利润增长的合理性保持警惕。三是非经常性收益项目，这是指那些具有较大偶然性和意外性的收益，如资产重组收益、财政补贴等，这些项目带来的增长也是无法持续的。

对企业利润增长率进行分析时，应重点关注以下几点：

（1）应该结合营业收入增长率对比分析：如果企业的营业利润增长率高于企业营业收入增长率，说明企业业务不断拓展，企业的盈利能力不断增强；反之，如果企业的营业利润增长率低于营业收入增长率，则说明企业成本费用项目上升超过了营业收入的增长，企业盈利能力不强。

（2）应该对公允价值变动损益、投资收益等项目进行合理性分析，警惕企业有操纵利润的行为。

（3）为更正确地反映企业净利润和营业利润的成长趋势，应将企业连续多期的净利润增长率和营业利润增长率指标进行对比分析，排除个别时期偶然性或特殊性因素的影响，从而更加全面、真实地揭示企业净利润和营业利润的增长情况。

利润增长率分析的意义在于揭示了企业未来获利能力的发展趋势，同时也为预测分析以及价值评估提供了有益的参考数据。考虑企业实际情况后对利润增长率进行适当调整，就能大概地预测企业下一年或者以后多年的利润值，从而为判断预测利润表中计算得出的数值的合理性提供依据。因此，提高预测利润表的准确性对提高后续分析的科学性至关重要。

10.2.3　资产增长率

1）资产增长率的内涵与计算

企业要增加销售收入，就需要增加资产投入。为了反映企业在资产投入方面的增长情况，可以利用资产增长率指标。资产增长率就是本期资产增加额与资产期初余额之比，其计算公式如下：

$$资产增长率=\frac{本期资产增加额}{资产期初余额}\times 100\%$$

资产增长率是用来考核企业资产投入增长幅度的财务指标。资产增长率为正数，说明企业本期资产规模增加，资产增长率越大，说明资产规模增加幅度越大；资产增长率为负数，则说明企业本期资产规模缩减，资产出现负增长。

2）资产增长率分析

在对资产增长率进行具体分析时，应该注意以下几点：

（1）企业资产增长率高并不意味着企业的资产规模增长就一定适当。评价一个企业的资产规模增长是否适当，必须结合销售增长、利润增长等情况一起分析。只有在企业的销售增长、利润增长超过资产规模增长的情况下，这种资产规模增长才属于效益型增长，才是适当且正常的。

（2）要正确分析企业资产增长的来源。企业的资产一般来自负债和股东权益，在其他条件不变的情况下，无论是增加负债规模还是增加股东权益规模，都会提高资产增长率。如果一个企业的资产增长完全依赖于负债的增长，而股东权益项目在年度里没有发生变动或者变动不大，则说明企业不具备良好的发展潜力。从企业自身的角度看，企业资产的增长应该主要取决于企业盈利的增加。当然，盈利的增长能带来多大程度的资产增长还要视企业实行的股利政策而定。

（3）为全面认识企业资产规模的增长趋势和增长水平，应将企业不同时期的资产增长率加以比较。因为一个健康的处于成长期的企业，其资产规模应该是不断增长的，如果时增时减，则反映出企业的经营业务并不稳定，同时也说明企业不具备良好的增长能力。只有将一个企业不同时期的资产增长率加以比较，才能正确评价企业资产规模的增长能力。

10.2.4 股东权益增长率

1）股东权益增长率的内涵与计算

股东权益增加是驱动剩余收益增长的因素之一，可以用比率表示。股东权益的增加就是期初到期末余额的变化，股东权益增长率能够解释这种变化。股东权益增长率是本期股东权益增加额与股东权益期初余额之比，其计算公式为：

$$股东权益增长率=\frac{本期股东权益增加额}{股东权益期初余额}\times 100\%$$

股东权益增长率越高，表明企业本期股东权益增加得越多；股东权益增长率越低，表明企业本期股东权益增加得越少。

2）股东权益增长率分析

股东权益的增长主要来源于经营活动产生的净利润和融资活动产生的股东净支付。股东净支付，就是股东对企业当年的新增投资扣除当年发放股利后的余额。股东权益增长率还可以表示为：

$$\begin{aligned}股东权益增长率&=\frac{本期股东权益增加额}{股东权益期初余额}\times 100\%\\&=\frac{净利润+(股东新增投资-支付股东股利)+直接计入股东权益的利得和损失}{股东权益期初余额}\times 100\%\\&=\frac{净利润+股东的净支付+直接计入股东权益的净损益}{股东权益期初余额}\times 100\%\\&=净资产收益率+股东净投资率+净损益占股东权益的比率\end{aligned}$$

公式中的净资产收益率、股东净投资率和净损益占股东权益的比率都是以股东权益期初余额作为分母计算的。从公式中可以看出，股东权益增长率是受净资产收益率、股东净投资率、净损益占股东权益的比率这三个因素驱动的。其中，净资产收益率反映了企业运用股东投入资本创造收益的能力，股东净投资率反映了企业利用股东新投资的程度，而净损益占股东权益的比率则反映了直接计入股东权益的利得和损失在股东权益中所占的份额。这三个比率的高低都反映了其对股东权益增长的影响程度。

为正确判断和预测企业股东权益规模的发展趋势和发展水平，应将企业不同时期的股东权益增长率加以比较。因为一个持续增长型企业，其股东权益应该是不断增长的，如果时增时减，则反映出企业发展不稳定，同时也说明企业并不具备良好的增长能力。因此，仅仅计算和分析某个时期的股东权益增长率是不全面的，应利用趋势分析法将一个企业不同时期的股东权益增长率加以比较，从而正确评价企业的增长能力。

3）经济增加值：对股东权益增长率的改进

经济增加值（economic value added，EVA）定义为扣除全部资本占用费用（包括股权成本和债务成本）后企业经营产生的利润，其核心是资本投入是有成本的，企业的盈利只有高于其资本成本（包括股权成本和债务成本）时，才会为股东创造价值。从算术角度说，EVA等于税后经营利润减去债务成本和股本成本。EVA是对真正“经济”利润的评价，是一种评价企业经营者有效使用资本为股东创造价值的能力，体现企业最终经营目标的经营业绩考核工具。因此，EVA和股东权益增长率相比具有以下优势：

（1）基于EVA的业绩评价考虑了股权资本成本，只有超过了全部资本必要回报的那一部分利润才能真正为股东增加财富。而会计利润的计算仅扣除了债务资本成本，却忽视了股权资本的机会成本，这样有可能使管理层接受那些高于债务资本成本但低于股权资本必要回报率的项目。

（2）基于EVA的业绩评价着眼于企业的长远发展，引导管理层为股东创造长期投资回报。比如企业的研发支出，在现行会计准则下只能部分资本化，有些企业甚至在开发成功前全部费用化，这显然会低估经济意义上的资产和利润水平，挫伤了管理层自主研发的积极性，降低管理者开拓业务市场的积极性。

（3）基于EVA的业绩评价调整了企业的非日常经营活动及会计政策选择的影响，更能如实反映企业的经营业绩。相比之下，尽管净利润、股东权益报酬率等指标为各类报表分析主体所关注，但其作为管理者业绩评价指标却备受质疑，由于主客观原因，管理层可以通过盈余管理达到粉饰报表的目的，从而扭曲企业真实的经营情况，误导财务报表使用者的投资决策。

可见，经济增加值作为业绩评价工具，能够在很大程度上避免会计利润的缺陷，其计量结果更接近企业真实的经营情况。作为一种战略管理工具，它立足于企业的长期发展，鼓励管理者投身于自主研发、产品市场推广等价值创造活动。

通常用EVA改善率可以衡量股东权益增加的变化程度，其计算公式如下：

$$\text{EVA改善率}=\frac{\text{本期EVA}-\text{基期EVA}}{\text{基期EVA}}\times 100\%$$

其中：

$$\begin{aligned}\text{EVA}&=\text{资本收益}-\text{资本成本}\\&=\text{净利润}-\text{股东权益资本成本}\\&=(\text{净资产收益率}-\text{股东权益报酬率})\times\text{净资产}\end{aligned}$$

股东权益报酬率有很多种计算方法，通常采用资本资产定价模型和风险溢价模型来计算。而对于非上市企业来说，其可以参考可比企业计算其自身的股东权益报酬率。从前文EVA的计算公式中不难发现，EVA主要受净资产收益率、股东权益报酬率、净资产这三个因素的影响，其具体表现如下：

①净资产收益率。净资产收益率是反映企业盈利能力的核心指标，既可反映股东资本的增值能力，又影响着企业股东价值的增加。在股东权益报酬率和净资产等因素不变的前提下，净资产收益率越高，EVA越大。

②股东权益报酬率。在净资产收益率和净资产等条件不变的前提下，股东权益报酬率越低，EVA越大。

③净资产。在净资产收益率高于股东权益报酬率的前提下，净资产投入越多，企业创造的经济增加值越多。

EVA不仅是用于衡量企业发展能力的比率，也是企业价值评估时不可缺少的参考数据。以经济增加值（EVA）为基础的价值评估方法的关键就在于对未来经济增加值的预测，而EVA改善率所体现的EVA增长趋势为这一预测提供了便利，其既可以结合企业实际情况直接用于预测，也可以作为其他预测方法的补充修正，使基于EVA预测值折现得到的价值评估结果更可靠。

10.3 企业综合发展能力分析

要分析企业的综合发展能力，只有把股东权益增长率、利润增长率、销售增长率和资产增长率四种类型的增长率指标相互联系起来进行综合分析，才能正确评价一个企业的整体增长能力。

1）企业综合发展能力分析的思路

（1）分别计算股东权益增长率、利润增长率、销售增长率和资产增长率等指标的实际值。

（2）分别将上述增长率指标实际值与以前不同时期增长率数值、同行业平均水平进行比较，分析企业在股东权益、收益、营业收入和资产等方面的增长能力。

（3）考察股东权益增长率、利润增长率、销售增长率和资产增长率等指标之间的关系，判断不同方面增长的效益性以及它们之间的协调性。

（4）根据以上分析结果，运用一定的分析标准，判断企业的可持续增长能力。一般而言，只有当企业的股东权益增长率、资产增长率、销售增长率、利润增长率保持同步增长且不低于行业平均水平时，才可以判断这个企业具有良好的可持续增长能力。

2）分析时应该注意的问题

（1）对股东权益增长的分析。EVA指标的优势是对股东权益增长分析时使用EVA改善率，而不是使用股东权益增长率。

（2）对利润增长的分析。利润的增长主要表现为净利润的增长，而对于一个持续增长的企业而言，其净利润的增长应该主要来源于营业利润，而营业利润的增长又应该主要来自营业收入的增加。

（3）对销售增长的分析。销售增长是企业营业收入的主要来源，也是企业价值增长的源泉。一个企业只有不断开拓市场，保持稳定的市场份额，才能不断扩大营业收入，增加股东权益；同时为企业进一步扩大市场、开发新产品和进行技术改造提供资金来源，最终促进企业的进一步发展。

（4）对资产增长的分析。企业资产是取得营业收入的保障，要实现营业收入的增长，在资产利用效率一定的条件下就需要扩大资产规模。要扩大资产规模，一方面可以通过负债融资实现，另一方面可以依赖股东权益的增长，即净利润和净投资的增长。

总之，在运用这一框架时需要注意这四种类型增长率之间的相互关系，否则无法对企业的整体发展能力做出正确的判断。

10.4 M集团发展能力分析

根据M集团的相关报表数据，可以对M集团的增长能力指标进行计算，见表10-1至表10-4。

表10-1　**M集团收入增长率指标计算表**　金额单位：元

项目	2017年	2018年	2019年	2020年
营业收入	240 712 301 000	259 664 820 000	278 216 017 000	284 221 249 000
本年营业收入增加额	—	18 952 519 000	18 551 197 000	6 005 232 000
营业收入增长率（%）	—	7.87%	7.14%	2.16%

表10-2　**M集团利润增长率指标计算表**　金额单位：元

项目	2017年	2018年	2019年	2020年
营业利润	21 627 854 000	25 564 111 000	29 683 092 000	31 493 457 000
本年营业利润增加额	—	3 936 257 000	4 118 981 000	1 810 365 000
营业利润增长率（%）	—	18.20%	16.11%	6.10%
净利润	18 611 190 000	21 650 419 000	25 277 144 000	27 506 542 000
本年净利润增加额	—	3 039 229 000	3 626 725 000	2 229 398 000
净利润增长率（%）	—	16.33%	16.75%	8.82%

表10-3　**M集团资产增长率指标计算表**　金额单位：元

项目	2017年	2018年	2019年	2020年
资产总额	248 106 858 000	263 701 148 000	301 955 419 000	360 382 603 000
本年资产增加额	—	15 594 290 000	38 254 271 000	58 427 184 000
资产增长率（%）	—	6.29%	14.51%	19.35%
股东权益额	82 925 171 000	92 454 517 000	107 496 097 000	124 237 100 000
股东权益增加额	—	9 529 346 000	15 041 580 000	16 741 003 000
股东权益增加额占资产增加额的比重（%）	—	61.11%	39.32%	28.65%

表10-4　**M集团股东权益增长率计算表**　金额单位：元

项目	2020年	2019年	2018年
净资产收益率	23.74%	25.28%	25.66%
股东权益报酬率	7.46%	7.46%	7.46%
平均净资产	115 866 598 500	99 975 307 000	87 689 844 000
EVA	18 863 082 236	17 815 599 707	15 959 551 608
EVA改善率	5.88%	11.63%	—

注：表中股东权益资本成本率是根据M集团的年报和证券分析师相关分析整理所得。

根据表中的数据，对M集团增长能力分析如下：

（1）通过表10-1可以看出，M集团的营业收入增长率2018年为7.87%，2019年为7.14%，2020年为2.16%，2018—2020年营业收入持续增长，2020年的增长速度低于前两年。

（2）通过表10-2可以看出，2018—2020年M集团的营业利润持续增长，2018—2020年营业利润增长率分别为18.20%、16.11%和6.10%，2018年和2019年的营业利润增长率相对较高，2020年大幅下降；2018—2020年M集团的净利润持续增长，2018—2020年营业利润增长率分别为16.33%、16.75%和8.82%，2018年和2019年的净利润增长率相对较高，2020年大幅下降。

（3）通过表10-3可以看出，2018—2020年M集团的资产增长率持续增长，2018—2020年资产增长率分别为6.29%、14.51%和19.35%，其中，股东权益增加额占资产增加额的比重分别为61.11%、39.32%和28.65%。

（4）根据表10-4，M集团2018—2020年的EVA和EVA改善率均为正值，2020年和2019年EVA改善率分别为5.88%和11.63%，反映出该公司这几年的股东财富在不断增加，公司呈现出良好的增长态势。同时发现2019年EVA改善率高出2020年1倍多，对于变化的原因可以结合相关资料进行更深入的分析。2020年对EVA改善率起主导作用的仍然是净资产收益率的变化，但是相比于2019年，三个影响因素的作用幅度均下降，但这种下降并不表示企业没有增长能力，而是放缓了增长的脚步。

总的来说，M集团近几年的各增长率指标整体较好，2020年的指标下降一定程度上受到了新冠肺炎疫情的影响。M集团这几年增长能力较强，发展趋势稳定，且状态良好，在宏观环境相对稳定的条件下，还可以保持较好的持续增长。

思考题

1.企业发展能力分析的目的？

2.企业发展能力分析的内容？

3.衡量企业单项发展能力的指标有哪些？

4.在利用销售增长率进行分析时需要注意哪些问题？

5.对企业利润增长率进行分析时应关注哪些问题？

6.对资产增长率进行分析时应关注哪些问题？

7.对企业利润增长率进行分析时应关注哪些问题？

8.EVA与股东权益增长率相比具有哪些优势？

9.企业综合发展能力分析的思路是什么？

10.企业综合发展能力分析时应注意哪些问题？

章末习题

一、单项选择题

1.可以反映企业销售增长能力的指标是（　　）。

A.销售净利率　　B.销售增长率　　C.销售成本率　　D.销售利润率

2.由于收益可表现为息税前利润、营业利润、利润总额、净利润等多种指标，因此相应的利润增长率也具有不同表现形式。在实际中，通常使用营业利润增长率和（　　）这两种比率。

A.息税前利润增长率　　B.销售增长率

C.利润总额增长率　　D.净利润增长率

3.如果企业某一种产品处于成长期，其销售增长率的特点是（　　）。

A.比值比较大　　B.与上期相比变动不大

C.比值比较小　　D.与上期相比变动非常小

4.下列不属于利润增长来源的是（　　）。

A.企业正常经营活动带来的利润增长

B.不构成企业日常经营活动的投资活动产生的收益

C.非经常性收益项目，如资产重组收益、债务重组收益、财政补贴等

D.股东对企业当年的新增投资

5.下列项目中，不属于企业资产规模增加的原因的是（　　）。

A.企业对外举债　　B.企业实现盈利　　C.企业发放股利　　D.企业发放股票

6.可以反映股东权益账面价值增加变化的指标是（　　）。

A.权益乘数　　B.股东权益增长率

C.产权比率　　D.三年资本平均增长率

7.下列指标中，用以评价股东权益的增长更有意义的是（　　）。

A.股东权益增长率　B.净资产收益率　　C.股东净投资率　　D.EVA改善率

8.下列关于EVA说法错误的是（　　）。

A.相较于股东权益增长率，EVA更真实地反映了企业的股东权益增长能力

B.EVA改善率越大，表明企业的增长能力越强，反之，则表明企业增长能力越弱

C.与传统财务指标相比，EVA考虑了全部资本成本

D.EVA改善率的计算仅扣除了股东权益资本成本，没有扣除债务资本成本

9.从根本上看，一个企业的股东权益增长应主要依赖于（　　）。

A.净资产收益率　　B.股东净投资率

C.净损益占营业收入比率　　D.资本积累率

10.下列关于资产增长率分析的说法错误的是（　　）。

A.企业资产增长率高并不意味着企业的资产规模增长就一定适当

B.企业的销售增长、利润增长超过资产规模增长属于效益型增长

C.在分析资产增长率时不需要分析企业资产增长的来源

D.为全面认识企业资产规模的增长趋势和增长水平，应将企业不同时期的资产增长率加以比较

二、多项选择题

1.有关企业发展能力分析，下列说法中正确的是（　　）。

A.企业发展能力的大小是一个相对概念，即分析期的股东权益、利润、收入和资产

是相对于上一期的股东权益、利润、收入和资产而言的

B.企业发展能力分析的目的之一是满足相关利益者的决策需求

C.企业整体发展能力分析就是通过对股东权益增长率、利润增长率、收入增长率、资产增长率等指标进行相互比较与全面分析，综合判断企业的整体发展能力

D.企业不同方面的增长率相互作用、相互影响，只有将各方面的增长率交叉比较分析，才能全面分析企业的整体发展能力

E.仅利用增长额对比分析也能准确反映企业的发展能力

2.企业单项发展能力包括（　　）。

A.资产发展能力　　B.收益发展能力　　C.营业收入发展能力

D.负债发展能力　　E.股东权益发展能力

3.一个发展能力强的企业，表现为（　　）。

A.资产规模不断增加　　B.营运效率不断提高　　C.股东财富持续增长

D.财务风险不断加大　　E.盈利能力不断增强

4.对于销售增长率，下列表述中正确的有（　　）。

A.是评价企业成长状况和发展能力的重要指标

B.不会受到一些偶然的和非正常的因素的影响

C.为正数，则说明企业本期销售规模增加

D.为负数，则说明企业销售规模减小，销售出现负增长

E.资产重组、外汇汇率变动以及会计政策或会计估计变更也可能会带来收入的增加

5.可以用来反映企业收益增长能力的财务指标有（　　）。

A.净利润增长率　　B.收入增长率　　C.总资产报酬率

D.资本积累率　　E.营业利润增长率

6.股东权益增长率的大小直接取决于下列因素中的（　　）。

A.净资产收益率　　B.总资产周转率　　C.总资产报酬率

D.股东净投资率　　E.净损益占股东权益比率

7.影响EVA改善率增减变化的因素包括（　　）。

A.股东净投资率　　B.净资产收益率　　C.股东权益报酬率

D.净资产　　E.净利润增长率

8.下列说法中正确的有（　　）。

A.股东权益增长率越高，表明企业本期股东权益增加得越多

B.股东权益增长率受净资产收益率、股东净投资率、净损益占股东权益比率三个因素驱动

C.股东权益增长率的计算忽略了对权益资本成本的补偿

D.相较于股东权益增长率，EVA改善率更真实地反映了企业的股东权益增长能力

E.一个企业的股东权益增长应主要依赖于企业运用股东投入资本所创造的利润

9.下列说法中正确的有（　　）。

A.如果一个企业营业收入增长但利润并未增长，那么从长远看，它并没有增加股东权益

B.判断企业收入增长率是否合理时，应该将其与企业成本增长率和费用增长率进行

对比

C.如果企业的营业利润增长率高于企业营业收入增长率，说明企业为成长型企业

D.如果企业的营业利润增长率低于营业收入增长率，说明企业盈利能力并不强，企业营业利润发展潜力受限，此时企业产品进入成熟期或衰退期

E.应将企业连续多期的净利润增长率和营业利润增长率指标进行对比分析

10.企业综合发展能力分析的思路是（　　）。

A.分别计算股东权益增长率、利润增长率、销售增长率和资产增长率等指标实际值

B.分别将上述增长率指标实际值与以前不同时期增长率数值、同行业平均水平进行比较

C.考察股东权益增长率、利润增长率、销售增长率和资产增长率等指标之间的关系

D.判断不同方面增长的效益性以及它们之间的协调性

E.运用一定的分析标准，判断企业的可持续增长能力

三、计算分析题

1.EVA改善率的计算。

已知某企业2019年的平均净资产是11 080 000元，净资产收益率是8%，股东要求的投资报酬率是6%；2020年该企业的平均净资产增加了10%，净资产收益率是11%，股权资本成本率增加了20%。请根据以上财务数据计算企业2020年的EVA以及EVA改善率。

2.G集团自2017年开始连续四年的营业收入数据见表10-5，请计算营业收入增长率，并与M集团的资料进行对比，分析其收入增长能力。

表10-5　**G集团收入增长率指标计算表**　金额单位：元

项目	2017年	2018年	2019年	2020年
营业收入	148 286 450 009	198 123 177 057	198 153 027 540	168 199 204 405
本年营业收入增加额				
营业收入增长率（%）				

3.G集团自2017年开始连续四年的营业利润、净利润见表10-6，计算利润增长率指标，并与M集团的资料进行对比，分析其利润增长能力。

表10-6　**G集团利润增长率指标计算表**　金额单位：元

项目	2017年	2018年	2019年	2020年
营业利润	26 126 666 010	30 996 884 692	29 605 107 122	26 043 517 838
本年营业利润增加额				
营业利润增长率（%）				
净利润	22 508 599 044	26 379 029 817	24 827 243 604	22 279 242 195
本年净利润增加额				
净利润增长率（%）				

4.G集团自2017年开始连续四年的资产总额、所有者权益额见表10-7，计算资产增长率相关指标，并与M集团的资料进行对比，分析其资产增长能力。

表10-7　　**G集团资产增长率指标计算表**　　金额单位：元

项目	2017年	2018年	2019年	2020年
资产总额	214 967 999 328	251 234 157 277	282 972 157 415	279 217 923 628
本年资产增加额				
资产增长率（%）				
股东权益额	66 834 797 763	92 714 711 727	112 047 656 523	116 880 487 088
股东权益增加额				
股东权益增加额占资产增加额的比重（%）				

第10章习题答案

第11章/ 财务报告综合分析

【学习目标】通过本章的学习，了解财务报告综合分析的目的、原则；掌握杜邦分析体系的计算分析方法；了解沃尔比重分析法；了解企业经营业绩综合评价方法。

【思政要点】杜邦分析法和沃尔评分法起源和发展于西方，目前在我国综合财务分析时应用也是非常广泛的。但是也要看到这两种方法是在一定历史时期产生的，具有一定的局限性，其最主要的局限是侧重于对过去的分析，对未来的解释力不足，分析信息不够全面等，与新经济时代我国企业的实际现状不相适应。在具体学习和使用时，需要有批判性思维，辩证地、全面地看问题，树立理论联系实践的观念，鼓励在原有方法体系上进行改良和创新，探索适合我国国情、时代特征和企业特点的财务分析理论与方法。

11.1 财务报告综合分析概述

11.1.1 财务报告综合分析的含义和目的

1）财务报告综合分析的含义

财务报告综合分析，就是将企业偿债能力、盈利能力、营运能力和发展能力等方面的分析情况结合起来，对企业的财务状况和经营成果进行全面剖析，从而对企业经济效益做出准确的综合评价和判断。

2）财务报告综合分析的目的

财务分析的最终目的在于全面剖析和了解企业经营管理的状况，评价企业财务状况、经营成果和现金流量，并对企业综合经济效益的优劣做出系统合理的评价。要想对企业财务状况和经营成果有一个综合的评价，就必须进行相互关联的分析，采用适当的标准进行综合性的评价。单独的某类指标、某一方面财务能力的分析显然无法达到这一目的，因此，需要通过各种财务能力指标的综合分析来评价，即财务报告综合分析。

11.1.2 财务报告综合分析的原则

财务报告综合分析要求将企业偿债能力、盈利能力、营运能力和发展能力等方面的指标纳入一个有机的分析评价系统之中，要建立一个健全有效的财务报告综合分析指标体系，因此要坚持以下几项基本原则：

1）评价指标的设置要全面

在进行综合分析评价时，为了保证分析结论的完整性，设置的评价指标要尽可能地涵盖偿债能力、盈利能力、营运能力和发展能力等各方面的考核要求。

2）主辅指标功能要匹配

在分析中要做到，明确分析指标的主辅地位，所设置的分析指标能从不同侧面、不同层次反映企业财务状况，揭示企业经营业绩。

3）满足各方面经济需求

由于财务分析的主体是多方面的，不同的分析主体有不同的分析目的和需求，因此设置的评价指标体系既要能满足企业内部管理者决策的需要，也要能满足外部投资者和政府管理机构决策及实施宏观调控的要求。

11.1.3 财务报告综合分析的方法

财务报告综合分析的方法或体系较多，其中影响较大、运用较广的主要是杜邦财务分析体系、沃尔评分法和中央企业综合绩效评价（注：从严格意义上说，杜邦财务分析体系属于财务报告综合分析方法，沃尔评分法和中央企业综合绩效评价属于财务报告综合评价方法，为了简化起见，在本教材中对两者不做严格区分）。

11.2 杜邦财务分析体系

11.2.1 杜邦财务分析体系的定义及公式

杜邦财务分析体系亦称杜邦财务分析法，是根据各主要财务比率指标之间的内在联系，建立财务分析指标体系，综合分析企业财务状况的方法。由于该指标体系是由美国杜邦公司最先采用的，故称为杜邦财务分析体系。该方法以净资产收益率为起点，以总资产净利率和权益乘数为核心，重点揭示公司盈利能力、资产投资收益能力及权益乘数对净资产收益率的影响，以及各相关指标间相互作用的关系，将若干反映企业盈利状况、营运状况和资本结构状况的比率按其内在联系有机地结合起来，形成一个完整的指标体系。

杜邦财务分析体系将净资产收益率分解为销售净利率、总资产周转率和权益乘数三者的积，从盈利能力、营运能力和偿债能力三个方面来综合分析企业的财务状况。杜邦分析公式推导过程如下：

$$\begin{aligned}\text{净资产收益率} &= \frac{\text{净利润}}{\text{平均净资产}} \times 100\% \\ &= \frac{\text{净利润}}{\text{平均总资产}} \times \frac{\text{平均总资产}}{\text{平均净资产}} \times 100\% \\ &= \frac{\text{净利润}}{\text{营业收入}} \times \frac{\text{营业收入}}{\text{平均总资产}} \times \frac{\text{平均总资产}}{\text{平均净资产}} \\ &= \text{销售净利率} \times \text{总资产周转率} \times \text{权益乘数}\end{aligned}$$

在利用这种方法进行综合分析时，可把各项财务指标间的关系绘制成杜邦分析图（见图 11-1）。杜邦分析图的左边部分，主要分析公司的盈利能力和营运能力，并展示出公司盈利能力和营运能力之间的内在联系；杜邦分析图的右边部分，主要分析公司的资本结构。资产投资收益能力和资本结构共同影响净资产收益率的水平。因此，净资产收益率是杜邦财务分析体系的核心，是一个综合性最强的财务指标，反映公司财务管理目标的实现情况。

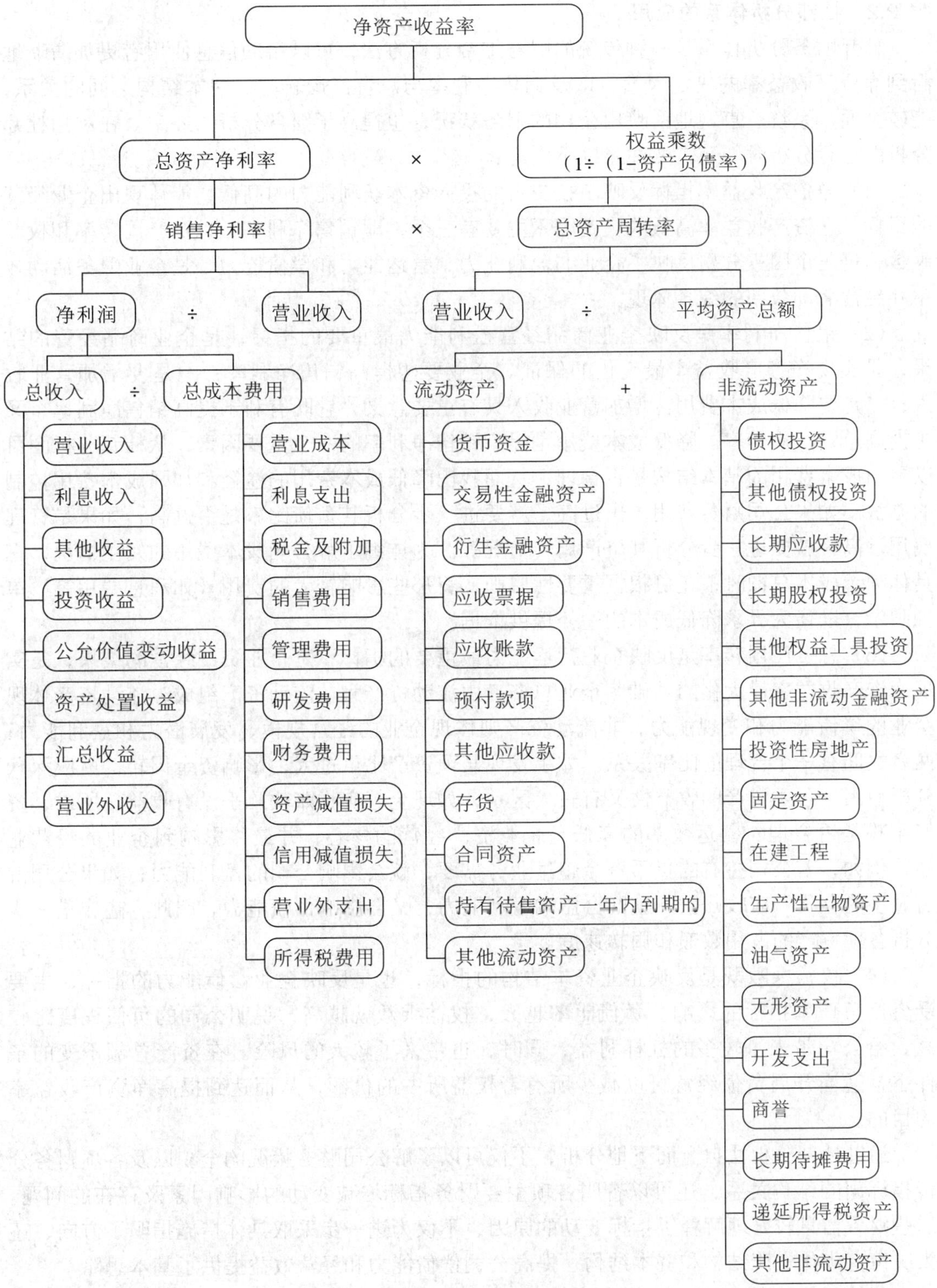
净资产收益率
总资产净利率
×
权益乘数
（1÷（1-资产负债率））
销售净利率
×
总资产周转率
净利润
÷
营业收入
营业收入
÷
平均资产总额
总收入
÷
总成本费用
流动资产
+
非流动资产
营业收入
利息收入
其他收益
投资收益
公允价值变动收益
资产处置收益
汇总收益
营业外收入
营业成本
利息支出
税金及附加
销售费用
管理费用
研发费用
财务费用
资产减值损失
信用减值损失
营业外支出
所得税费用
货币资金
交易性金融资产
衍生金融资产
应收票据
应收账款
预付款项
其他应收款
存货
合同资产
持有待售资产一年内到期的
其他流动资产
债权投资
其他债权投资
长期应收款
长期股权投资
其他权益工具投资
其他非流动金融资产
投资性房地产
固定资产
在建工程
生产性生物资产
油气资产
无形资产
开发支出
商誉
长期待摊费用
递延所得税资产
其他非流动资产

图11-1　杜邦分析图

11.2.2 杜邦分析体系的应用

杜邦财务分析体系是一种传统的财务综合分析方法，可以帮助信息使用者更加清晰地看到净资产收益率的决定因素，以及销售净利率与总资产周转率、资本结构之间的关系，能较全面、系统、直观地反映出公司的财务状况，也提高了财务分析的效率。在利用杜邦分析图进行分析时，还需要注意以下内容：

（1）净资产收益率指标反映了投资者的投入资本获利能力的高低，能体现出企业经营的目标。净资产收益率高低的决定因素主要有三个，即销售净利率、总资产周转率和权益乘数，这三个因素分别反映了企业的盈利能力、营运能力和偿债能力，是企业财务活动效率和经营活动效率的综合体现。

（2）销售净利率是反映企业商品经营盈利能力最重要的指标，是企业商品经营的结果，是实现净资产收益率最大化的保证。企业要想提高销售净利率：一是要增加营业收入；二是要降低成本费用。增加营业收入具有重要意义，它既有利于提高销售净利率，又可提高总资产周转率。降低成本费用是提高销售净利率的一个重要因素，从杜邦分析图可以看出成本费用的基本结构是否合理，从而找出降低成本费用的途径和加强成本费用控制的办法。如果公司财务费用支出过高，就要进一步分析其负债比率是否过高；如果是管理费用过高，就要进一步分析其资产周转情况等。为详细了解公司成本费用的发生情况，在具体列示成本总额时，还可根据重要性原则，将那些影响较大的费用（如利息费用等）单独列示，以便为寻求降低成本的途径提供依据。

（3）总资产周转率是反映企业营运能力最重要的指标，是企业资产经营的结果，是实现净资产收益率最大化的基础。企业总资产由流动资产和非流动资产组成，流动资产体现企业的偿债能力和变现能力，非流动资产则体现企业的经营规模、发展潜力和盈利能力；两者之间有一个合理的比率关系。如果发现某项资产比重过大，影响资金周转，就应深入分析原因。各类资产的收益性又有较大区别，如现金、应收账款几乎没有收益。所以，资产结构是否合理、营运效率的高低是企业资产经营的核心，并最终影响到企业的经营业绩。例如，若公司持有的货币资金超过业务需要，就会影响公司的盈利能力；如果公司占有过多的存货和应收账款，就既会影响盈利能力，又会影响偿债能力。因此，还应进一步分析各项资产的占用数额和周转速度。

（4）权益乘数既是反映企业资本结构的指标，也是反映企业偿债能力的指标，主要受资产负债率指标的影响。负债比率越大，权益乘数就越高，说明公司的负债程度比较高，给公司带来了较多的杠杆利益，同时，也带来了较大的风险。在资产总额不变的条件下，适当开展负债经营可以减少所有者权益所占的份额，从而达到提高净资产收益率的目的。

通过杜邦分析法自上而下地分析，不仅可以了解公司财务状况的全貌以及各项财务分析指标间的结构关系，还可以查明各项主要财务指标增减变动的影响因素及存在的问题。这些财务信息较好地解释了指标变动的原因，不仅为进一步采取具体措施指明了方向，还为决策者优化资产结构和资本结构、提高公司偿债能力和经营效益提供了基本思路。

从杜邦分析图中可以发现提高净资产收益率的四种途径：第一，使营业收入增长幅度高于成本费用的增长幅度；第二，减少公司的销货成本或经营费用；第三，提高总资产周转率，即在现有资产的基础上，增加营业收入，或者减少公司资产；第四，在不危及公司财务安全的前提下，扩大债务规模，提高负债比率。

11.2.3　杜邦分析体系的不足

杜邦财务分析体系自产生以来在实践中得到广泛应用与好评，但随着经济与环境的发展、变化和人们对企业目标认识的进一步提高，杜邦财务分析体系在应用过程中也暴露出一些不足，主要表现在以下几个方面：

（1）涵盖信息不够全面。杜邦分析法主要利用的是企业资产负债表和利润表的项目数据，而不涉及现金流量表，这样做容易让报表使用者只看到账面利润，而忽视了更能反映企业生命力的现金流量信息。

（2）分析内容不够完善。杜邦分析法主要从企业盈利能力、营运能力、偿债能力的角度对企业展开财务分析，而忽略了对企业发展能力的分析。同时，由于杜邦分析法通常针对的是短期财务结果，这也容易诱导管理者的短期行为，忽视了企业长期价值的创造。

（3）对企业风险分析不足。企业风险是财务报表使用者非常关心的问题，而杜邦分析法无法较直观地体现企业的经营风险或财务风险。

（4）主要反映公司过去的经营业绩。杜邦分析法在反映公司未来的财务状况方面具有一定的局限性。在目前的信息时代，顾客、供应商、雇员、技术创新等因素对公司经营业绩的影响越来越大，而杜邦分析法在这些方面无能为力。

11.2.4　M集团杜邦综合财务分析

根据M集团的有关数据进行杜邦综合分析的指标计算，具体见表11-1。

表11-1　**M集团杜邦综合分析指标计算表**　金额单位：元

指标	2020年			2019年		
	分子	分母	指标值	分子	分母	指标值
净资产收益率	27 506 542 000	115 866 598 500	23.74%	25 277 144 000	99 975 307 000	25.28%
销售净利率	27 506 542 000	284 221 249 000	9.68%	25 277 144 000	278 216 017 000	9.09%
总资产周转率（次）	284 221 249 000	331 169 011 000	0.86	278 216 017 000	282 828 283 500	0.98
权益乘数	331 169 011 000	115 866 598 500	2.86	282 828 283 500	99 975 307 000	2.83

根据表11-1，M集团2020年净资产收益率为23.74%，2019年净资产收益率为25.28%，表明M集团2020年盈利能力稍有下降，但下降幅度不大。从该指标本身看不出其净资产收益率的高低，判断其高低必须有一定的参照物，我们可用经验指标或与同行业类似企业的该指标比较，判断该公司在市场经营中所处的竞争地位及获利能力的大小。一般来说，净资产收益率在15%～39%是最合适的，所以M集团自有资本获取收益的能力是比较强的，经营效率较好。

M集团2020年销售净利率比2019年销售净利率上升0.59%，总资产周转率由2019年的0.98次下降到2020年的0.86次，2020年权益乘数比2019年权益乘数稍有上升，三因素共同作用，导致M集团2020年净资产收益率相比上年下降1.54%。2020年净资产收益率有小幅下降，且主要是由总资产周转率的变动带来的。进一步分析总资产周转率下降的原因，发现由于2020年受新冠肺炎疫情影响，企业营业收入有所下降，企业总资产的使用效率有所下降。总的来说，M集团财务状况正常，表现出较稳定的良性发展态势。

11.3 沃尔评分法

在进行财务分析时，人们常遇到的一个主要困难是在计算出各项财务比率后，无法判定其是偏高还是偏低。将实际比率与本公司的历史水平或预算指标相比，只能看出本公司自身的变化，很难评价其在市场竞争中的优劣地位。为了弥补这些缺点，亚历山大·沃尔在其20世纪初编写的《信用晴雨表研究》和《财务报表比率分析》中，提出了信用能力指数概念。他把选定的流动比率、产权比率、固定资产比率、存货周转率、应收账款周转率、固定资产周转率、权益（即所有者权益）资本周转率等七项财务比率用线性关系结合起来，并分别给定各自的分数比重。然后通过与标准比率进行比较，确定各项指标的得分及总体指标的累计分数，从而对公司的财务状况做出综合评价。最初的模型方法称为沃尔评分法，后来的很多综合财务评价体系都是在此基础上发展起来的。这种评价方法的基本步骤如下：

1）选择财务评价指标

评价所用的具体指标可根据企业的行业特征、评价目的选取，通常包括以下几个方面的指标：盈利能力指标、营运能力指标、偿债能力指标、经营增长指标。如果评价目标中有非财务目标，还需要增加非财务指标。包含非财务指标对企业绩效进行全面评价的体系，称为企业综合绩效评价。

2）确定各项指标在评分中的权重

按对各类指标重要程度的理解，确定各项指标的评分值，所有指标的评分值之和应该为100分。

3）确定各指标的标准值

标准值是给指标打分的依据，通过将被评价指标的实际值与标准值相比较，可以得到该项指标的得分。标准值的选取与比较对象有关。如果按行业进行比较打分，则行业的指标数据为标准值的选取依据；如果按企业规模进行考核比较，则企业规模的指标数据为标准值的选取依据。

4）计算各项指标的实际得分

将被评价指标的实际值与标准值进行对比，通过实际值与标准值的对比计算，发现实际值偏离标准值的程度；按照事先设定的偏离得分计算方法，计算得到各指标的实际得分。不同企业、不同指标偏离标准值的程度不同，因此会得到不同的得分。

5）计算企业的综合得分

按照事先设定的指标在评分体系中的权重与指标的实际得分，计算企业的综合得分，并依据该得分，对企业整体的财务业绩状况进行最终的评价，比如划分为优、良、中、差等。

沃尔评分法从理论上讲有一个明显的问题，就是不能证明为什么要选择这七个指标，而不是更多或更少些，或者选择别的财务比率，以及不能证明每个指标所占比重的合理性。沃尔评分法从技术上讲也有一个问题，就是当某一个指标严重异常时，会对总评分产生不合逻辑的重大影响。这个缺陷是由财务比率与其比重相乘引起的。财务比率提高一倍，评分增加100%；而缩小一半，评分只减少50%。在采用此方法进行财务状况综合分析和评价时，应注意这方面的问题。尽管沃尔评分法在理论上有待证明，在技术上也不完善，但在实践中仍然被广泛应用。

11.4　中央企业综合绩效评价体系

在企业综合财务评价体系基础上加入非财务指标的综合评价，即构成了完整的企业综合绩效评价体系。我国国务院国有资产监督管理委员会根据沃尔评分法的原理，设计实施了中央企业综合绩效评价体系，其中财务指标得分占评价体系的70%，非财务管理绩效指标占评价体系的30%。

2006年，国务院国有资产监督管理委员会印发了《中央企业综合绩效评价实施细则》，对中央企业进行综合绩效评价。尽管其规定的企业综合绩效评价方法只在中央企业实施，但是其原理和具体操作可以成为其他企业综合评价的样板。

11.4.1　中央企业综合绩效评价体系的构成

国资委的中央企业综合绩效评价体系包括两个部分：一是企业财务绩效的定量评价，即企业综合财务指标评价，财务绩效评价得分在评价体系中占70%的权重；二是管理绩效评价，使用定性评价打分，通过采取专家评议的方式，对企业一定期间的经营管理水平进行定性分析与综合评判，管理绩效评价得分在评价体系中占30%的权重。

11.4.2　企业综合绩效指标的选择

1）财务绩效定量评价指标的选择

财务绩效定量评价是指对企业一定期间的盈利能力、资产质量、债务风险和经营增长四个方面进行定量对比分析和评判，包括以下几类财务绩效评价指标：

（1）企业盈利能力指标，包括有关资本及资产报酬水平、成本费用控制水平和经营现金流量状况等方面的财务指标，综合反映企业投入产出水平以及盈利质量和现金保障状况。

（2）企业资产质量和营运效率指标，包括有关资产周转速度、资产运行状态、资产结构以及资产效率等方面的财务指标，综合反映企业所占用经济资源的利用效率、资产管理水平与资产的安全性。

（3）企业偿债能力指标，包括资产负债结构、或有负债情况、现金偿债能力等方面的财务指标，综合反映企业的债务水平、偿债能力及其面临的债务风险。

（4）企业经营增长指标，包括有关销售增长、资本积累、效益变化以及技术投入等方面的财务指标，综合反映企业的经营增长水平及发展后劲。

财务绩效定量评价指标依据各项指标的功能作用划分为基本指标和修正指标。基本指标反映企业一定期间财务绩效的主要方面，并得出企业财务绩效定量评价的基本结果；修正指标是根据财务指标的差异性和互补性，对基本指标的评价结果做矫正和进一步的补充。

2）管理绩效定性评价指标的选择

管理绩效定性评价是指在企业财务绩效定量评价的基础上，通过采取专家评议的方式，对企业一定期间的经营管理水平进行定性分析与综合评判。

管理绩效定性评价指标包括企业发展战略的确立与执行、经营决策、发展创新、风险控制、基础管理、人力资源、行业影响、社会贡献等方面。

尽管财务绩效和管理绩效的得分在总分中分别占70%和30%的权重，但是在评价时，财务绩效和管理绩效各自的权重和均设置为100分。企业财务绩效指标、管理绩效指标的具体选择及其权重见表11-2。

表11-2　**企业综合绩效指标及其权数**

评价内容与权重		财务绩效（70%）				管理绩效（30%）	
		基本指标	权重	修正指标	权重	评价指标	权重
盈利能力状况	34	净资产收益率 总资产报酬率	20 14	销售（营业）利润率 盈余现金保障倍数 成本费用利润率 资本收益率	10 9 8 7	战略管理 发展创新 经营决策 风险控制 基础管理 人力资源 行业影响 社会贡献	18 15 16 13 14 8 8 8
资产质量状况	22	总资产周转率 应收账款周转率	10 12	不良资产比率 流动资产周转率 资产现金回收率	9 7 6		
债务风险状况	22	资产负债率 已获利息倍数	12 10	速动比率 现金流动负债比率 带息负债比率 或有负债比率	6 6 5 5		
经营增长状况	22	销售（营业）增长率 资本保值增值率	12 10	销售（营业）利润增长率 总资产增长率 技术投入比率	10 7 5		

3）企业综合绩效评价标准

企业综合绩效评价标准分为财务绩效定量评价标准和管理绩效定性评价标准。

财务绩效定量评价标准包括国内行业标准和国际行业标准。按规定，大型企业集团在采取国内标准进行评价的同时，还应当采用国际标准进行评价，开展国际先进水平的对标活动。

（1）国内行业标准根据国内企业年度财务和经营管理统计数据，运用数理统计方法，分年度、分行业、分规模统一测算并发布。该标准进一步分为优秀、良好、平均、较低和较差五个级别，每个级别对应不同的标准系数。较差值之下的级别，其标准系数为0。

（2）国际行业标准根据居于行业国际领先地位的大型企业相关财务指标实际值，或者根据同类型企业相关财务指标的先进值，在剔除会计核算差异后统一测算并发布。

管理绩效定性评价标准根据评价内容，结合企业经营管理的实际水平和出资人的监管要求，统一制定和发布，并划分为优、良、中、低、差五个档次。管理绩效定性评价标准不进行行业划分，仅提供给评议专家参考。

4）企业综合绩效评价计分方法

企业综合绩效评价计分包括财务绩效定量评价指标计分和管理绩效定性评价指标计分两个部分。

财务绩效定量评价指标计分是将基本评价指标实际值对照行业评价标准值，按照规定的计分公式计算各项基本指标得分。

管理绩效定性评价指标计分一般通过专家评议打分形式完成。评议专家应当在充分了解企业管理绩效状况的基础上，对照评价参考标准，给出评价分数。

对企业绩效评价需要进行财务绩效和管理绩效的综合计分时，只要将其财务绩效评价总分与管理绩效评价总分按照各自的权重进行加权汇总，即可得到该企业的绩效总得分。

思考题

1.财务报告综合分析的目的是什么？

2.财务报告综合分析的原则是什么？

3.简述杜邦分析法。

4.应用杜邦分析体系时应注意什么？

5.简述沃尔评分法。

6.简述企业综合绩效评价计分方法。

章末习题

一、单项选择题

1.净资产收益率反映的是（　　）与平均净资产的比率。

A.营业毛利　　B.营业利润　　C.利润总额　　D.净利润

2.最能体现企业经营目标的财务指标是（　　）。

A.总资产周转率　　B.净资产收益率

C.销售利润率　　D.成本利润率

3.以下指标中，指标值越大越好的是（　　）。

A.资产负债率　　B.流动比率

C.流动资产周转天数　　D.产权比率

4.企业绩效评价的四类指标中，最重要的一类是（　　）。

A.资产质量　　B.经营增长　　C.债务风险　　D.盈利能力

5.中央企业综合绩效评价体系，其中财务指标得分占评价体系的（　　）。

A.70%　　B.30%　　C.60%　　D.40%

二、多项选择题

1.下列各项中，在其他因素不变的情况下，可以减少总资产周转率的有（　　）。

A.用银行存款购置固定资产　　B.平均应收账款余额增加

C.现金多余时用其购买有价证券　　D.营业收入减少

E.平均应收账款余额减少

2.根据杜邦财务分析体系，影响净资产收益率的因素有（　　）。

A.权益乘数　　B.速动比率　　C.销售净利率

D.成本利润率　　E.总资产周转率

3.反映盈利能力的指标有（　　）。

A.销售利润率　　B.财务杠杆作用　　C.总资产报酬率

D.净资产收益率　　E.存货周转率

4.反映企业资产负债水平和偿债能力的指标有（　　）。

A.流动比率　　B.速动比率　　C.应收账款周转率

D.资产负债率　　E.存货周转率

5.提高净资产收益率的途径有（　　）。

A.提高资产营运效率　　B.增加销售收入　　C.降低成本费用

D.降低负债比率　　E.提高负债比率

6.反映债务风险状况的财务指标有（　　）。

A.已获利息倍数　　B.流动比率　　C.速动比率

D.资产负债率　　E.现金流动负债比率

7.杜邦财务分析体系的局限性包括（　　）。

A.涵盖信息不够全面

B.分析内容不够完善

C.将反映企业盈利状况、财务状况和营运状况的比率按其内在联系有机地结合起来

D.对企业风险分析不足

E.未包含偿债能力分析

8.关于沃尔评分法，下列说法中正确的是（　　）。

A.把若干个财务比率用线性关系结合起来，以此评价公司的信用水平

B.选择了7种财务比率，分别给定了其在总评价中所占的比重，总和为100分

C.评价所用的具体指标可根据企业的行业特征、评价目的选取

D.沃尔评分法建立在完善的理论基础上

E.计算企业的综合得分，并依据该得分，对企业整体财务业绩状况进行最终的评价

9.下列属于企业综合绩效评价中管理绩效评价指标的有（　　）。

A.经营增长评价　　B.风险控制评价　　C.资产质量评价

D.经营决策评价　　E.人力资源评价

10.下列各项中，属于财务绩效定量评价内容的有（　　）。

A.资产质量　　B.盈利能力　　C.经营增长

D.偿债能力　　E.营运效率

三、计算分析题

1.已知G集团2018、2019和2020年合并报表的有关资料见表11-3，计算填表11-4。

表11-3　**G集团合并报表相关数据表**　单位：元

资产负债表项目	2020年12月31日	2019年12月31日	2018年年末数
资产	279 217 923 628	282 972 157 415	251 234 157 277
负债	162 337 436 540	170 924 500 892	158 519 445 549
所有者权益	116 880 487 088	112 047 656 523	92 714 711 727
利润表项目			
营业收入	168 199 204 405	198 153 027 540	198 123 177 057
净利润	22 279 242 195	24 827 243 604	26 379 029 817

表11-4　**G集团杜邦分析指标计算表**　金额单位：元

指标	2020年			2019年		
	分子	分母	指标值	分子	分母	指标值
净资产收益率						
销售净利率						
总资产周转率（次）						
权益乘数						

2.根据表11-4的计算结果，对比M集团的杜邦分析表，对G电器2019—2020年财务状况进行综合分析。

第11章习题答案

主要参考文献

［1］张先治．财务分析（数智版）［M］．大连：东北财经大学出版社，2021.

［2］张新民，钱爱民．财务报表分析（简明版·立体化数字教材版）［M］．北京：中国人民大学出版社，2020.

［3］池国华．财务分析［M］．2版．北京：中国人民大学出版社，2021.

［4］肖星．一本书读懂财报［M］．杭州：浙江大学出版社，2019.

［5］王化成，支晓强，王建英．财务报表分析［M］．2版．北京：中国人民大学出版社，2018.

［6］郭永清．财务报表分析与股票估值［M］．2版．北京：机械工业出版社，2021.

［7］佩因曼 S H．财务报表分析与证券估值［M］．朱丹，屈腾龙，译．5版．北京：机械工业出版社，2016.

［8］田秋娟，童立华，周谦．财务分析［M］．上海：立信会计出版社，2018.

［9］岳虹．财务报表分析［M］．2版．北京：中国人民大学出版社，2014.

［10］黄世忠．财务报表分析：理论、框架、方法与案例［M］．北京：中国财政经济出版社，2007.

［11］李心合，赵华．会计报表分析［M］．北京：中国人民大学出版社，2004.

［12］刘晓春．企业财务报告分析［M］．北京：机械工业出版社，2005.